全球创新投资

[韩] 睦大均 ◎ 著　　王倩 ◎ 译

中信出版集团 | 北京

图书在版编目（CIP）数据

全球创新投资 /（韩）睦大均著；王倩译. -- 北京：
中信出版社, 2020.8（2021.1重印）
ISBN 978-7-5217-2016-7

Ⅰ. ①全⋯ Ⅱ. ①睦⋯ ②王⋯ Ⅲ. ①投资－研究
Ⅳ. ① F830.59

中国版本图书馆 CIP 数据核字（2020）第 120120 号

全球创新投资

著　　者：[韩]睦大均
译　　者：王倩
出版发行：中信出版集团股份有限公司
　　　　　（北京市朝阳区惠新东街甲 4 号富盛大厦 2 座　邮编　100029）
承　印　者：北京楠萍印刷有限公司

开　　本：787mm×1092mm　1/16　印　张：22.75　字　数：280 千字
版　　次：2020 年 8 月第 1 版　　　 印　次：2021 年 1 月第 2 次印刷
书　　号：ISBN 978-7-5217-2016-7
定　　价：62.00 元

版权所有·侵权必究
如有印刷、装订问题，本公司负责调换。
服务热线：400-600-8099
投稿邮箱：author@citicpub.com

目　录

序　言　005

第一篇　创新投资的本质

第一章　"创新型企业"与"经济护城河企业"之争　005

　　埃隆·马斯克和沃伦·巴菲特之舌战　007

　　投资于创新型企业　009

　　实战不同于理论　016

　　以经济护城河完善创新投资　023

第二章　对"创新型企业"的投资　029

　　价格下降和性能改善的创新产品　035

　　开拓新市场的企业　048

　　新商业模式　060

　　寻找明日的创新型企业　069

　　创新也需要时间　082

　　危机中的马斯克和特斯拉　087

第三章　对"经济护城河企业"的投资　091
　　　品牌的价值　094
　　　规模经济仍然有效　099
　　　数字市场中的规模经济　107
　　　看不见的护城河　114
　　　经济护城河也会被削弱　143
　　　巴菲特的遗憾　146

第二篇　做好投资风险管理

第四章　买入还是卖出　153
　　　普通投资头寸管理　155
　　　股价暴跌后怎么办　163

第五章　加仓还是减仓　165
　　　是价格调整还是熊市的开始　167
　　　不要对赌经济危机　172
　　　最佳资产组合　182
　　　2008年全球金融危机的创伤　184
　　　熊市到来？　187

第六章　难以控制的风险　197
　　　伊丽莎白·霍姆斯和泰拉诺斯　201

目 录

昨日的朋友是今日的敌人　204

意外事故——波音　208

突然离去的 CEO　210

俄罗斯最大的信息技术企业 Yandex 暴跌　212

中国教育股因 VIE 架构暴跌　214

第三篇　全球创新投资版图

第七章　全球创新领域投资者图鉴　219

贝宝家族，将美国创新人际网络化　224

愿景基金，千亿席卷全球创新型企业　229

阿里巴巴和腾讯，投资中国创新　241

欧洲也需要欧洲愿景基金　245

硅谷的泡沫是否正在破灭　247

第八章　全球投资霸权转移　253

对冲基金，受 ETF 重创　255

资产管理公司的生存大战　259

被动型投资的逆袭之路　264

零费率，尽情交易吧　269

人工智能与投资经理　271

资产管理的未来和新的投资方式　274

第四篇　下一个新常态时代的投资趋势

第九章　下一个新常态时代的到来　285

　　比尔·盖茨的预言和疫情全球大流行　289

　　巴菲特的失败与马斯克的成功　293

　　百年巨头的谢幕和数码新贵的登场　299

　　再次袭来的恐慌　309

第十章　下一个新常态时代的投资策略　315

　　下一个新常态时代的投资策略：自下而上的观点　317

　　下一个新常态时代的投资策略：自上而下的观点　323

　　能否超越不确定性　332

后　记　投资还在继续　337

作者致谢　341

译者致谢　343

注　释　345

序　言

2020年的一只"黑天鹅"

美国时间2020年3月16日上午9时30分,纽约股市开盘后标普500指数暴跌,跌幅超过7%,触发暂停交易的市场熔断机制,这是继3月9日和12日之后的第三次熔断。3月16日当天,特朗普总统表示新冠肺炎疫情最晚有可能持续到8月,标普500指数应声暴跌11.98%。这是纽约股市自1987年黑色星期一以来最大单日跌幅。

3月13日,美国宣布进入紧急状态,全面禁止来自欧洲的旅客入境。对新冠疫情的恐慌情绪已从亚洲蔓延到了欧洲和美国。工厂生产延误导致供给减少,人手不足导致贸易量降低,加上全球需求减少,实体经济低迷的状况将导致企业信用等级下降及投资萎缩,发展成为引发资本市场恶化的经济危机的可能性进一步扩大。尽管3月3日美国联邦储备委员会将基准利率下调了0.5个百分点,3月15日又进一步下调了1个百分点,采取一系列措施来保证流动性,但金融市场环境反而恶化。这是因为目前还没有有效预防和治疗新冠肺炎的疫苗和药物。普通人的日常生活中也充斥着一些混乱,全球金融市场也被2008年全球金融危机时的恐慌情绪支配。亚马逊、苹果、脸书等许多创新型企业的股价暴跌,这令许多投资者烦恼不已,我一直提倡的向创新型企业投资的意见听起来也像是无稽之谈。

　　2008年全球金融危机爆发时也是如此，2020年这次危机也终将过去，疫情终将结束。危机意味着新的机会。冲击性的危机将带来思想的巨大转变，如同2008年全球金融危机爆发以后云计算的崛起、爱彼迎和优步等共享经济模式和区块链概念的诞生一样，未来也将出现新的商业模式。在韩国，与新冠肺炎斗争的过程中也出现了许多创新案例，其中最具代表性的就是"得来速"检测点（drive through）。随着疫情在韩国迅速扩散，安全快速诊断的必要性凸显，于是在像咖啡或快餐一样在车上完成诊断的这一想法的驱动下，"得来速"检测点诞生了，驾驶者坐在车内，医生从狭窄的车窗缝进行采样。这减少了人与人之间的接触，因此更为安全，在检测点花费的时间也从30分钟以上减少到10分钟。这一方法同样适用于汽车文化发达的美国和欧洲。韩国的创新方法并未止步于"得来速"检测点，而是进化为像公用电话亭一样安装了负压装置的可以容纳一个人的"步行诊疗所"（walking through）。需求和思维的转变促进了创新。

　　这次危机以后将会出现许多新的变化和创新。相信本书中提到的"创新"和"创新投资"能够帮助读者提前预测并为即将到来的变化做好准备。

投资环境的变化

　　2008年全球金融危机以来，全球化潮流减弱，贸易保护主义不断加强，世界产业链逐渐被削弱，各国政府为战胜金融危机而实行的超低利率和量化宽松等非传统货币政策最终引发了负债增加的难题。如今，距离金融危机爆发已经过去了十多年，全球化和货币政策发生了剧变，未来将是"技术创新"和"人口结构"的转换期。

　　现在，"创新""第四次产业革命""人工智能""大数据""云"

"物联网""基因编辑"等象征着新未来的词语对普通人来说并不陌生。今后只有能够基于新技术创新，进而创造出新需求的企业才能成长，如果企业无法实现这一点，那么其后果——毁灭——是十分确定的，有些企业为了阻止新的竞争者进入，甚至不惜提起专利诉讼。然而，生存的问题不仅仅局限于企业，是否具备能够左右数字霸权的优秀人才、核心企业和产业基础，将决定国家的未来竞争力。即使在此时，争夺全球霸权的"战争"也正在以各种各样的形式发生。在技术创新之战中，美国和德国等主要发达国家遥遥领先，而中国则以内需市场为基础，以前所未有的惊人速度奋起直追。如今，我们都站在变化的中心。

快速老龄化现象是不可避免的。随着老龄人口的增加，我们生活的方方面面都将发生变化，包括社会福利成本增加带来的政府财政恶化，老龄人口比重增加导致的消费减少，家庭抚养体系变化等，我们面临着前所未有的巨大挑战。投资领域也会发生变化。随着资产管理公司进入防御模式，对债券的需求增加，这对利率上升起到了抑制作用，低利率正在成为常态。

中国老龄化现象也在加速。2019年，中国的出生率降至新中国成立以来的最低水平，尽管2016年放开独生子女政策并实施二孩政策，但并未出现出生率恢复的迹象。随着中国进入老龄化社会，经济活动人口减少，经济增速趋缓的压力也会增大。

另外，中国还面临着其他挑战。经历了过去的高速发展以后，中国的实际经济增长率正在下降。高增长意味着工作岗位和收入增加，在这样的时代，只要努力地工作，就能够积累一定的资产，然而低增长意味着工作岗位和收入的减少，赚钱变得更为困难，竞争随之越发激烈。高增长会使整个市场财富增加，而低增长会加剧竞争并导致市场失败者迭出。在低增长、低利率、老龄化的时代下，中国金融市场将于 2020 年开放，金融市场的开放对整个大资管行业来说是积极的，但中国的资管行业不得不与全球资本展开竞争。

在不久的将来，我们可以从经济及社会的各个领域切身感受到技术创新和人口结构的变化。但未来会随着如何管理资产而发生变化，如果能将积累的资产与创新和增长连接起来，那么未来将一片光明。为了跟上快速创新的步伐，需要从全球角度重新设计个人的生活。

全球、创新、投资

尽管很多读者为了理解随着技术创新即将到来的变化而阅读相关书籍，但有一点十分令人遗憾——大部分与技术创新相关的书籍都局限于以技术为中心进行解读，因而错过了资本的流向。笔者希望站在投资者的立场上理解"技术创新"和"人口结构变化"这两个主题，在全球金融市场中，资本已经集中在拥有垄断性技术的企业，以及垄断消费者需求的平台企业，仅依靠目前市面上的书籍很难理解这样的变化，也无法获得未来投资所需的知识和智慧。笔者在这本书里提出我们应该如何应对变化这一问题，并对其进行解答，希望本书可以弥补目前市面上相关书籍的不足之处。

贯穿本书的关键词是"全球""创新""投资"。在本书的前半部分，笔者向广大读者提出了一个问题——为了在全球创新浪潮中守护自己的财产，我们是应该像马斯克一样投资"创新速度"，还是像巴菲特一样投资经济护城河。从保护资产的角度来看，这是任何人都应该思考的问题。笔者想强调的是，投资创新型企业非常重要，但也希望通过实际的投资经验告诉读者，不仅要管理伴随着投资而来的风险，同时还要保持均衡的视角。本书的后半部分介绍了"谁引领创新投资"，通过在全球范围内的创新投资来学习成功的投资者和企业家案例。创新投资不仅影响企业价值，还关乎个人资产价值的变化。在我们尚未

序　言

意识到的情况下，全球正在出现很多创新，创新型企业也在不断诞生、合并、消失，这些变化最终会影响各位读者的资产。

目前笔者在韩国代表性资管企业工作，负责管理全球投资基金。韩国是半导体领域"创新速度"非常快的IT（信息技术）强国，同时也是世界上老龄化速度最快的国家，在这种环境中，笔者在过去十多年间，对苹果、阿里巴巴、奈飞、英伟达等诸多跨国企业非常感兴趣，也进行了许多投资。

在这本书中，笔者并没有提出晦涩难懂的投资理论和投资哲学，而是把成功和失败的经验、教训、苦恼和领悟分享给读者。为了方便读者的理解，笔者分享了许多实际的投资经验，通过实际投资案例来提高读者对陌生的全球资本市场和投资的理解，同时也希望对今后中国需要什么样的创新型企业，以及什么样的企业才会成长带来启示。此外，笔者还分享了自己的失败投资经历，希望读者可以切身体会到实际投资所面临的困难。

第一篇
创新投资的本质

中国金融市场正在逐步实现全面对外开放。外国资本很久以前就开始尝试进入中国金融市场，由于持股比例等限制，只能通过与中资合作伙伴的合作来成立合资金融公司，而现在，中国金融市场大幅开放，步伐也在不断加快。2020年1月1日起，取消期货公司外资股比限制；4月1日起，取消基金管理公司外资股比限制；12月1日起，取消证券公司外资股比限制。在开放的过程中，预计增长最快的领域是资产管理行业，共同基金、投资银行、证券公司有望随着金融市场的发展而迅速成长。但是，中国的基金公司如何与外国资本进行竞争并发展呢？所谓"知彼知己，百战不殆"，为了能够在竞争中取得胜利，有必要了解外国资本的投资思考方式。现在就是最好的时机，不理解国际投资无异于在不了解敌人的情况下上战场。

随着中国经济增速放缓，低增长、低利率、人口老龄化时代到来，原本集中于房地产的资产配置将给中国的资产管理行业带来诸多值得思考的问题，就像韩国一样，韩国的投资者和资产管理公司的财富也主要集中在房地产领域，因此也都在思考这些问题。

日本和美国等国家都经历过低增长、低利率投资环境，中国投资者了解这些国家的个人和机构投资者的苦恼和在竞争中的生存方式，就像在考试前提前确认复杂问题的参考答案一样。"渡边太太"这个群体曾在20世纪90年代对世界金融市场产生影响。当时由于日本长期处于低利率环境，日本主妇便开始摸索新的理财方式，她们借入利率较低的日元用于投资利率相对较高的海外资产，即日元套利交易。国际金融市场以日本最常见的姓"渡边"来称呼日本个人投资者，即"渡边太太"。近期韩国的情况也和日本相似，在经济低增长、低利率的环境下，韩国国内难以找到富有魅力的资产，于是"金女士"们开始向中国等海外股票和债券进行投资，韩国海外股票交易规模自2015年开始呈现爆发式的增长。中国的投资者在不久的将来也会遭遇类似的挑战，加深对全球投资的理解，可以比别人走得更快。

全球交易所上市企业共91 000家。MSCI（明晟）全球指数是全球投资中经常使用的参考指标之一，以 MSCI 全球指数为基准，全球可投资的股票约有 3 100 只，可投资的资产和信息大量涌现，然而投资者对大部分内容都不甚了解，也不知从哪儿开始"撒网"。

全球投资就像在茫茫大海中钓鱼一样，大海十分广阔，天气多变，鱼儿很难上钩，钓到令人羡慕的大鱼并非易事。钓鱼的成功始于找到鱼群聚集的好钓点，这很难用肉眼辨认。但作为一个好的钓点，水温、溶氧量、食物等指标一定较好，在鱼群聚集的地方钓到大鱼的概率也相对更高。尽管好钓点不过是一个好开始，并不代表高收获，但不可否认的是，不同的钓点带来的差异巨大。

在全球投资中，好的资产意味着较高或较稳定的投资收益率，不同的出发点也会带来截然不同的投资成果。投资中的好钓点应该是"创新"或"经济护城河"。在选择投资标的时，应该从企业竞争力的角度出发，企业竞争力可以用多种观点解释。在我看来，竞争力是引领改变世界并创造新价值的"创新"，是任凭外部环境变化，也可以守住城池的那条深而广的"经济护城河"，面对无数的威胁，企业必须有能力守护自己创造的价值。若非如此，随着时间的推移，企业间竞争越发激烈，最终会被摧毁或征服。没有卓越竞争力的企业绝对不可能成为优质的投资对象，但是投资者可以通过创新和经济护城河来探索最佳的投资组合。

第一章

"创新型企业"与"经济护城河企业"之争

埃隆·马斯克和沃伦·巴菲特之舌战

2018年，埃隆·马斯克和沃伦·巴菲特之间展开了舌战。埃隆·马斯克1972年出生于南非，曾参与创立贝宝，现任美国电动车及能源公司特斯拉CEO（首席执行官）。沃伦·巴菲特1930年出生于美国，被誉为"20世纪最佳投资者"，是备受投资者尊敬的价值投资大师，现任伯克希尔－哈撒韦公司CEO。马斯克被誉为"创新巨人"，巴菲特则被誉为"奥马哈先知"。

两人之间的舌战始于马斯克对巴菲特的批判。马斯克在面对记者的提问时带着不悦的口气表示，巴菲特提出的"经济护城河"这一概念毫无说服力。护城河是指为防止敌人入侵而在城堡周围挖掘的壕沟，巴菲特把护城河当作"竞争对手无可匹敌的竞争力"。根据巴菲特的投资哲学，投资者应该投资拥有护城河这一坚固堡垒的企业，企业经营者则必须每年拓宽护城河。对于马斯克的批判，巴菲特愤怒地做出了回应。

2018年5月1日，特斯拉召开投资者电话会议。几个月前，特斯拉股价暴跌，因为有消息称，备受市场关注的特斯拉电动汽车Model 3产量不及预期，企业持续亏损，现金快速消耗，部分投资者提出有必要进行有偿增资。马斯克因Model 3在生产过程中出现的问题而备感压力，他在会议过程中表现得很敏感。

"Model 3的生产目标和特斯拉目前的财务状况如何？"面对分析师的提问，马斯克回答道："无聊，这个问题十分愚蠢。"然而，分析师的问题并不愚蠢,当时特斯拉股价下跌,所有投资者都期待管理层给出有诚意的答复,而且这是有很多投资者参加的正式活动。在这样的场合中,马斯克却说分析师的问题很愚蠢。在电话会议中,马斯克表示将开放特斯拉的超级充电站,以便其他电动汽车企业也可以付费使用。

一位分析师问道:"为什么要放弃'具有竞争力的护城河'?"他的意思是说,从巴菲特的观点来看,马斯克开放超级充电站可能是错误的决定。

对此,马斯克回答如下:"护城河这个概念本身就有问题。敌人快要打进来了,只建立一个护城河恐怕活不了多久。更重要的是创新的速度,这才是创造竞争力的根本因素。"

马斯克毫无诚意且不耐烦的回答,导致很多投资者抛售特斯拉的股票。特斯拉股价在电话会议当天暴跌5.6%,市值蒸发了约20亿美元。

而在特斯拉会议召开后的星期六,约有4万名投资者聚集在美国内布拉斯加州的一个仅40万人口的小城奥马哈,参加有着"资本家伍德斯托克音乐节"之称的伯克希尔-哈撒韦公司股东大会。当一位股东问及对马斯克发言的意见时,巴菲特回应称:"现在还有很多坚固的护城河。马斯克的创新可能会颠覆某些行业。但在糖果行业,他绝不是我们的对手。"

巴菲特提到了伯克希尔-哈撒韦公司于1972年斥资2 500万美元收购的喜诗糖果。巴菲特没有进行任何设备和资金投资,糖果销售量同收购前相比无明显涨幅,但糖果价格每年都有所上涨,所以企业利润持续增长,且喜诗糖果客户忠诚度很高,品牌价值经久不衰。这就是巴菲特所说的护城河。

马斯克听到巴菲特的回答后,在推特做出了回应:"我要开一家糖果公司打败你。"然后,马斯克向那些把他的回应当作玩笑的人补充道："真的，我是说真的，我要建造'护城河'，然后填满糖果，让巴菲特也非投资不可！"

他甚至还讽刺对虚拟货币的未来持怀疑态度的巴菲特，说自己要打造"加密糖果"。然而，马斯克到现在也没有经营一家糖果公司，两人之间的舌战就这样不了了之。

但这场论战却值得我们思考。是像马斯克所说的"创新的速度"比经济护城河更重要呢？还是像巴菲特所说的经济护城河仍有其现实意义呢？不同的人对此有不同的看法。2020年新冠疫情发生后，巴菲特的伯克希尔-哈撒韦公司减持了长期持有的航空公司股票，疫情导致航空股价值下降，这不禁令人怀疑经济护城河是否真的存在。那么各位读者的看法如何呢？

让我们换个问法：如果你计划投资，那么你是选择主导"改变世界的创新型企业"呢？还是选择拥有能在风云变幻之中保护自己的"经济护城河企业"呢？

投资于创新型企业

如果以股价收益率为判断标准，那么在过去的10年里，我们必须要对"改变世界的创新型企业"进行投资，因为创新投资在2008年全球金融危机后给投资者带来了高额回报。FANGs一词是脸书（Facebook）、亚马逊（Amazon）、奈飞（Netflix）、谷歌（Google）四家美国互联网公司的简称，是代表美国创新型的企业。美国消费者新闻与商业频道（CNBC）节目《疯狂金钱》主持人吉姆·克莱默首次提出了FANGs这一概念。比较FANGs和同期市场收益率可以发现，

FANGs 为投资者带来了超越市场平均水平的高收益率。自 2015 年美国股市陷入低迷后，FANGs 这一称呼广为人知，当时 FANGs 的表现远超市场，单纯平均收益率为 83.2%，与市场的 −0.7% 形成了鲜明的对比。2008 年后，标普 500 指数年平均增长率为 10.3%，而 FANGs 以年均 37.6% 的速度上涨，创造了 27.3% 的超额收益。[1] FANGs 股价的上涨，不禁使人联想到 20 世纪 90 年代后期到 21 世纪初期，随着美国互联网的迅速普及，科技股票大幅上涨的情形。20 世纪 90 年代后期，得益于个人电脑普及和互联网商用化，在互联网普及率从 30% 扩大到 70% 期间，代表性科技企业微软、英特尔、思科、高通创下了约 600% 的收益率。2015 年，平台企业 FANGs 股价大涨，美国数字广告市场的发展给脸书和谷歌带来了积极的影响，奈飞正式进军海外市场，与此同时，亚马逊云计算服务的营业收入增长和利润增加，平台企业商业模式的竞争力再次得到验证。幸运的是，当时我及时提高了 FANGs 的仓位。试想，如果我忽略了 FANGs 的变化，恐怕就远远落后于市场了。

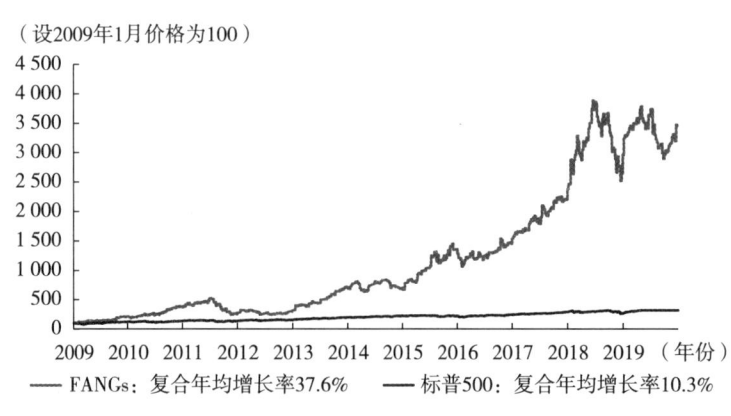

2009—2019 年美国创新型企业 FANGs 股价变化趋势如图 1.1 所示。

图 1.1 2009—2019 年美国创新型企业 FANGs 股价变化趋势

资料来源：彭博社。

第一章 "创新型企业"与"经济护城河企业"之争

创新带来的变化意味着,在股市中,价值会从无法适应新经济及商业环境的行业和企业转移到引领变化的行业和企业。如果主导创新的企业的营业收入和利润增长,则企业价值也随之提高;相反,其他企业的营业收入和利润减少,严重时甚至会破产。

这在亚马逊和美国零售商的企业价值变化中表现得尤为明显。2006年,亚马逊总市值仅占美国零售行业的5%。随着亚马逊不断进军新的领域,逐渐打破了传统企业构筑的进入壁垒和竞争优势。亚马逊的进攻使行业中的传统企业备感恐惧,甚至出现了"亚马逊效应"这一概念。现在亚马逊的市值已超过包括百思买、梅西百货、塔吉特百货、杰西潘尼、诺德斯特龙、沃尔玛、科尔百货、西尔斯在内的美国八大零售商总和。

2009—2019年美国零售行业企业价值变化趋势如图1.2所示。

9 410 亿美元

4 360 亿美元

股票	年均收益率 (2009.12.31— 2019.12.31)
亚马逊	30%
塔吉特百货	10%
百思买	8%
沃尔玛	8%
诺德斯特龙	1%
梅西百货	0%
杰西潘尼	−27%
西尔斯	−44%

* 亚马逊企业价值超过美国八大零售商总和的近两倍

图1.2 2009—2019年美国零售行业企业价值变化趋势

资料来源:彭博社。

2017年9月,美国玩具零售商玩具反斗城因无法承受巨额负债而申请了破产保护。玩具反斗城成立于 1948 年，即第二次世界大战后的婴儿潮期间。美国破产案例研究机构 Reorg First Day 称，玩具反斗城是"因亚马逊而破产的第 27 个企业"。随着消费领域的中心向电子商务转移，像玩具反斗城这样陷入困境的案例屡见不鲜。

亚马逊进军其他行业的步伐一直很顺利，比如医疗健康行业。2018 年 1 月 30 日，亚马逊和伯克希尔－哈撒韦公司、摩根大通共同公布了成立非营利团体的计划；2 月 13 日，亚马逊发布了业务发展计划——将通过 B2B（企业对企业）业务部门的亚马逊商务平台，为美国大型医院及门诊提供医疗用品；此外，亚马逊于同年 6 月 28 日以 10 亿美元收购网上医药品配送服务企业 PillPack，开始进军医药品配送服务领域；最近还与美国大型医院网络企业匹兹堡大学医学中心、普罗维登斯以及数字医疗创业企业 Xealth 建立了合作伙伴关系，推出了为患者提供出院前从医院订购药品服务的试验项目。在这里，我们应该重点关注亚马逊联盟的成员和 PillPack 收购项目。

亚马逊收购 PillPack 是为了扩张美国药品流通业务，完成收购后，亚马逊可以实现在 50 个州提供药品配送服务。美国处方药年产量为 40 亿支，其中只有 10% 通过线上药店销售，90% 通过实体药店流通。2006 年线上药店成立，为患者提供药品配送服务，在使用线上药店 PillPack 的服务时，用户只需输入个人信息和药店信息。需要说明的是，这种配送方式与其他医药品配送企业不同。送货前，PillPack 会考虑患者的服药时间和频率，按照每次服用的剂量分开包装，以避免患者因误用药物而导致身体不适或其他严重后果。在美国，平均每天服用超过 3 种药物的成年患者人数为 4 000 万人，错误服药或忘记服药人数超过总人数的 50%，每年有 13 万人因此丧命，每年额外发生约 1 000 亿~3 000 亿美元的医疗费用。[2]

此外，亚马逊可以通过 PillPack 更容易接触到患者的个人医疗信息。亚马逊公司通过自主开发的算法分析顾客的消费模式，据此为顾客推荐针对其病情的药品，但有时推荐的药品与顾客的购买意向存在一定的差异。如果可以掌握顾客的医疗信息，今后就可以更加精准地向顾客投放广告。但企业擅自将个人医疗信息用于商业目的的行为违反了1996年《美国医疗信息保护法》，因此仍然需要事先征得顾客同意。

亚马逊与大型医院网络企业及 Xealth 进行过的试验配送项目，也是通过 PillPack 来提高医药品配送服务的。该项目计划邀请医生在患者出院前开具处方药清单，并根据患者出院时间，由亚马逊送至患者家中。尤其值得关注的是，亚马逊在患者出院前已经将其转换为自己的顾客，从而进一步降低了患者对实体药店的需求。

PillPack 收购公告发布当日，医药流通企业股价暴跌，沃尔格林下跌 9.9%，西维斯健康下跌 6.1%，来德爱下跌 11.1%，嘉德诺下跌 4.8%，八家相关企业的市值总共蒸发了 175 亿美元。

亚马逊的影响力逐渐扩大，亚马逊市场冲击导致业绩恶化的企业股价被编制成指数，命名为"亚马逊死亡指数"，直观地将亚马逊这家创新型企业如何影响竞争对手企业价值体现得淋漓尽致。亚马逊死亡指数中包含全球最大的线下流通企业沃尔玛、连锁百货商店杰西潘尼、图书零售商巴诺书店等代表性美国零售企业，还包括前文提到的西维斯健康、来德爱等连锁药店。随着时间的推移，可能会有更多行业的优质企业被编入亚马逊死亡指数。有趣的是，亚马逊企业价值增长速度比亚马逊死亡指数成分企业价值降低速度更快。

创新并不局限于亚马逊主导的电子商务领域，它以丰富的形式出现在多个行业和领域中。创新可能是免疫治疗、纳米技术、能源储存装置等新发明或新发现，也可能是像 ETF（交易型开放式指数基金）或众包一样的低成本产品开发及资金筹措方式的创新变化，还可能是物联网、3D（三维）打印、基因等技术的融合。如果我们能够提前找出引领改变世界的创新型企业并进行投资,那么投资收益率将十分惊人。

创新具有多样性,而大部分创新型企业都属于信息技术行业,因此,创新投资自然与信息技术企业投资联系在一起。我在进行创新型企业投资过程中,当然也选择重点分析信息技术行业。2008年金融危机以后,信息技术企业股票价格大幅上涨,这与20世纪90年代后期该板块的价格上涨有所不同。

第一,与2000年科技泡沫时期相比,估值并没有过高。2008年,纳入美国标普500指数中的信息技术企业比重从16%上升至23%,约为1.5倍;而从20世纪90年代末到21世纪初,信息技术企业的总市值比重从10%上升至33%,约为3倍。现如今大部分信息技术企业的估值都低于泡沫时期,单纯以市盈率(即股票价格除以每股收益得到的数值。一般来讲,如果市盈率较高,则可以被看作估值过高)为标准来比较是不合理的,比如"漂亮50"的市盈率是35倍,远低于泡沫时期的55倍。[3] 2018年10月以来,信息技术企业价格下跌,估值承压进一步减少。

第二,自2008年开始,信息技术企业股价上涨的本质在于企业利润的增长。利润的增长基本(约86%)可以解释信息技术企业股价的上涨,也就是说,股价上涨是有具体原因的。相反,除信息技术企业以外,其他板块企业的股票上涨更多是由企业估值倍数(即计算企业价值时适用于企业利益的倍数)增长带来的。从自由现金流回报率的角度来看,信息技术企业也优于其他板块企业。[4]

第三,作为稀缺的成长股,信息技术企业股票享有估值溢价。全球金融危机爆发以后,高速成长的企业数量明显减少,低通胀和消极投资使成长型股票更加稀少。投资者倾向于为营业收入增速较快的信息技术企业支付溢价。

第四,全球低利率基调持续,降低了有望在未来创造巨大现金流

第一章 "创新型企业"与"经济护城河企业"之争

的成长型股票相对于分配收益的分红型股票的估值折价程度。低利率和全球央行的量化宽松对信息技术企业的影响是积极的。

除了信息技术行业，我也会在其他行业中寻找未来成长型企业，向这样的企业投资就可以获得很高的投资回报率。瑞士信贷的分析结果显示，营业收入和利润均实现增长的企业和其他企业的年收益率差距高达 16% 以上。任何一家对冲基金如果能够很好地实践这一投资战略，就都可以轻松获得高额收益。

但持续成长的企业是很稀有的。高盛公司 2017 年发表的分析资料显示，1 514 家分析对象企业中只有 41 家企业在过去十年间营业收入增速持续保持 10% 的水平（如图 1.3 所示），所占比例不到 3%。其中，美国企业占 32%，中国企业占 24%，印度企业占 10%。[5] 在美国、中国寻找成长型企业更为高效。

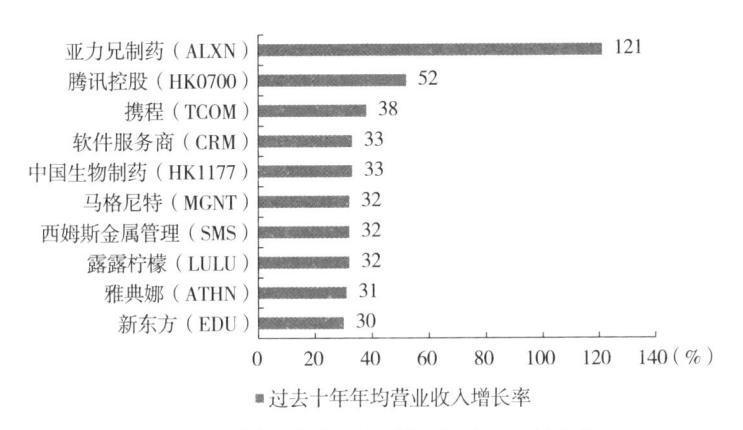

企业	过去十年年均营业收入增长率（%）
亚力兄制药（ALXN）	121
腾讯控股（HK0700）	52
携程（TCOM）	38
软件服务商（CRM）	33
中国生物制药（HK1177）	33
马格尼特（MGNT）	32
西姆斯金属管理（SMS）	32
露露柠檬（LULU）	32
雅典娜（ATHN）	31
新东方（EDU）	30

图 1.3 过去十年营业收入增速超过 10% 的企业

资料来源：Factset。

大量可持续成长型企业将出现在美国和中国。目前，美国主导全球经济增长，而中国的新经济企业也将以巨大的内需市场作为动力，与美国一起引领全球发展和创新；在创新的商业化方面，中国反而领

015

先于美国。使用旧的经济框架已无法正确分析中国，从BAT（百度、阿里巴巴、腾讯）开始，中国的创新正向许多领域扩散，尤其在金融科技等领域，中国的竞争力已达到世界最高水平。

提前找到十年后可能会成为类似于苹果或谷歌的公司并非易事，但也不是不可能的，只要努力就能找到可以实现高速成长的创新型企业。我曾尝试通过各种量化指标筛选出目标企业，通过新的方式深入分析并进行实际投资，在这个过程中我既经历过成功，也经历过失败。

实战不同于理论

在寻找并投资成长型企业的过程中，我经历了多次失败，有的失败甚至是致命的。我很清楚海外投资的困难，但我相信，这样的过程帮助我建立了更为成熟的投资哲学和原则。在失败的投资经历中，令我印象深刻的包括对3D打印、生物科技、可穿戴设备（眼镜、手表、衣服等可以穿戴的计算机）企业的投资。这些企业在当时看来都是十分有发展前景的，但是我为什么会失败呢？

3D打印和3D系统公司

发展前景一片光明的行业通常会吸引新的竞争者相继进入，随着竞争的加剧，对于行业代表性企业的投资也可能会失败。在我的创新投资经历中，最具代表性的就是3D打印。3D打印常被看作"制造业的未来"和创新的核心主题。从用于工程师制作样品的原型技术市场和少量定制生产开始，向以核心部件和量产为核心发展，这就是

第一章 "创新型企业"与"经济护城河企业"之争

3D打印的发展蓝图。投资者们为制造业的飞速发展和充满希望的未来欢呼,根据行业热度我也买入了引领3D打印产业的公司股票。截至2014年,3D系统公司和斯特塔西这两家企业已经垄断市场,市场占有率达到70%,长期发展前景乐观,通过收购不断发展扩张,截至2013年底,股价持续上升。然而,天有不测风云,2014年股价开始下跌,我遭受了巨额损失。

3D打印行业至此止步不前了吗?不,长期来看反而更加乐观。3D打印机在制造领域迅速普及,通过各种方式进行增材制造(3D打印的另一个名称)平均每年生产了数百万口假牙、不计其数的塑料零部件和喷气发动机零部件,大型3D打印机开始用于生产大型建筑结构,甚至于2016年5月在迪拜打印了一座建筑。3D打印发展的问题在于新生企业持续进入,行业内部竞争越发激烈。在很多企业凭借创新技术进入市场的情况下,龙头企业3D系统公司和斯特塔西却出现致命的失误,两家公司都在战略层面较为重要的金属打印领域落后了一步,加之现有产品的质量问题,两家公司将30%的市场份额拱手让给了竞争对手。雪上加霜的是,惠普和通用等大企业凭借雄厚的资本实力收购了新生企业,以低价策略进入市场。3D打印产品的平均销售价格在2013—2014年达到最高点,竞争加剧导致硬件价格进一步下降。与此同时,龙头企业3D系统公司和斯特塔西的股价也持续下跌。

当前,3D打印的初期投入成本、材料费及管理费等维护成本依然使大部分消费者望而却步。产品价格是最重要的因素之一,降低产品价格才有可能扩大市场份额,此时,廉价产品抓住这一有利空隙持续进入市场。3D系统公司为了保住自己的市场份额,将旗舰产品ProX SLS 500的价格下调了30%,在过去几年中,3D系统公司和斯特塔西大规模降低成本才勉强维持住企业利润。由此可见,在朝阳产业中，企业的命运经常各不相同。

从中长期来看，3D打印行业持续发展是毋庸置疑的，但随着设备及材料价格、打印速度、大小限制等方面的局限性越来越明显，商业化速度不尽如人意，3D系统公司和斯特塔西业绩低迷、股价暴跌，3D打印产业在一段时间内淡出了投资者的视野。新冠疫情导致全球供应链崩溃，基于以新兴国家低廉的生产成本来满足发达国家需求的全球化体系出现差池，医疗物资的供不应求使得用于医疗器械或新产品开发等领域的3D打印行业再次受到关注。

3D打印行业市场规模和3D系统公司市值如图1.4所示。

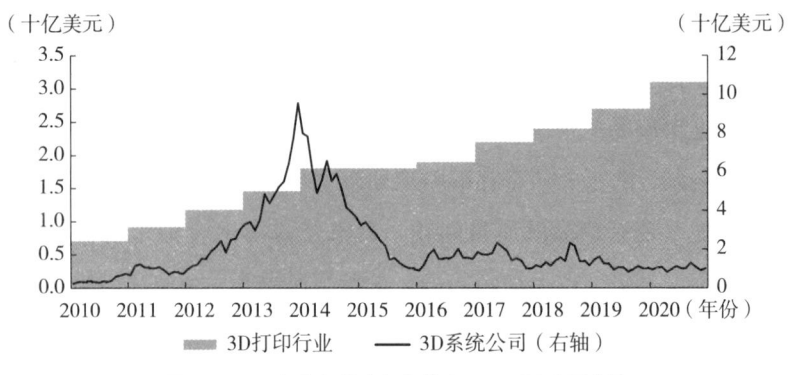

图1.4 3D打印行业市场规模和3D系统公司市值

资料来源：彭博社、德勤、瑞信。

基因编辑技术和生物技术股

令人难以预料的政策变化也会成为投资失败或提前实现目标收益率的原因之一。英国一位名叫蕾拉的女孩深受白血病的折磨，2017年2月，这个女孩奇迹般地痊愈了。她就是使用基因编辑技术（CRISPR）——基因剪刀治愈的第一例白血病患者。治疗方法是将捐赠者的T细胞

（免疫系统细胞）编辑成可以摧毁白血病的细胞后，注射到蕾拉体内。幸运的是，白血病是癌症中最早开始进行基因研究的领域，医学界已经查明了白血病的基因变异和以该基因为目标的针对性治疗剂方法，以及通过针对性治疗延长生命的过程等。另外，细胞自身的生长速度非常快，可以很快确认基因编辑后的结果。

基因编辑技术近年来快速发展，这得益于2013年詹妮弗·杜德娜教授和埃玛纽埃尔·卡彭蒂耶研发出的新一代基因剪刀。他们在基础生物学领域进行细菌研究的同时，也在了解CRISPR的基因序列。在研究过程中，他们发现某种蛋白可以激活免疫系统中的某种酶——这就是Cas9蛋白，新的基因剪刀。事实上，此前科学家已经研发出了基因剪刀，但第一代基因编辑工具锌指核酸酶（ZFNs）很难制作，全世界只有三四个实验室拥有制作能力，而且周期较长，6个月只能制作几百个，而其中可以临床应用的通常只有一个。CRISPR-Cas9在成本、效率、准确性等方面都比此前的基因剪刀出色，可以说是颠覆性的创新。基因编辑技术的优点在于，可以一次性永久性地消除疾病的根本病因，这意味着疑难杂症的治愈出现了新希望。另外，通过对动植物遗传基因的修正，可以培育出不受病虫害影响的农作物和可以抵抗疾病的家畜。基于这样的发展前景，预计全球CRISPR市场规模将从2015年的2.48亿美元增长至2025年的60亿美元。[6]现在，包括CRISPR疗法公司、Intellia疗法公司、Editas医药公司等在内的诸多企业正在积极进行研究开发。

遗传工程学领域的创新性发现吸引了许多投资者的目光，他们对生物技术企业的股价上涨持肯定态度。另外，全球人口老龄化趋势、疾病疗法创新、大型制药公司并购中小型生物技术企业的消息等，促使生物技术股的股价一路上涨至2015年中期。

但石头通常是从意想不到的地方飞来的。2015年9月，美国民主党总统候选人希拉里·克林顿在推特上批判制药公司牟取暴利,并发表了药价下调公约。纳斯达克生物科技指数在随后的一周内暴跌,然而生物技术企业的基本面在短期内没有任何变化,而且立即实施药价限制政策的可能性也很低(如图1.5所示)。美国生物技术股票分析师也反驳称,希拉里的推文难以带来实质性的改变。相对于基本面发生变化,投资者更厌恶政策的不确定性,纷纷抛售。纳斯达克生物技术企业股价调整从2015年秋天开始,直到2016年2月才触底。

当然也存在相反的情况。新冠疫情使全球经济面临史无前例的停摆危机,各国政府向各生物技术公司提供研发补助金,甚至为了早日研发出新冠病毒疫苗,美国政府还向 Moderna 这样使用未曾获得许可机制的企业提供资助。

图 1.5 美国生物科技指数 ETF-iShares(IBB)价格变化

资料来源:彭博社。

可穿戴设备和 Fitbit 公司

消费者总是很挑剔,如果无法及时应对消费者的喜好和潮流变化,即便是一流的企业也很难生存下去。30多岁的旅美韩侨詹姆斯·朴

第一章 "创新型企业"与"经济护城河企业"之争

决定创业，他从哈佛大学计算机工程系退学后，创建了拥有全球市场最高份额的可穿戴设备企业 Fitbit。Fitbit 的故事对投资者来说极具吸引力。可穿戴设备意为可穿戴在身上或可穿着的机器，作为继智能手机和平板电脑之后的新一代设备而备受关注。Fitbit 的可穿戴设备可以与智能手机联动，实时确认卡路里消耗量、步数、睡眠模式等。尽管市场上出现了耐克的 Nike+FuelBand、腕戴设备 Jawbone Up、三星 Gear Fit、华为手环 TalkBand、小米手环等各种各样的可穿戴设备，但 Fitbit 仍拥有绝对的市场份额（2015 年第一季度在美国市场的占有率为 68%，在全世界为 34%）。消费者十分热衷于 Fitbit 的产品，很多人出于炫耀的心理都会购买它，它可谓是穿戴设备领域的"苹果"。

2015 年 6 月，Fitbit 在美国上市，上市当日收盘价为 29.68 美元，较发行价格 20 美元高 48.4%。可穿戴设备的前景吸引了很多投资者，股价持续攀升。我在分析了所有可穿戴设备的未来市场分析资料后发现，如果市场本身实现增长，那么 Fitbit 营业收入持续增长的可能性就会很高。不仅可以穿戴在身上，十分方便，而且收集的人体健康状态数据使 Fitbit 在医疗和保健领域更具成长潜力，Fitbit 还计划推出新产品 Fitbit Blaze 来对标苹果。如果上市以后股价持续上涨，那么市场警惕性减弱的同时，增持的意向会增加。最终，我在我认为适当的时机——股价调整时买入了 Fitbit 的股票。

然而事与愿违，消费者和投资者对年末上市的新产品感到失望。新产品具备测量心跳和血压等医疗领域所必需的功能，但已上市的 Fitbit 产品因心跳测定错误而遭到诉讼，消费者和投资者对产品质量的信任产生动摇。产品定价也很模糊，价格介于昂贵的苹果手表和廉价的产品小米手环之间。小米手环的价格为 15 美元，比价格高出 10 倍的 Fitbit 更轻便实用，消费者找不出支撑 Fitbit 价格贵的理由，看似普通的小米手环反而受到消费者的欢迎，最后，小米以单纯的功能和设计及低廉的价格夺走了Fitbit的市场份额。结果Fitbit股票价格下跌至发行价格之下,我为对可穿戴设备的过于乐观的想法付出了昂贵的代价。

截至2019年8月末,持续下跌的Fitbit股价在9月和10月分别上涨22.2%和58.3%,这是因为谷歌宣布将以21亿美元收购Fitbit。2015年上市后Fitbit的股价一度上涨到45美元,被谷歌收购时股价仅为7美元。(Fitbit市值变化如图1.6所示。)

当得知谷歌收购Fitbit的消息时,我感到有些奇怪,因为对谷歌来说,收购Fitbit似乎是能够扭转其一直处于萎靡不振状态的可穿戴平台业务的一着棋,然而投入巨额资金后,Fitbit能为谷歌带来多少创新和改变还是个未知数。

图1.6　Fitbit市值变化

资料来源:彭博社。

谷歌的核心业务是软件,大部分营业收入都来自广告。硬件方面,谷歌未能在智能手机市场中占据优势,但在软件方面,其支配着三星电子、华为等智能手机搭载的安卓操作系统。此前,硬件只是用于收集消费者信息的手段,但在智能手机制造商不断推出自主操作系统的情况下，与顾客直接对接的硬件在物联网时代越发重要。谷歌的问题在于，相对于苹果和三星，谷歌在硬件方面的战略还不明确，进行过 Nexus 产品、Chromebook 产品等很多尝试，都没有取得显著的成果。谷歌出于对智能手机市场的迷恋而收购了宏达电子，出于对可穿戴设备市场的挑战而收购了拥有智能手表技术的 Fossil（一个美国品牌）和 Fitbit。

那么，谷歌收购 Fitbit 的具体原因是什么呢？首先就是拥有 Fitbit 专利的工程师，包括过去收购 Pebble（一家智能手表厂商）在内，Fitbit 拥有大量健康数据追踪和可穿戴设备技术相关专利。其次，谷歌可以通过拥有 2 800 万用户的 Fitbit 获得与生活方式密切相关的健康数据，就像苹果公司通过可穿戴设备进入健身市场一样，谷歌也希望通过 Fitbit 来实现这一构想。但市场对谷歌的本次收购案表示怀疑，我也持有同样的想法。

以经济护城河完善创新投资

正如印刷机引导启蒙主义、蒸汽发动机开创新时代一样，创新正在改变我们的生活。从前约朋友见面，需要打电话给 114 查号台才能确认见面地址，而现在通过智能手机应用就可以完成任何预约。科技改变了人类的生活，我们选择向引领未来的创新型企业进行投资。最近出现的创新型企业极具破坏性，其正在颠覆行业竞争格局，很多传统企业被挤出市场，行业秩序出现重整。实际上，创新型企业的营业收入及利润正在迅速增长，如果固守过去的投资方式，就有可能被瞬息万变的潮流抛弃。

创新型企业投资的核心是通过找出真正可持续成长型企业并买入其股票来进行投资，但在实际投资的过程中，会出现另一个问题——维持投资头寸比想象中更加困难。正如前文所述，投资创新型企业并非易事，企业的营业收入及利润快速增长，但这种期待心理在很大程度上已经反映到了股价上，股票变得十分昂贵。富达国际的投资经理安东尼·波顿曾说道，重要的不是"未来会如何，而是股价中反映了什么"[7]。

过去也有类似 FANGs 的创新型企业引领股票市场，那就是从 20 世纪 60 年代到 70 年代初期的"漂亮 50"时代。漂亮 50 是 20 世纪六七十年代纽约证券交易所最被投资者追捧的 50 只股票，第二次世界大战后市场对经济增长前景非常有信心，美国本土企业成长为跨国企业，企业价值也被重新评估，投资策略也从价值型股票转移到成长型股票。1972 年，漂亮 50 企业的市盈率（40 倍）比标普 500（19 倍）高出一倍多，其中，宝丽来的市盈率为 90 倍，迪士尼、麦当劳的市盈率约为 80 倍。很多人怀疑这些企业是否能长期保持高速增长，但实际上很多企业的确实现了较长时期的高速成长。[8] 然而这些看似会无限上涨的股票最终还是不可避免地在经济周期中表现得苍白无力，1970—1974 年市场走势疲软，引领 20 世纪 60 年代牛市的股票较最高点平均跌幅达 80%。[9] 科技泡沫时期代表新经济的互联网企业思科也是如此，思科相对于沃尔玛的市值从 1990 年初的 1% 上升到了 2000 年的 220%，但此后下降至 30%，截至 2018 年 9 月末仅为 80%。

创新型企业的股价经常会因发布低于预期的业绩或出现新竞争企业的消息而暴跌。在市场氛围迅速降温的情况下，创新型企业的股价与指数相比跌幅更大。从 2014—2018 年的波动幅度（资产价格随着时间的推移而变化的程度）来看，标普 500 指数为 12%，经济护城河企业为 15% 左右，而创新型企业则高于 30%。剧烈的股价波动令

第一章 "创新型企业"与"经济护城河企业"之争

投资者感到不安,很容易做出错误的决定。高速成长的创新型企业股价下跌是很常见的,而在持续的牛市中,价格暂时调整后通常会迅速恢复,回顾这些股票的价格走势,可以发现大部分下跌都是琐碎的短暂调整而已,然而投资者往往会感到不安,可能会把股价下跌错误地解释为基本面变化,从而在短期内低价抛售股票,尤其在集中全部火力投资创新企业时,损失的可能性会增加。

为了改善创新投资的弱点,可以将经济护城河企业加入投资组合中。经济护城河企业具有如下特征,可以改善投资组合的风险和收益。

第一,经济护城河企业的营业收入与利润的波动幅度小,可预测性较高。另外,股息收益率较高,对利率变化等宏观经济变化的敏感程度较低。经济护城河企业的现金创造能力并不一定强于创新型企业,但每年现金流波动幅度与创新型企业相比较小,在美国和欧洲的公共事业、零售、运输、医疗健康等行业中都观察到了这一特点。营业收入也基本如此,经济护城河企业的营业收入增长率不高,但波动幅度很小。在市场不确定性扩散的环境中,投资者更倾向于可预测性高的股票,经济护城河企业就属于这类企业。

第二,经济护城河企业也在接受并顺应创新潮流。通过引进信息技术来提高竞争力,或聘请新的管理人员来重新制定企业发展方向,投资创新技术或收购拥有创新技术的竞争者,以此来对抗创新潮流,提高在新经济中的生存能力。从管理人员的变化,就可以看出经济护城河企业改变自身的强烈愿望。2016年以来,美国和欧洲约有1/4的企业更换了CEO,新的管理团队以新的发展蓝图和方向来经营公司,他们了解创新趋势,并且企业内部仍然有足够的优秀人才储备。

第三,经济护城河企业分散在各个行业中,而创新型企业则主要集中在信息技术、医疗健康、传媒、消费者服务、零售行业。经济护城河企业利用其规模经济、强大的价格竞争力和良好的财务结构,可以更好地维护市场份额、企业利益和企业价值。从 2017 年美国 54 个行业来看，成立不到十年的企业出现在营业收入前三位的只有六个行业，包括科技、传媒、通信行业等，而其他行业的经济护城河企业都维持着自己的市场地位。当然，不能仅凭维持市场占有率就可以忽视创新带来的影响，维护市场占有率可能会带来营销费用和投资支出的增加，以及并购导致的企业利润稀释等后果。尽管如此，这些企业仍通过不断努力改变自身来维持市场竞争力和市场占有率。

第四，经济护城河企业可以降低投资组合价值下跌的幅度，同时可以用作买入创新企业的资金来源。受市场影响，创新型企业集中在特定板块，股价收益率反复无常，而经济护城河企业和创新型企业股价呈现出不同的方向，从而产生分散效应。在经济护城河企业中，有很多现金流创造能力突出并且具有优秀的商业模式的传统企业。即使经济不景气，经济护城河企业仍旧可以保持稳定的营业收入及企业利润，股价跌幅比创新型企业小，创新型企业的股价下跌过多时，可以卖出跌幅相对较小的经济护城河企业，以低价增持创新型企业，通过这种方式可以提高投资回报率。

第五，在有价证券市场中，如果把创新型企业和经济护城河企业比作金融资产，那么创新型企业就是创业企业，经济护城河企业就是债券，包含经济护城河企业的投资组合比仅仅由创新型企业构成的投资组合更高效。这并不意味着经济护城河企业的股价收益率低。如图 1.7 所示，截至 2019 年 12 月 13 日，由经济护城河企业构成的晨星宽护城河 ETF 上涨幅度约为 160%，而标普 500 指数收益率为 128%，[10] 这一结果并不比我们预想中差。

第一章 "创新型企业"与"经济护城河企业"之争

（设2012年4月30日价格为100）

图1.7　晨星宽护城河ETF与标普500价格变化

资料来源：彭博社。

目前我在全球基金的实际管理过程中也应用这种投资策略。核心策略是集中对创新型企业进行投资，通过经济护城河企业来弥补创新投资中承担的风险，即创新型企业所占比重较大的杠铃策略。经济护城河的概念在分析投资标的方面也很奏效，从创新和护城河这两个相反的概念出发，比较分析投资对象，就能更好地理解所持有股票的特性。当然，分析过程很痛苦，也具有挑战性，需要花费很多时间。

那么，我是如何寻找创新企业和经济护城河企业并进行投资的呢？在投资过程中又学到了什么呢？我将在第二章和第三章分别以创新型企业和经济护城河企业投资案例为中心进行分析。

第二章

对"创新型企业"的投资

"创新"一词出现于16世纪中期，源于"in / into"（变为）和"novare"（制造新的东西）合成的动词"innovate"，意为寻找能改变事物的新事物。换句话说，创造新的价值就是创新。新价值是在将昂贵的价格变得低廉、将原本不可能接近的目标变为可能、将困难复杂的事物变得方便简洁的过程中创造出来的，创新让世界更加美好。我在本书中使用的创新一词的定义也是"创造新的价值"。

当今时代正是创新的时代，关于创新的新闻也层出不穷，如移动网络、大数据、物联网、人工智能、自动化、机器人、无人驾驶、能源储存技术、3D打印、新能源、基因剪刀、优步、爱彼迎等，创新表现为各种各样的形态。

创新主导着全球股市。从2008年金融危机爆发到2018年9月末，美国股市价格上升幅度最大的企业就是著名的在线流媒体公司奈飞，涨幅高达8 600%左右。奈飞于2007年首次推出了在线流媒体服务，其优点是价格比有线电视低廉，不限制播放次数，因此受到年轻消费者的好评。随着用户向奈飞转移，付费电视的用户数量逐渐减少，出现了所谓的"退订有线电视服务"（用户退订付费电视服务，转向网络电视等）现象。奈飞对美国有线电视公司来说是最具威胁性的公司。

奈飞能够不断获得用户的原因在于其丰富的内容，目前营业收入的75%都被投到了内容制作上。大胆的内容投资导致奈飞的现金流仍为负值，股价的波动幅度也很大。随着购买内容的成本不断增加，奈飞自2013年起集中投资原创系列作品，播出了多部电视剧，比如深受观众喜爱的《纸牌屋》获得了两次金球奖和七次艾美奖，从而使奈飞的作品在质量方面也得到了肯定。

起初我对投资奈飞持有怀疑态度，特别是奈飞能否持续生产出足以威胁迪士尼等传统内容提供商的内容。因为我清楚地知道高成本内容的票房如果失利，股价会变成什么样。美国独立电影公司狮门娱乐的股价走势就很好地体现了电影票房对股价的影响——2016年初，《饥饿游戏》等高成本电影票房惨败导致狮门娱乐股价暴跌。

奈飞原创内容的成功和市场的积极反应证明我的担心是多余的。传统的有线电视商业模式止步于地区和国家等空间制约，没有意识到可以通过不受空间限制的互联网成长为全球商业模式。投资者评估奈飞的企业价值时，通常使用的核心指标是用户人数，奈飞于2010年以加拿大为开端，到2015年进入了澳大利亚、新西兰、日本等多个国家市场，发展成为大型跨国企业。随着全球用户数量的增加，奈飞企业价值也随之上涨，十年前奈飞的市值仅为20亿美元，2018年已经增加到了1 800亿美元，与迪士尼并驾齐驱。奈飞股价（如图2.1所示）超出我的预期持续上涨，结论非常明确——是我错了，我只好尽快改变了想法。

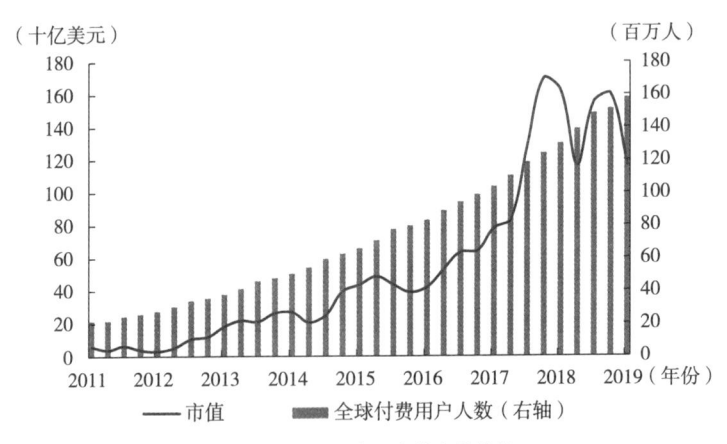

图2.1 奈飞用户和市值变化趋势

资料来源：彭博社、奈飞。

第二章 对"创新型企业"的投资

就像奈飞一样,对创新型企业的投资需要不同于以往的出发点。在商业模式不同的情况下,如果还是按照从前的老套路,就有可能误判企业价值。遗憾的是,投资根本不存在标准答案,对创新的投资只能从多种观点和角度来分析,比如,价格下降等原因导致营业收入增加的情况、创造新市场的情况、通过新商业模式重新定义创造价值的情况,这些都是我所使用的分析方法。那么,对于各种类型的企业如何从多种角度来分析和投资呢?以下我们将通过投资案例来分析。

流媒体大战——迪士尼的反击

如今,所有企业都想成为奈飞这样的企业,奈飞甚至成为企业的标杆,从迪士尼和华纳兄弟等传统的制片公司,到苹果和亚马逊等科技企业,都在为成为奈飞这样的企业而投入巨额资金。传统企业的生存受到威胁,随着观众从昂贵的有线电视商品向流媒体转移,收费电视的订阅人数不断减少,在智能手机和平板电脑这一新战场上,首先推出流媒体服务的奈飞和亚马逊则游刃有余。

这个叫作奈飞的"怪物"实际上是传统制片公司和有线网络公司一手培养的,他们靠出售电视节目和影片获得收益,然而这实际上是帮助奈飞快速成长的重要原因。迪士尼当初也没有意识到奈飞是如此强劲的对手,甚至几年前还误以为奈飞并不是内容而是视频流通领域的竞争者,现在迪士尼停止出售电影等内容,并开始自建流媒体服务。

2019年11月12日,迪士尼推出了SVOD(订阅型视频点播)服务"迪士尼+"。上市第一天,订阅人数就突破了1 000万人,超出华尔街的预测,11月13日迪士尼股价涨幅超过7%。美国CNBC电视台评价道:"美国哥伦比亚公司吸引800万名收费会员花费了5年时间,而迪士尼却在一天内完成了这一任务。"但距离追赶拥有约6 100万美国用户和9 800万海外用户的奈飞,迪士尼还有很长一段路要走。

从财务角度看,"迪士尼+"服务并没有为迪士尼的企业价值带来积极的影响。首先,投资支出带来了成本的增加。其次,在自建视频流媒体服务方面,迪士尼以约 30 亿美元的对价收购了流媒体行业领先企业 BAMTech,还以 850 亿美元收购了二十一世纪福克斯公司。最后,迪士尼在扩大内容的数量和多样性方面,可能还要再投资数十亿美元以获得转播权等内容销售许可,在财务报表上体现为投资成本增加和利润减少。

低廉的价格导致"迪士尼+"带来的收益并不高,"迪士尼+"每个月的订阅费只有 7 美元,而奈飞最受欢迎的收费标准是每月 13 美元,有限电视网络媒体公司 HBO 电视网服务费为 15 美元。一方面,价格低有助于吸引用户,但收回投资成本的时间却被延迟。另一方面,迪士尼家庭邮轮旅行和 1 100 美元的主题乐园年卡价格将会提高,这有助于增加利润。

在某方面尽管存在消极的因素,但长期来看股价终将得到市场的肯定,这是因为投资者期待包月视频点播市场的胜者能够主导整个生态系统,迪士尼终将拥有一个将其丰富的内容直接传达给用户的平台。几十年来,迪士尼构建了各业务部门相互密切联系的商业模式,2018 年,电影票房带动迪士尼乐园营业收入和利润的增加,通过"迪士尼+"可以直接向用户销售内容并收集用户信息,如此可以将更多的产品和体验销售给迪士尼的粉丝。

奈飞则因 2018 年下半年新增用户人数低于预期,股价陷入低迷。2020 年年初,新冠疫情的暴发使局势变得对奈飞友好起来。第一,全球用户居家时间延长,无论是出于自愿还是受到规定限制,可供选择的娱乐活动范围变窄,用户使用 OTT(互联网公司越过运营商,发展基于开放互联网的各种视频及数据服务业务)服务的时长随之增加,拥有全球自主分发网络的奈飞订阅人数自然也随之增加。

第二,拥有丰富的视频内容储备。疫情中断了全球电视剧和电影制作。奈飞通过奈飞原创这一项目来自主制作大量丰富的内容,其储备量可以保证到2021年初的内容供给，而包括"迪士尼+"在内的平台却没有准备好足够的内容。像这样，新冠疫情等不可控的外部因素将行业领先的创新企业与其竞争对手之间的差距进一步拉大。

价格下降和性能改善的创新产品

创新的速度超乎想象，从前流行的产品和服务现在已经过时了。比如，当年使用的摩托罗拉手机现在看起来就像砖头一样笨重，曾经风靡一时的黑莓手机现在也成为只配陈列在博物馆的老古董，随着智能手机的出现，折叠手机已经沦为旧时代的遗物。创新的发展不仅仅体现为手机的变化，在很多行业中它还以更丰富的形式快速呈现。

创新只有当与改善现在及未来财务状况以提高企业价值联系在一起时，对投资者来说才是有意义的，也就是说，创新应该能够通过增加产品及服务销量来提高企业的营业收入，或通过降低成本来改善企业效益，当然也可以通过增加投资等多种方式，直接或间接地提高企业利润。最重要的是，创新只有转化为财务成果，对投资者才有意义。

摩尔定律和英伟达

创新技术的价格会飞速下降。CPU（中央处理器）、GPU（图形处理器）、电池、3D打印机、新能源、人造卫星、OLED（有机发光二极管）、DNA（脱氧核糖核酸）测序等代表性创新技术的价格下降速度极快，最近流行的智能音箱亦是如此。2014年11月，亚马逊Echo智能音箱以180美元的价格发售，这个聪明的音箱可以使用声音控制来实现播放音乐、打开电灯、呼叫出租车等功能，还可以在亚马逊订购商品，凭借这样的功能，Echo 意外地受到了消费者的喜爱。Echo 的魅力在于易于使用，无论消费者身处何处，只要说出关键词就可以启动 Echo，不必费力地查找菜单来输入或打字，而且说话的速度也比打字快。如今在计算机接口领域，语音和打字两种输入方式之争也在持续。此后出现了许多类似的智能音箱和语音应用程序，消费者可以以几百元的低廉价格购买阿里巴巴的天猫精灵、小米的小爱、百度的小度等多种智能音箱。随着持续的研发和投资、自然语言处理能力的提高以及零部件价格的下降，产品开发所需时间也有所减少。

新的技术甚至刚上市不久，价格就迅速下降并普及，创新只有实现商用化、标准化才有意义，标准化可以加快创新的普及速度，我们从集装箱的案例中可以体会到这一点。海上运输曾经属于劳动密集型产业，这是因为没有标准化的物流体系。第二次世界大战以后，随着国际贸易的增加，集装箱化进程加速，集装箱化实行 5 年后，生产率提高了 17 倍，而成本降低至 1/6。除了海上运输，集装箱化还扩展到了卡车运输和铁路运输领域，甚至是制造业，此后很多货物都将按照集装箱规格进行设计。尽管集装箱不是一项新技术，但通过这种标准化，生产率得到极大提高。[1] 创新的基础不是奢侈品的稀缺性，因而创新性产品或技术的价格通常会下降。

创新产品的性能得到改善，价格反而下降的理论背景就是摩尔定律。根据摩尔定律，集成电路的集成度每两年会增加一倍，也就是说半导体的性能以几何级数逐年递增，这个法则解释了半导体产业持续了约 50 年的高速成长的原因。

在第一代微处理器中，晶体管间距为 1 万纳米（十亿分之一米），而现在已经缩短至 14 纳米。这相当于 100 米和 10 厘米的差距。电子移动的距离缩短，处理速度会相应加快，电力消耗就会减少，此外，

第二章 对"创新型企业"的投资

原材料、生产、运输等单位费用减少，微处理器的性能得到提高的同时，成本会随之降低。与第一代微处理器 Intel 4004 相比，2015 年第六代酷睿处理器的性能是第一代的 3 500 倍，能源效率为 90 000 倍，而生产成本仅为六万分之一左右。现在我们使用的苹果手机性能要远远超过 20 世纪 60 年代的超级计算机。

有人指出，最近摩尔定律达到了极限，这是因为从 10 纳米制程开始，创新的速度明显减慢，工艺升级周期也被推迟。目前已经开始寻找可以替代基于摩尔定律的英特尔 CPU 的方案，对策之一就是英伟达的 GPU。英伟达目前在 GPU 领域的市场占有率为 80%，处于领先地位，从名字就可以看出，GPU 在同时调节多个像素颜色和亮度的图形处理方面极具优势，游戏玩家也许更熟悉英伟达显卡 Gforce 这个名字。在英雄联盟这类对性能要求较高的游戏、虚拟现实（VR）和增强现实（AR）等游戏中，GPU 的性能非常重要。目前，英伟达营业收入的 50% 以上都与游戏有关。

值得注意的是，在人工智能计算方面，GPU 比 CPU 更合适。CPU 采取串联方式，数据按顺序处理，虽说可以进行高速运算，但存在一定的局限性；而 GPU 采取并联方式，可以同时快速地处理数据。未来人工智能需求的增加意味着对 GPU 需求的增加，实际上，GPU 已经广泛应用于无人驾驶、数据中心、人工智能、虚拟现实等多个领域。如果加大对人工智能的投资力度，英伟达一定会从中受益。英伟达的利润持续超出预期，管理层的盈利预测也非常乐观，从我买入英伟达股票的 2015 年开始到 2018 年下半年半导体板块股价做调整前，英伟达的企业价值增幅超过了 300%。

被称作人工智能核心的机器学习中有"训练"和"预测"这两个过程。通过所学习的模型来回答问题就是预测过程，预测中可编程门阵列（FPGA）正在崭露头角。FPGA 的特点是可以直接通过程序来实现使用者所希望的功能，这意味着定制化设计将成为可能。

在FPGA领域，美国半导体公司赛灵思与阿尔特拉（被英特尔收购）的市场占有率为86%，形成垄断市场。2018年人工智能预测市场中，CPU占75%，FGPA占19%，GPU占4%，到2025年，市场格局将转变为CPU仅占13%，GPU和FPGA则分别增加至40%和34%。有人预测，近期FPGA有可能实现商业化，但与相对标准化的ASSP相比价格较高，未来可能无法发挥太大的作用。CPU的时代已经过去，新计算技术的时代即将到来。

英伟达和赛灵思的市值变化如图2.2所示。

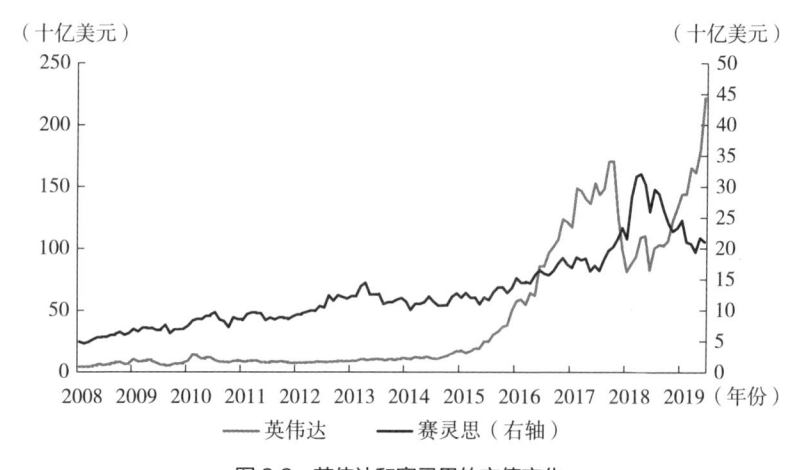

图2.2 英伟达和赛灵思的市值变化

资料来源：彭博社。

锂离子电池和阿尔伯尔玛

锂离子电池（以下简称锂电池）价格逐年下降。2010年，锂电池售价约为每千瓦1 000美元，2014年下降至544美元，仅为2010年的一半，到2016年年底，时隔两年价格再次下降一半至每千瓦273

美元。专家预测，到 2024 年，锂电池价格将跌至每千瓦 100 美元以下。如果锂电池价格低于 100 美元，电动车和燃油车就可以达到总持有成本相同的临界点，锂电池价格迅速下降得益于生产成本降低、新电池包装设计和供应链变化。随着电池能源密度上升、设备升级和成本降低，通过设计标准化而实现的生产流程简化是电动车价格下降的主导因素。

锂电池诞生于 1991 年，时至今日，能量密度已经增加到 200~250 瓦时/升，随着新材料的使用，有望提高到 650~750 瓦时/升。如果能量密度增加至两倍以上，电池容量会随之增加，进而改善续航里程，重量也会减少，最终能量消耗率得到改善。2011 年上市的电动车日产聆风售价为 2.9 万美元，续航里程仅为 117 公里。而 2018 年推出的聆风价格相同，但续航里程已经达到 243 公里。电池价格的下降和电池性能的提高，使电动车的市场竞争力也逐渐得到提升。

创新对于电池价格来说是不利的，但对于核心原材料锂的价格来说是有利的。由于电动车的需求增加和供给不足，锂价格从 2016 年开始暴涨。基于电动车需求增加及锂价格上涨的逻辑，投资锂生产商阿尔伯尔玛曾是个不错的想法。

然而在 2018 年初，需求端和供给端发生了始料未及的变化，阿尔伯尔玛 1 月初的股价与最高点相比下跌了 30%。随着世界最大的锂生产商智利 SQM 宣布将把年均生产配额提高两倍，市场对供给量增加的担忧进一步增加，再加上中国政府将减少对电动车的补贴，市场对中国电动车销量增加的预期降低。需求和供给的急剧变化，导致截至 2019 年年底锂的价格仍然很高。锂的需求强劲，而启动新生产项目所需投入的资金相对较少，这意味着尽管可能需要一定的时间，但供给会迅速增加，在锂现货价格走低的情况下，股价必然会陷入低迷。

二代测序技术和伊鲁米娜

2013年好莱坞演员安吉丽娜·朱莉接受了乳房切除手术，以降低自身患乳腺癌的风险，在此之前她被检测出BRCA1（乳腺癌1号基因）存在变异。在传统乳腺癌检查中，通常从BRCA1和BRCA2基因中寻找变异，每500名美国女性中约有一人会发生这种变异。安吉丽娜·朱莉罹患乳腺癌的概率高达80%，但手术后这一概率将降至5%。

像安吉丽娜·朱莉一样，如今人们可以通过基因检测来预测患病概率，这要归功于基因检测和二代测序技术（NGS）的发展。人类基因组图谱首次公开时，对当时的人们来说，DNA分析成本还是一个天文数字，高达27亿美元，而现在只要1 000美元就可以分析自己的遗传信息，未来几年内可能会降至100美元，二代测序技术价格下降速度远远超过摩尔定律，而分析人类所有基因需要的时间也从15年缩短至3天。研究基因引发的个体差异就是"个体化医疗"。过去，尽管患者存在个体差异，但都会得到相似的处方，通常情况下会取得相似的疗效，但个人差异会影响极其重要的处方，将直接决定治疗效果，严重者会产生危及生命的副作用。2015年，奥巴马总统推出了个体化医疗计划，受到了业界的欢迎，取得了丰硕的成果，特别是在肿瘤学领域，个体化医疗取得了长足的发展。

最近，医学界认为癌症不是发生于某一器官上的疾病，而是可以按照特定基因突变导致的分子结构分类，这意味着在治疗癌症的过程中，基因信息将成为核心因素，此研究发现令抗癌药的临床应用也更具针对性。投资者十分关注CAR-T（嵌合抗原受体T细胞）抗癌药，这是从癌症患者身上提取特殊免疫T细胞，并在此基础上利用病毒来移植新基因的个体化制备方法，注入患者体内后，病毒诱导T细胞进入患者的特定部位从而杀死癌细胞，这是极具个性化且有效的方法。

第二章 对"创新型企业"的投资

2017年8月，诺华开发的CAR-T制剂Kymriah首次获得FDA（美国食品药品监督管理局）的批准用于临床治疗；同年10月，吉利德的Yescarta也获得了FDA的批准。CAR-T制剂在医治难以用传统抗癌药物治疗的血癌方面，表现出了显著的疗效。

2018年，阿尔尼拉姆公司开发的RNA干扰（RNAi）药物Patisira获FDA批准。RNA干扰药物对所有基因都有效，正在逐渐成为治疗当今世界诸多医学难题的新对策，RNA干扰药物被广泛应用于探索基因功能和传染性疾病及恶性肿瘤的治疗领域，被称作先进的下一代新药技术，对医学发展有着深远的意义。RNA干扰药物与传统治疗方法相比，价格更为亲民，且治疗效果显著，能够从根源上消除病因，因此备受关注。2019年11月，诺华公司决定以96亿美元的对价收购还未发生营业收入的麦迪逊医药。一般的投资者也有必要对基于分析核酸序列开发新药的公司予以关注。

美国基因测序仪器制造商伊鲁米娜几年前曾推出测序仪HiSeq X，就此打开了千美元级的基因组时代。在遗传基因分析行业中，伊鲁米娜的市场占有率为70%，拥有世界最高水平的技术。伊鲁米娜测序仪的大小和普通复印机差不多，通过先进的化学和物理成像技术，可以在两天内完成人类基因分析。

2015年下半年，生物科技企业股价调整和市场对产品销量减少的担忧，导致伊鲁米娜股价下跌。许多大型制药公司和实验室已经购买了伊鲁米娜的仪器，所以暂时没有增加采购这些昂贵设备的需求。然而2017年1月，伊鲁米娜发布了更具创新性的测序仪NovaSeq，在成本和速度方面都发生了质的飞跃。此前HiSeq X分析6太字节需要两周，而NovaSeq只需要两天；同时，NovaSeq还具备价格优势，HiSeq X售价为100万美元，而NovaSeq只需要1/10的价格，这意味着低廉的价格可以带来更多的消费者和更高的市场占有率。随着市场对销量的增长预期恢复，股价也在 2016 年下半年开始触底反弹（如图 2.3 所示）。

图 2.3　伊鲁米娜市值变化趋势

资料来源：彭博社。

相对于制药和生物科技企业，投资者更倾向于投资医疗器械企业，这一趋势也对股价的恢复产生了积极的影响。最重要的是，特朗普政府降低药价政策对医疗器械行业影响最小。随着机器人手术、经导管主动脉瓣置换术（TAVR）等市场规模的持续扩大，个别企业的营业收入保持每年 5%~6% 的增速，可以说创新型产品和服务符合时代潮流。另外，随着 65 岁以上人口增加，人口老龄化加剧，人们对医疗器械的需求将是长期的。

创新的阴影

2019 年 9 月，《经济学人》介绍了英国南部某些药店一药难求的情况，这与英国脱欧并没有直接关联。参考美国的情况来看，过去三年中出现供不应求的医药品数量增加了 50%，已经超过 280 种。2018 年对 700 家医院药店的管理人员进行的一项调查结果显示，70% 以上的患者在过去一年中至少出现 50 次因药品供应不足而无法购买药品的情况。供不应求的大都是普通药物，分别占据美国和欧洲处方药的 90% 和 70%。在如今这样的创新时代，为何会发生买不到药的现象呢？

药店医药品短缺源于工厂生产问题。在美国销售的普通医药品中，单一品种药品仅由一家公司生产的比重占 40%，这是因为普通医药品的价格和利润空间较低，不存在生产商之间的竞争，任何一条生产线出现问题都可能会引发全世界供应不足，青霉素和吗啡等传统药物的问题尤其严重。一方面，普通药物专利到期当天会有十几家普通制药公司投入生产，价格竞争非常激烈，生产商十年内几乎无法盈利，往往最终只剩下一家生产商；另一方面，为了阻止新的竞争者进入，价格也保持在较低水平。

不断下调的药品价格使生产商在有形资产投资方面更加慎重，过去 10 年中，美国部分供应不足的药品是在 20 世纪 60 年代以后几乎没有升级的生产线中生产的。迫于药价下调的压力，产业链向全球化和细分化方向发展，分散在三四个以上国家，尤其以新兴国家生产成本最低。全球产业链的碎片化导致生产过程的透明度更低、更脆弱。随着价格下降和利润减少，药企很少投资升级位于新兴国家的工厂，从而引发一系列的问题，比如在印度等地生产的药品常因质量不达标而被召回。

人类生存的必需品价格低，一般意味着消费者效用的增加，但如果过低的价格长期持续下去，可能会导致生产者疲于维持低利润，最终形成不得不依赖于少数企业的垄断结构。

亚马逊瞪羚计划、廉价航空公司和金融科技汇款

1994 年成立初期，亚马逊书店进入市场时采取的战略叫作"瞪羚计划"。杰夫·贝佐斯说："亚马逊应该像猎豹追逐病弱的瞪羚一样对待小型出版商。"这就是亚马逊的瞪羚计划，"进入新行业时，一开始

就甘愿承受损失，实行最低价格战略，以价格战彻底消灭竞争对手，然后为顾客提供特别的购物体验，以此提高顾客对亚马逊生态系统的忠诚度，并把产生的收益用作进军其他行业所需的子弹"。

瞪羚计划实施以后，亚马逊成立以来很长一段时间没有实现盈利，因为畅销书和新书的售价比标价低 40%，利润空间被大幅挤压。然而亚马逊建造了最先进的物流仓库，实现了平均每天配送 100 万箱书籍，消费者对亚马逊的配送速度非常满意。随着消费者向亚马逊的转移，许多实体书店倒闭。

2017 年，亚马逊在收购美国有机食品超市全食超市后，也采用了低价策略。收购完成以后，全食超市产品平均降价幅度达 43%。尽管沃尔玛推出"最低价"和"两天内免费配送"来应对亚马逊的挑战，然而顾客还是倒戈亚马逊旗下的全食超市。美国食品流通市场规模为 7 500 亿美元，在全球消费品板块中占据最大的份额，行业内很长一段时间没有出现创新，在亚马逊向线下扩张的过程中，企业被亚马逊吞并的可能性逐渐增加。电子商务市场已经增长至整体消费的 14%，在线杂货店仅占整个市场的 3%，仍有很大的成长空间，以"千禧一代"和"Z 世代"为中心的消费者经常光顾在线杂货店。亚马逊收购全食超市后，传统食品流通企业和配送服务企业 Instacart 和 Shipt 之间的战略合作加速，很多食品流通企业还通过并购来扩大企业规模。

2020 年，随着新冠疫情的扩散，电子商务的形式从传统的线上至线下配送演变出许多新的形式。传统电子商务平台为消费者提供与线下无差异的 SKU（库存量单位），消费者可以在线上便利地进行购物。但随着全球居家隔离的持续和消费者习惯的改变，新型电子商务成长加速，如备受关注的直播电商，从李佳琦和薇娅到老罗、李小璐和董明珠，从淘宝、抖音到拼多多，直播带货的发展势如破竹。

哈佛大学的克莱顿·克里斯坦森教授提出了破坏性创新理论，亚马逊瞪羚计划就是典型的例子，通过低端市场破坏战略，以更低廉的价格提供产品和服务。起初，这种破坏性创新存在不完善之处的同时又不乏特色，尽管质量较差，但差异化的特色对于某些消费者来说极具吸引力。破坏性创新通常以低品质替代产品的形态、以少数消费者为目标进入市场，通过技术的改善，逐渐赶超行业领先者，这样企业价值就从传统企业转移到新生企业，比如线下书店的倒闭和线上亚马逊书店的企业价值暴涨。

亚马逊管理层描述的亚马逊价值创造飞轮如图2.4所示。

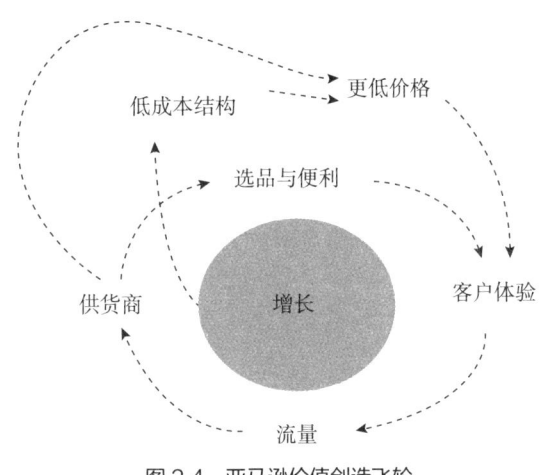

图2.4 亚马逊价值创造飞轮

资料来源：亚马逊。

20世纪90年代，在美国和欧洲出现的廉价航空公司也是低端市场破坏战略的典型案例。美国幅员辽阔，国内航线非常发达，机票却很昂贵，廉价航空公司发现了产业结构的本质，迅速兴起并得到了快速的发展。尽管部分乘客抱怨廉价航空公司的服务太差，但低廉的价格仍然吸引了很多乘客，廉价航空公司的竞争力是以低成本结构为基础的。

为了建立低成本商业模式，廉价航空公司将固定成本水平控制在大型航空公司以下，并通过高效的飞机管理来进一步降低运营成本。第一，采用单一机型，如果采购多个机型，就需要分别增加负责该机型的维修师或管理人员。第二，简化服务，对提供饮料和快餐服务收取费用，不仅会减少乘务员工作量，还可以节省人工成本。在廉价航空公司的飞机上，大部分服务都是收费的，有些廉价航空公司还会对额外的随身行李收取费用。

廉价航空公司的另一个核心战略是短程航线。大型航空公司采用中枢辐射式航线网络结构来实现规模经济，即建立中枢来衔接不同的航班，而廉价航空公司则把焦点放在了满足短程直航的需求上，不提供联程机票预订以减少换乘旅客。相对于大型航空公司的中枢机场，廉价航空公司更强调点对点的方式，欧洲代表性廉价航空公司瑞安航空就通过这样的战略，在欧洲建立了密集的飞行网络。基于低价策略，廉价航空公司的全球市场份额从2006年的15.7%扩大至2017年的28.7%。[2] 随着市场占有率提高，廉价航空公司数量与全球市场占有率也大幅增加（如图2.5所示）。

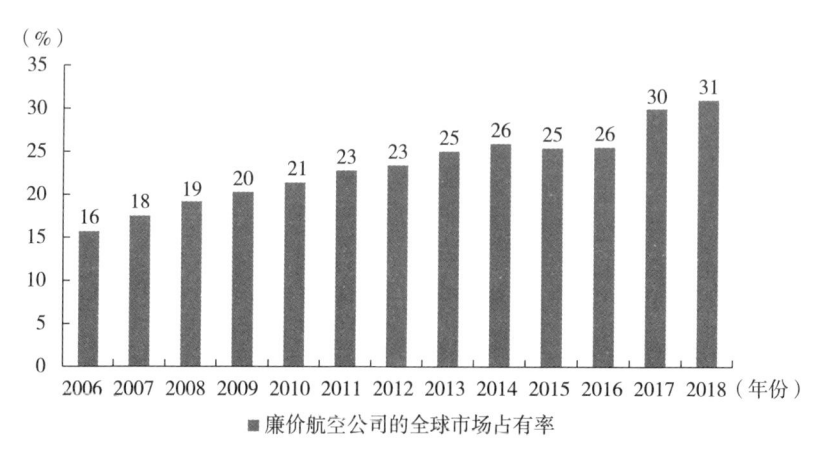

图2.5 廉价航空全球市场占有率上升

资料来源：Statista。

第二章　对"创新型企业"的投资

国外的务工人员向家里汇款时需要支付高昂的手续费。世界银行统计，2019年在其他国家的务工人员汇往发展中国家的金额约5 500亿美元，个人和中小型企业的国际汇款总额每年约10万亿美元。国际汇款手续费十分昂贵，就美国银行来说，对主要货币的小额汇款收取5%以上的手续费，除美元以外其他货币的手续费更加昂贵，比如从南非向尼日利亚汇款200美元，手续费高达25%，而且需要耗费几天的时间。[3]

银行利用自己在市场中的位置，坐收手续费，而且手续费体系也不透明。部分技术型金融科技公司看到了这种手续费结构的本质并进军市场，比如TransferWise收取的手续费只有英国银行的1/10。TransferWise是于2011年成立的一家英国金融科技公司，主要提供英镑、美元、欧元、澳元、加元等货币的转账汇款服务。TransferWise可以通过1 600家货币兑换点，实现汇款手续费降至银行手续费的15%以下；从技术层面寻求降低成本的方法，比如对陈旧的信息系统进行改造，通过自动化来节约成本。基于低廉的手续费，TransferWise超越银行，占据了英国国际汇款市场15%的份额。

与其他独角兽企业不同的是，TransferWise已经开始盈利，2018年的营业收入达151亿美元，净利润为800万美元，成长潜力巨大。TransferWise拥有400万客户，每月汇款业务涉及的金额达40亿美元，规模远小于每年2万亿美元的市场需求，[4]短期内营业收入和利润有望继续增长。

与基于利息的贷款业务不同，银行对国家间汇款收取的手续费仍然不透明。尽管金融科技公司的影响力较小，但凭借技术的提高，金融监督机构对银行手续费机制进行质疑，金融科技公司的影响力有望以更快的速度扩大。

开拓新市场的企业

破坏性创新的另一种形式是新市场破坏战略。既有的产品局限性限制了潜在的消费者，破坏战略旨在消除这些限制，使消费成为可能，进而打开新市场，比如索尼随身听。

曾在索尼工作的一名研究员在海外出差时，产生了在飞机上听音乐的想法。当时市场上并没有这种产品，所以他制作了一个小巧且插上耳机就可以听音乐的简易音乐播放器。随身听与音箱不同，没有扬声器，也没有录音功能，这在当时看来是非常糟糕的产品。1979年7月上市后，随身听却意外地吸引了许多青少年消费者，并且改变了这一代人的文化。有了随身听，青少年消费者就可以边走路边听音乐，可以逃离唠叨的父母，沉浸在自己喜欢的音乐世界，他们不介意那些质量和性能差一点的产品。索尼创造了青少年这一消费群体市场，其后，索尼随身听不断发展，逐渐占据了中小型音箱市场，索尼也成长为全球最优秀的消费家电企业。此外，施乐公司的复印机、苹果的电脑、易趣的网上拍卖也属于新市场破坏性战略的典型案例。

新市场破坏性战略与克里斯·安德森的长尾理论有着相似之处。根据长尾理论，细分的利基市场中消费者需求更多，收益性低的大部分顾客可能比收益性高的少数核心顾客创造更多的价值（如图2.6所示）。从关注被忽略的需求进而创造市场这一点来看，新市场破坏战略又与二八定律相反。根据二八定律，少数热门商品创造了80%的营业收入。我们应该关注哪些发现被忽略的需求的企业呢？

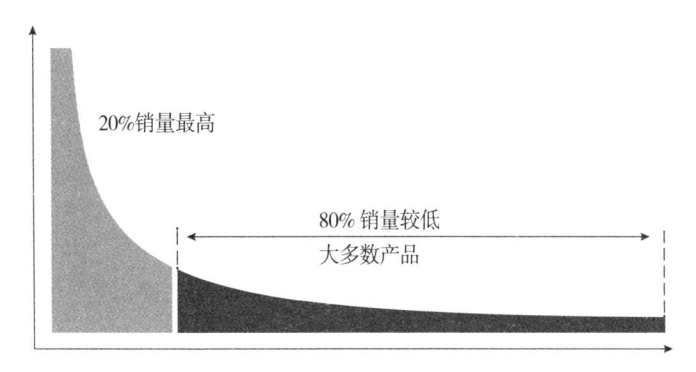

图 2.6　根据长尾理论，细分的利基市场中大部分顾客
比少数核心顾客能创造更多的价值

资料来源：Chris Anderson, The Long Tail: Why the Future of Business Is Selling Less of More, Hyperion, 2006.7.11。

发现被忽略的需求——Square 和 Zendesk

在美国，处理信用卡支付困扰着很多小型企业，因为要向信用卡公司支付昂贵的手续费。尼尔森统计，2015 年美国约有 2 000 万家小企业不接受信用卡支付。但商店和公司无法永远拒绝使用信用卡的多数消费者。

美国移动支付公司 Square 创造了解决这一痛点的商业模式，这家公司是由推特创始人杰克·多西于 2009 年创建的。在移动通信时代，以电脑芯片、互联网、触摸签名等技术为基础，似乎可以通过智能手机和平板电脑实现信用卡结算，但唯一缺少的就是可以读取信用卡信息的装置。2010 年，Square 为小企业开发出了读卡器，具有高颜值的 Square 硬件和软件系统受到了用户的喜爱。小企业曾因无法负担信用卡公司的高昂手续费而不接受消费者使用信用卡支付，现在也能够以相对低廉的费用处理这些需求了，使用 Square 结算时仅支付 2.75% 的手续费，无须再支付其他手续费，这远低于传统的信用卡支付系统成本。Square公司逐渐掌握了小企业的营收情况和交易明细等数据，可以提供短期贷款等金融服务——Square Capital。在传统信用卡公司及大型银行忽略的细分领域中，Square已经具备了竞争对手无法复制的竞争力。

Square的商业模式十分具有吸引力，但我们内部对于是否买入股票存在很多争议。如果以近期可能创造出的利润和现金流为标准分析企业价值，买入意见似乎没有什么说服力，我当时十分犹豫，结果错过了低价买入Square的机会，随后股价持续上涨。想象力不够丰富的我一直在思考没能正确分析Square企业价值增加的原因，错过的股票不断上涨也是一件让人恼火的事情。

Square的市值变化如图2.7所示。

图2.7 Square的市值变化

资料来源：彭博社。

欧洲也出现了类似的创新型企业。全球在线支付市场中成长最快的新兴企业之一是荷兰金融科技公司Adyen，Adyen的优点之一就是拥有可以在离线POS（销售终端）、电脑、移动设备等多种渠道上通用的综合支付平台。一般来说，支付平台扩张渠道的方法是并购各渠道中的企业，但这样的扩张存在着现有系统和新系统之间的整合风险，可能会导致企业经历很多困难和波折。

Adyen 从支付网关（消费者与支付渠道连接的入口，移动设备、电脑、离线 POS 机等）到参数校验、生成订单、评估交易风险等，拥有一个可以控制整个支付流程的综合平台，平台之间可以灵活共享和使用数据。Adyen 凭借这种平台整合优势，于 2018 年 1 月力压贝宝，成为易趣的支付服务商。

另一个案例是客户管理服务公司 Zendesk。一般企业需要建立有效的顾客管理系统，但中小企业和个体户没有足够的资金来直接搭建，而且持续运营的成本也很高。Salesforce 等企业提供的客户关系管理（CRM）服务固然优秀，但企业客户通常无法充分利用其复杂的功能，同时，客户关系管理服务的结构过细，与客户实际使用的价值相比定价过高。为了解决中小型企业的这种痛点，Zendesk 基于云客户服务平台提供简单有效的客户管理服务，以云服务为基础，所以不需要初期投入成本，也可以迅速应对顾客的其他需求。客户只要熟悉简单的云服务，转换成本就会提高，就不会更换到其他服务商，这意味着客户已经被锁定。市场对 Zendesk 服务的需求前景非常乐观，从前企业把客户管理中心看作成本中心，因为不仅不产生营业收入，而且发生费用，但现在随着获客成本不断增加，把顾客管理中心当作成本中心的看法也在逐渐改变。

但在 2019 年下半年，包括 Zendesk 在内的美国云计算公司股价暴跌，此前随着股价持续上涨，部分投资者获利抛售也是股价暴跌的原因。但中美贸易冲突持续带来不确定性，投资者担心企业云投资规模可能会缩小，对跨国科技企业的首席技术官来说，最容易节省成本的做法不是转换成云服务，而是继续使用已取得授权的软件。云服务市场增长率会暂时放缓,但快速发展的趋势还会持续一段时间。尽管短期增速低于预期,但云服务今后很有可能持续快速增长,2020年新冠疫情暴发后,跨国企业纷纷向云计算环境转移。首先,实行居家办公的企业占比提高,提供远程办公和线上会议服务的SaaS(软件即服务)股票价格上涨。其次,居家办公成为可能后,在与企业数据传送和管理相关的信息安全、IT服务综合管理、利用人工智能的数据分析等诸多领域,数字化进程加快,相关企业的股价也因此上涨。高德纳预测,2018—2022年全球公共云市场将以每年12.6%的速度增长,2022年市场规模将达到3 331亿美元,云服务市场增速将比整个信息技术服务市场增速快3倍(如图2.8所示)。[5]

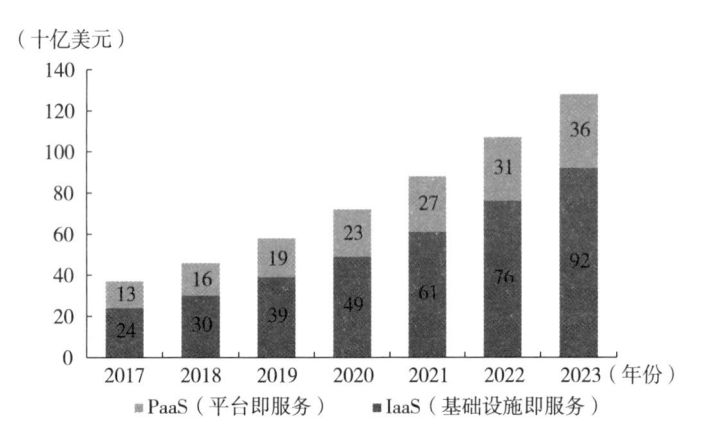

图 2.8　全球云市场有望迅速增长

资料来源:高德纳。

机器人达·芬奇和神经臂

医护人员在急诊室抢救陆续送来的患者,这一幕幕情景总是令人感动。挽救无数人生命的手术就是如此,患者接受手术后苏醒过来,

第二章 对"创新型企业"的投资

这不仅给患者的家人,还会给周围的许多人带来无法估量的快乐。人类历史上进行了许多医学技术和手术方式的尝试,这不仅是新的实验,也是不断创新的过程。

直觉外科公司旗下的达·芬奇机器人是最早用于协助医生进行手术的高级机器人,可以减少手术过程中的解剖部位,通过精密的手术提高患者的生存概率,减少术后并发症和缩短康复时间,机器人手术正在创造新的价值。医生使用达·芬奇机器人进行手术时,通常在手术室里的控制装置中操作,这可以消除医生手部抖动,精密检查降低了手术失败的概率,医生的工作年限也可以延长至85岁。在达·芬奇机器人投入使用初期,医生对尝试机器人手术这种新技术备感压力,患者也对这种陌生且难以理解的手术方式有一定的心理负担,在手术室里看到的达·芬奇机器人的机会比普通人大得多,难免给人一种压迫感,现在已经有很多医院投入使用达·芬奇机器人。

微创脑肿瘤手术中使用的是世界上最发达的外科手术机器人神经臂。组成机器人的原材料是由NASA(美国国家航空航天局)开发用于空间站的特殊塑料,与达·芬奇机器人不同,医生可以感知到神经臂触碰到的部位。在脑部手术过程中,神经臂与核磁共振扫描仪搭配使用,医生可以一边观察扫描仪一边进行手术,但医生熟练的技术仍然很重要,医生只在需要更为精密的操作时才使用神经臂。神经臂手术也逐渐创造出与过去截然不同的价值,传统的脑肿瘤手术中,必须先切开患者的头盖骨,患者术后需要住院两周以上,而现在手术后仅留下微小的伤口,康复时间也明显缩短。

外科机器人手术市场规模预计将从2018年的39亿美元增加到2023年的65亿美元,年均增长率达10.4%。随着机器人系统的技术进步以及医院投入使用机器人手术,预计机器人手术市场将迅速增长,包括生产达·芬奇机器人的直觉外科公司在内,史赛克、Mazor机器人、施乐辉等众多企业之间将展开激烈的竞争。

星球大战和变形金刚——开拓 IP 市场

父母们每当新版《乐高幻影忍者大电影》上映时都会感到为难，这是因为要买最新款乐高幻影忍者玩具作为生日礼物或圣诞节礼物送给孩子。孩子对忍者深深着迷，央求父母给自己买玩具。父母为了成为孩子眼中优秀的父母，只能给他们买这些价格昂贵的礼物。然而受欢迎的款式一般很快就会售罄，父母又不得不抓紧时间去商场购买。像这样将电影和玩具结合在一起的销售策略是从电影《星球大战》开始的，《星球大战》以一种新的方式创造了需求。

迪士尼在 2012 年收购了以《星球大战》一战成名的卢卡斯电影公司，当时迪士尼非常希望得到卢卡斯电影公司的《星球大战》版权。实际上，这部电影起初并没有受到过多关注，这部科幻片在当时比较罕见，前景也不明朗。1976 年，卢卡斯准备拍摄这部电影，但是由于题材内容较为另类，没有找到合适的投资人。卢卡斯为了筹集资金，想出了一个方法——将影片的角色制作成公仔来出售，在几番努力下，最终和食品公司通用磨坊的子公司肯纳玩具公司签约并获得了资金。

1977 年上映之后，《星球大战》大获成功，周边产品需求也非常火爆。肯纳公司的销售策略非常出色，一方面通过低价出售小公仔来降低父母和孩子对价格的担忧，另一方面为狂热的粉丝推出大型精致的玩具产品，价格当然更为昂贵。结果，诱导消费者收藏的这种高利润人偶玩具市场迅速成长。玩具原本是为孩子设计的，《星球大战》颠覆了这种传统认知，将电影和玩具联系起来，以电影中的角色为基础，开拓了成人新市场。看过《星球大战》的孩子长大后会对这部电影有一种特殊的情怀，他们不仅对续集非常狂热，也会购买周边产品。

《星球大战》的成功使美国玩具企业孩之宝和美泰大为震惊，它们找到了玩具销售新策略——销售玩具的同时创造可以使孩子为之疯狂的故事，凭借这一构想而大获成功的产品就是变形金刚。在设计生产玩具的同时，拍摄由正面角色"博派"和反面角色"霸天虎"出演的电视节目《变形金刚》，长达30分钟的节目在美国著名的尼克国际儿童频道播出。电影、电视、玩具产业相结合，开创了孩子和成人的人偶玩具新市场。

证券交易所的夹缝

证券交易所的业务拥有坚固的护城河，典型的业务是举办上市活动，比如在美国纽约证券交易所上市，敲响交易大厅内有100多年历史的开市钟；在美国纳斯达克上市，则可以获得在时代广场大厦独家播放一小时广告的权利。纽约证券交易所和纳斯达克形成两强格局，共同垄断美国证券交易市场。

这种垄断形态导致2012年新成立的新生交易所IEX不得不放弃吸引大型企业上市的计划。从投资者最为重视的算法交易速度入手，IEX建立了可以通过"光缆减速带"来实现即时交易的基础设施，以向市场其他竞争对手发起挑战。

尽管未能成功吸引上市企业，IEX的交易量仍在保持增长。IEX的规模不及纽约证券交易所和纳斯达克，但每天有6 000~7 000只股票和ETF发生交易，以企业的总市值为基准，IEX已经成为世界第七大交易所。为软件开发者提供数据的IEX云以及作为基金管理人构建的数据平台IEX Astral等新事业计划都受到关注。

以纽约证券交易所为基准，全部收益中上市费用收入仅占12%，交易手续费收入占63%，提供行情数据收入占10%。也就是说IEX

放弃了12%的上市手续费,将目标定位于交易(64%)和数据提供(10%)市场,IEX的战略是放弃开盘价和收盘价的优势,以技术为基础持续提供优质的报价,同时提供多种加工数据,其他几家证券交易所也试图以此来扩大数据提供服务,[6]但大部分证券交易所主要还是通过并购来提高进入壁垒和加强规模经济,与此同时,新生企业通过这种新方式来颠覆现有的生态系统。

共享直升机服务

共享车辆服务广为人知,但人们对共享直升机服务比较陌生,空中客车在圣保罗和墨西哥城尝试推出新的服务——提供网约直升机服务的Voom,通过直升机来帮助用户躲开拥堵的交通。优步已经开始提供这种服务,从2019年6月9日起,优步用户可以预订Uber Copter座位。Uber Copter将提供从纽约曼哈顿南部出发,抵达纽约肯尼迪机场的直升机服务,平时乘车需要1个小时,高峰期需要2个小时,地铁需要50~75分钟,但乘坐Uber Copter只需8分钟。作为避开交通堵塞的代价,用户需要支付200~225美元的费用。

对赶飞机时间紧迫的商务人士来说,直升机服务提供了有效的解决方案,只要满足潜在顾客的需求,新的服务就有可能创造出新的市场。博思艾伦咨询公司称,共享航空市场拥有巨大的发展潜力,空中出租车服务将会作为更快的交通工具迎来更多的美国用户。咨询公司估算,短期内空中出租车市场规模至少可以达到25亿美元。现在,普通的出租车每英里费用低于3美元,Voom每英里收费10美元,随着科学技术的发展,共享直升机将实现更为低廉的成本。[7]如果共享直升机得到推广,直升机将代替汽车创造出更庞大的新市场。摩根士丹利预测,2040年直升机共享服务市场规模将达1.5万亿美元。

第二章 对"创新型企业"的投资

在沙漠里生产牛奶

白天只能看到炎热的太阳和一望无际的沙漠的国家就是沙特阿拉伯。在这里,除了石油资源,似乎没有什么能够吸引外国投资者的事物。但这里有一家鲜为人知的有趣的企业,叫作阿尔马莱。

阿尔马莱是一家于1977年在沙特成立的乳制品公司,生产并销售牛奶和奶酪等乳制品。像荷兰这样的世界级乳制品大国,气候适合形成草质优良的草场,地理位置有利于乳制品的运输,具备自然环境和地理位置上的竞争优势。而沙特阿拉伯白天气温超过50摄氏度,日夜温差达30摄氏度,在连农作物都难以生长的自然环境下,几乎不可能生产出新鲜的乳制品。中东国家的消费者对乳制品的需求日益旺盛,市场的确是存在的,要想抓住这个商机,只有创新,通过创新为人们带来新鲜的乳制品。阿尔马莱将创新技术和商业模式相结合,使之成为可能。

首先,为了在阿拉伯的高温干燥环境下饲养奶牛,需要创造适当的温度和湿度。阿尔马莱设计并建立了适合养牛的高科技室内牧场,使用电脑程序将室内牧场的温度维持在21~23摄氏度,通过自动喷雾系统保持适当的湿度,当然大部分水都可以循环使用。

其次,确保饲料供给是另一个难关。从地理位置上看,沙特阿拉伯不适合直接种植农作物。在农业用水供应有限的情况下,沙特阿拉伯对粮食进口的依赖程度高达80%,在这种情况下几乎不可能生产家畜饲料。于是,阿尔马莱把目光转向了海外,找到了可以稳定供给饲料的合作伙伴,建立了海外合作网络。

从原材料的生产和加工到流通和销售,阿尔马莱整合了产业链的所有过程。各地农场直接与当地供应商建立了紧密的合作关系,将家畜饲料的品质和供应周期等不确定因素降至最低,并科学地管理奶牛的生命周期，预测产量和出栏量。另外，通过阿尔马莱的产品销售网搭建物流系统，可以配送到海湾沿岸国家的零售商店，并以最快的速度向消费者提供新鲜乳制品。为了使这种商业模式持续下去，阿尔马莱把年营业收入的30%用于增设工厂及扩建物流设施等。

通过不断创新和投资，阿尔马莱在沙漠的中央生产出新鲜的牛奶。这是一家很有趣的企业，但股价走势还不足以吸引投资者的关注，股息率和营业收入增速都不高，应该以何种角度进行投资也不明朗。此外，可能是由于沙特证券市场直至2015年才向外国投资者开放，投资账户的开设等诸多方面目前仍然存在诸多不便。

真正的破坏性创新——潘塞缇疗法

潘塞缇疗法是我最喜欢的真正破坏性创新案例之一，尽管这和投资有点儿距离。在医学领域，曾经意想不到的新治疗方法和药物的开发为患者提供了前所未有的新价值，但新的治疗方法并不一定意味着高科技，医疗服务不是产品，难以用肉眼确认，医疗服务创新并不仅仅出现在医疗设备完善的发达国家。

足内翻是一种先天性疾病，表现为前足内收。过去非洲人认为这是恶魔的咒语，是产妇在怀孕时受到巫师的诅咒而造成的。作为诅咒的产物，人们认为足内翻是无法医治的。实际上，一般外科手术也无法完全治愈足内翻。

在非洲等发展中国家，用于治疗足内翻的骨科手术面临着医学困境。非洲地区通常医疗设备不完善，在这种情况下进行手术很容易引发术后感染，即便手术成功结束，大部分患者也无法保证足够的康复时间，很快又要为了生计去农田干活，如果在此期间手术部位感染，则会导致坏疽或感染破伤风，严重者可能需要截肢。非洲每年约有一千名足内翻患者，但医生和医疗设施严重不足，从而无法保证所有的患者得到手术治疗，即便患者接受了手术，医生也不确定是否可以为患者带来益处。

需求是发明和创造的原动力。20世纪50年代，美国潘塞缇教授基于幼儿的"自我治愈能力"发明了足内翻治疗法，这就是潘塞缇治疗法。幼儿的骨骼、关节和韧带十分柔软，所以内收的足部是可以逐步矫正的，具体方法是使用石膏将足部固定，随着时间的推移，逐渐将足部形状矫正，婴儿的自我治愈能力是潘赛提治疗法的核心。通常每周5次，每次仅需10分钟来使用石膏固定，就可完全治愈，既不需要外科医生，也不需要令人恐惧的骨科手术。

基于自我治愈能力的潘塞缇治疗方法的效果在非洲得到了验证，后来这一疗法传至英国。创新通常会在意想不到的地方爆发，这就是逆向创新——创新从新兴国家传到发达国家。

起初，英国医生强烈拒绝采用新方法。由于当时医学技术已经十分发达，相对于非手术方法来说，外科医生更倾向于手术。但潘塞缇治疗方法不需手术即可治愈足内翻的传闻在英国扩散，患者的父母强烈要求医生使用这一疗法，没有人喜欢痛苦的手术，患者的父母更是如此。由此，潘塞缇治疗方法得以传播到整个英国，进而被全世界知晓。

潘塞缇疗法是用眼睛看不到的，而且并不广为人知，但却颠覆了足内翻外科手术。2000年以前，几乎没有孩子接受过潘塞缇疗法，但现在大部分患者都会接受这一疗法。成本低廉的新疗法改变了先天畸形儿的人生，创造了新的价值。潘塞缇疗法是不可投资的，是真正的破坏性创新。

新商业模式

传统企业的重资产模式就像体态庞大的恐龙无法适应变化的气候一样，固定资产较多的企业在应对环境的变化时行动相对比较迟缓。尤其在新的商业模式下需要对与从前截然不同的资产进行投资时，应对速度就会更加缓慢。企业需要每年将一定的资金用于工厂或商场等的维护，没有额外的资金用来投资新的资产。

而最近出现的创新型企业的商业模式多为不需要工厂或商店等固定资产的轻资产模式。创新型企业迅速适应新环境，重新定义商业模式，对传统企业构成威胁。最成功的公司不是提出全新的构想，而是对目前已经存在的构想进行再创造，比如苹果手机就是通过将电脑、手机、相机结合在一起而诞生的，脸书是对校园内通信录的反思，优步改造了出租车市场。通过缩短从产品企划到配送所需的时间，减少中间环节来缩短分销渠道，或将分散的小规模生产结构整合，或将中央集中型生产结构分散，在从生产到消费的价值链重组过程中，创新型企业创造出新的价值。

前置时间缩短和 ASOS 在线商城

服装行业本身是创新的，同时也是效率最低的行业。消费者在线购买的服装中，有一半以上是由于不满意或者不合身而退货的，全球服装行业每年约消耗 620 亿美元的费用，品牌如果无法正确地预测顾客喜好，通常会低价处理过多的库存，进而发生亏损。时尚产业潮流通常变化迅速，企业要生存，就需要掌握消费者消费模式和偏好的变化，具备能够迅速替换全套产品的能力。西班牙的 ZARA、瑞典的 H&M、日本的优衣库等代表性快时尚的 SPA（自有品牌专业零售商经营）模式就是具备可以快速替换全套产品的商业模式。ZARA 正在构建一套生产系统，从策划到设计、生产、配送，最快可在两周内完成。

迅销公司旗下的优衣库就是将快餐的概念引入时尚产业中的快时尚企业。不同于其他 SPA 模式企业，优衣库具有以基本款为主的少品种大批量生产的特点。优衣库将生产成本低廉的中国作为生产基地，以实现少品种大批量生产和低价策略。为了生产高品质产品，必须提前 6~12 个月准备原材料，对于快时尚来说，这样的前置时间（从订货到交货的时间）过长，而且如果产品销量不佳，可能会导致库存处理和降价问题。实际上，从 2014 年跨入 2015 年的冬季，罕见的温暖天气导致优衣库营业收入同比下降 10%，股价也因此暴跌。优衣库通过各种尝试来缩短前置时间，利用在线商店和社交网络等收集的数据来持续改善供应链，并在产品企划的同时，通过新的生产流程将前置时间缩短到 13 天左右。

2017 年，欧洲代表性快时尚企业 H&M 因销售低迷和库存增加而陷入困境，营业利润较 2016 年减少 14%，营业利润率也从 10% 降至 7.8%，股价持续下跌，其主要原因是新生互联网企业的竞争加剧和业绩下滑。问题在于 H&M 此前的核心战略——数量增长，H&M 的目标是每年将连锁门店数量增加 10%~15%。执迷于规模经济是其最根本的错误，大多数流通企业试图减少门店数量并转战线上，而 H&M 每年新增门店的数量却高达三位数。数量增长战略遭遇销售低迷，进而导致库存过多，H&M 陷入困境。

相反，服装行业的新生企业则通过大胆放弃实体店的战略向 H&M 发起挑战。像 ASOS、Boohoo 这样的英国在线购物中心大幅缩短了从设计到上市销售的前置时间，它们比 ZARA 和 H&M 还快，因此被称为超快时尚。

ASOS 的在线商城提供了无数个货架，提供各式各样的 SKU（库存量单位）和透明的价格。另外，比竞争者更快的决策和较低的固定成本支出等也使其更具有价格竞争力。ASOS 不同于 ZARA 和 H&M，不需要向位于世界各地的实体店配送产品。ASOS 自主设计生产的产品都在英国，向 8 个全球物流仓库配送，推出多款设计，然后根据消费者的反应进行生产，因此没有必要担心库存。新产品不断上市，库存压力反而很小，ASOS 就是通过这种方式缩短前置时间。ASOS 自主生产的产品（占全部产品的 60%）前置时间为两周，比其他快时尚企业短 50%（一般来说，快时尚企业 H&M 和 ZARA、优衣库的前置时间平均为五周）。得益于这样的商业模式，ASOS 的营业收入在 2002—2017 年年均增长率达到了 60% 左右。

尽管属于创新的商业模式，但仍存在诸多因素导致 ASOS 的股价出现波动，比如英镑汇率波动，物流仓库火灾，投资增加带来的财务负担等。2018 年 ASOS 海外销售比重为 63%，其中欧洲占海外销售额的一半。在 ASOS 开始进军海外的 2008 年，英镑兑欧元汇率较低，在英国生产的产品具有出口竞争力，但英镑从 2008 年开始到 2014 年升值，向外国消费者提供的产品价格上升，出口价格竞争力弱化影响了 ASOS 的业绩。从 2014 年 3 月开始到年底，股价下跌了约 65%。始料未及的另一个问题是物流仓库火灾，2005 年，物流仓库火灾导致连续六周没有收到消费者的订单。2014 年和 2017 年其也因物流仓库火灾而备受折磨。2013 年 ASOS 进军中国市场的计划与此前的业务模式截然不同，中国的海关规定和物流环境不同于其他国家，ASOS 需要在中国建立自主生产及物流系统，投资金额激增。ASOS 全球扩张过程中，由于中国等地的投资增加，股价上涨一段时间后，目前涨幅十分有限。

ASOS 和 H&M 两家公司的市值如图 2.9 所示。

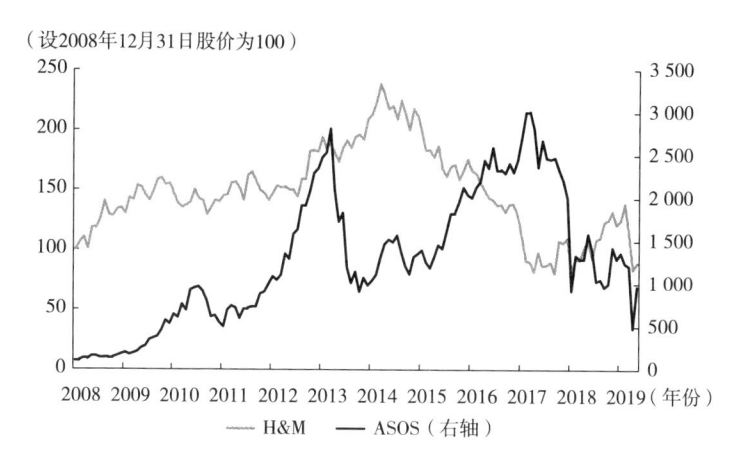

（设2008年12月31日股价为100）

图2.9 ASOS和H&M市值变化

资料来源：彭博社。

创新技术的应用缩短了前置时间，阿迪达斯就是典型的例子。阿迪达斯智能工厂配置了3D打印机和机器人，使用智能工厂缩短了从设计到销售的前置时间。摩根士丹利的分析结果显示，一般新产品上市需要18个月（设计11个月+生产7个月），而智能工厂只需要4个月（设计2个月+生产2个月），可以有效降低此前预测18个月后流行趋势方面的不确定性，还可以降低因此而导致的销售低迷和库存风险。

另外，阿迪达斯的智能工厂还可以为消费者定制反映个人需求的商品，这就是Miadidas。通过阿迪达斯的Miadidas服务，消费者可以按照个人喜好设计鞋子，可供选择的材质、颜色、装饰品等非常丰富，还可以选择自己名字的首字母或者喜欢的数字，价格比普通成品高10%~15%。这是将创新技术应用到制造业的"大规模定制"，把批量生产制造业与按需随选相结合。

阿迪达斯公司总部位于德国，为了节省人工成本和生产成本，于1993年将工厂转移到亚洲，2015年将结合物联网、大数据、机器学习、

3D打印、机器人等尖端技术的工厂建在了德国安斯巴赫，并将其命名为智能工厂，重新回归欧洲，这一举动被评为德国制造业复活的信号弹。2017年，为适应北美需求，阿迪达斯在美国亚特兰大增建了智能工厂。

然而，智能工厂的生产能力并未达到量产的程度。2019年，阿迪达斯共生产了4亿双鞋，其中智能工厂生产的数量为100万双，这与总生产量相比微不足道。这意味着要想通过有限规模的3D打印机设备来实现"精密制造工艺"和"大量生产"这两个互相矛盾的目标，还存在很多技术上的制约。

阿迪达斯未提及停止生产的具体事由，但投资者倾向于从基于3D打印的生产方式中寻找失败的原因，在每年生产数亿件产品的大量生产方式中，先进的打印技术至今无法超越"人类的手"。

中间商的没落与GrubHub

创新技术不仅缩短了从产品设计到销售所需的时间，还消除了生产者和消费者之间的中间商。随着中间商的消失，消费者可以直接接触到生产者，逐渐消除信息的非对称性。消费者可以比较商品的价格，参考其他用户的使用评价，从而使价格和品质都变得更加透明。尤其是在零售流通、广告、咨询、经纪业务、猎头等领域，中间商逐渐消失，机票、酒店、餐厅、二手汽车的价格也变得更为透明，而从前通过信息不对称获利的企业定价能力被削弱。

福洛克是美国的运动鞋经销商，其中耐克产品占营业收入的比重约为68%。福洛克销售耐克的高端产品，二者的密切关系因耐克的业绩下滑和对消费者直接销售的增加而变得疏远。相对于注重时尚的阿迪达斯，注重性能的耐克销量较为低迷，耐克还与亚马逊签订经销协议，从而导致福洛克2017年一季度和二季度业绩均低于预期，股价较

2017年高位下跌60%。虽然福洛克解释其销售的耐克产品为高端产品，没有受到销售低价产品的亚马逊的影响，但这不足以说服投资者。

房地产（如Rightmove）、住宿（如Airbnb）、基金（如Kickstarter）、广告（如Criteo）等供给侧较为分散的市场上出现新的商业模式，是以信息技术为基础的中央集权平台商业模式，通过解决消费者感受到的低效和不便，创造出新的价值，其中包括外卖将餐厅集中化供给模式。

典型案例就是GrubHub和Just Eat——美国版和英国版的"饿了么"。美国的比萨店和中国餐厅从几十年前就开始提供送餐服务，但专门的外卖送餐模式是不存在的。一般来说，美国和英国的大部分消费者独自吃饭的时候也会去餐厅排队吃饭，这个过程本身就很麻烦，外卖送餐帮助消费者减少了这种不便，消费者满意度很高，体验过这种便捷性的消费者以后也会经常使用外卖服务。随着到餐厅用餐的顾客减少，餐厅经营者也意识到外卖送餐服务是重要的营业增长动力，使用外卖送餐系统不需要资金投入，就可以服务到以前无法触及的消费者。

目前尽管有像全球餐饮品牌国际Restaurant Group和百胜等大型跨国企业，但大多数餐厅是没有餐饮配送基础设施的小型餐厅。美国餐厅中约有80%由个人经营，呈现出小规模且极其分散的形态。GrubHub和Just Eat作为为小企业提供配送服务的中介商，将这种分散的结构进行集中化，收取10%左右的手续费，为餐厅提供外卖送餐服务。

2018年2月，GrubHub公布了四季度业绩，并与快餐企业百胜集团签订合作伙伴合同，获得了2%的股权投资。百胜旗下有肯德基、必胜客、塔可钟等连锁快餐品牌。凭借良好的业绩和百胜的投资，GrubHub当天股价上涨了27.3%，如果考虑到新餐厅入驻和新城市业务扩张计划，预计今后3年的营业收入增长率将超过30%。

餐饮配送行业中配送是业务的核心，业务结构也只是单纯地将账单金额分给配送员和餐厅,却被称作未来将高速成长的行业。成长型行业中,随着行业发展、资金聚集,许多企业进入市场,竞争越发激烈,餐饮配送行业也不例外。例如,优食、旧金山的DoorDash、伦敦的户户送、德国的外卖超人、中国的美团和阿里巴巴旗下的饿了么已经参与其中。市场规模不断扩大,随着竞争愈发激烈,利润持续减少,新入场的企业展开激进的营销活动,行业中其他企业不得不增加广告和营销支出,例如,外卖平台GrubHub和Just Eat公布净利润减少,Takaway也没能避免亏损。尽管营业收入有所增长,但利润减少导致股价陷入低迷(如图2.10所示),为此企业之间通过并购以提高盈利能力,最具代表性的例子是优步收购户户送,以及Takeaway收购Just Eat。只要为了争取市场支配权的竞争不停止,股价就无法摆脱低迷的状态,股价反弹的核心最终还是在于盈利能力,

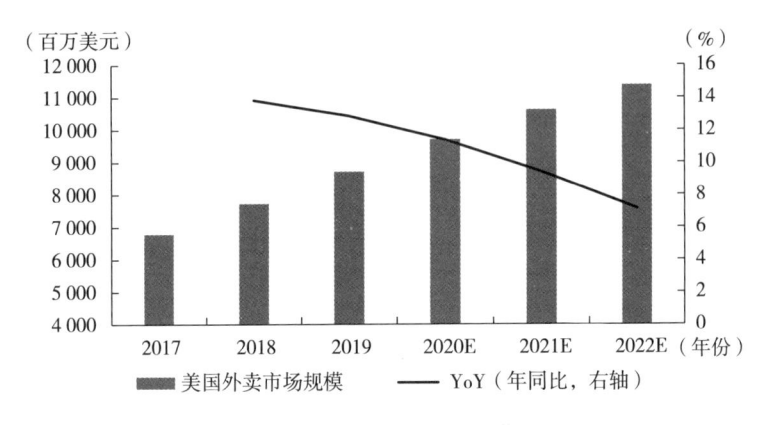

图2.10 美国外卖市场规模

资料来源:彭博社。

然而如果企业过早上调配送费和服务费,则很有可能导致营业收入降低,市场份额被蚕食。专业机构预测的餐饮配送行业未来发展前景很可能言过其实,送餐代理服务市场规模会持续增长,然而激烈的竞争

之下，相关企业仍在浴血奋战。

分散型发电和 Twitch.tv

除了上述将分散的小规模生产结构进行整合的模式，还存在大规模中央生产后分散供应给消费者的系统，而创新技术可能会瓦解中央集权系统，进而创造新的价值，电力供应、有线电视、机场、大学等正在受到这类潮流的影响。

较为典型的案例是分散型可再生能源——太阳能发电，在消耗电力的场所生产电力。从美国电力公司的情况看，输配电费用占电费的40%以上，如果省去输配电这一环节就可以大幅节省成本。美国国家可再生能源实验室称，2010—2016年，通过美国家用太阳能系统和风力发电园区生产的电力平均成本下降60%左右。太阳能发电的经济性每年都在提高，已经达到了与煤炭发电相似的水平甚至更加低廉。大规模中央集中型电力供给模式正在被分散型模式代替，美国夏威夷和加利福尼亚小规模太阳能发电持续增长。2018年新建的发电设施中，太阳能发电占25%，风力发电占19%，天然气发电占59%。太阳能发电量在2008年仅占总体电力产量的0.1%，2018年这一比重达到了2.3%。虽然比重较小，但随着经济性的提高，太阳能发电的比重将逐步提高。

摩根士丹利统计，可再生能源占所有发电设施的比重从2000年的25%扩大到2019年的37%，其中，太阳能发电增长速度最快。太阳能发电行业前景看似乐观，但实际投资时并没有这么简单。对于大型全球基金来说，在太阳能产业中总市值排名第一的企业第一太阳能规模过小，并且流动性不足，另外，公司基本面对技术变化、国家补贴和政策变化较为敏感，这也影响了投资者的投资决策。

在能源生产分散化的情况下，分散的系统逐渐被数字网络准确地连接起来。分散的可再生能源因日照量和风力不同，电力产量没有规律，如果电力需求激增并超过供给量，电力供应可能会出现差池，发生大规模停电事故。以印度为例，随着用电量增加，停电事件频繁发生。2012 年，炎热的天气导致居民用电需求增加，配电站超负荷，印度西北部地区全部停电，这次停电事故给 6.2 亿人口带来了不同程度的损失。2003 年，美国东北部、中西部和加拿大安大略省发生了大规模停电事故，原因在于软件故障导致超负荷。智能电网是利用数字科技来获取供应者和消费者的电力信息，据此来管理供求不均衡的技术。电网安全和数据流安全是不能分开考虑的，能源支撑着数字经济，这对企业和国家的安全有着重要的作用。

在能源产业中，我们看到的不仅是太阳能和风力的普及，还有多种多样的创新，对更为清洁的能源的需求使得新技术取代旧技术，能源领域的创新也会持续下去，其中心便是能源的分散化和数字化。

媒体行业以前也是大规模的中央集中型生产方式，但随着 YouTube（一家视频网站）等新媒体的出现，供给体系正在向个体生产者的分散型生产结构转换。自媒体选择与大型媒体公司不同的赛道，制作并提供边缘内容，以 YouTuber 粉丝的支持为基础赚取广告收益。边缘内容中游戏最具人气，调研公司 Newzoo 测算，2018 年全球游戏产业收入约达到 1 380 亿美元。而游戏相关内容中，Twitch.tv 作为专门的游戏流媒体平台最受欢迎，被称作电子竞技体育界的 ESPN（美国 24 小时播放体育节目的电视网）。

Twitch.tv 流媒体服务月活跃用户人数为 1.4 亿，观众为了观看和学习游戏明星比赛而聚集在此，其中包括广告主最希望接近却最难以企及的青少年群体。Twitch.tv 上汇集了众多青少年观众，青少年选择订阅流媒体而不是有线电视，举行英雄联盟全球总决赛的竞技场总是座无虚席,在线赛事转播通常会吸引很多观众,据此,投资者认为电竞体育可以用来吸引习惯于使用数字媒体的观众,电竞体育以飞快的速度从非主流成长为主流,亚马逊于 2014 年 8 月以 9.7 亿美元收购了 Twitch.tv,收购资金规模占据亚马逊全部现金资产的 20%,这是亚马逊有史以来收购规模最大的一次。

资本主义是从垄断这种中央集权发展而来的,在新的服务和产品大众化方面,中央集权和垂直整合仍然奏效,然而创新技术可以分割并瓦解这种中央集权系统,创造出新的价值。生产和流通、能源和电力、广播和通信、机场和教育等行业正受到这一趋势的影响,在这些领域中,垄断因向无数消费者分散化而被削弱。最终,新的生态系统将呈现出少数企业垄断和普遍分权化扩散反复出现,通过创新技术形成新的生态系统。

寻找明日的创新型企业

创新投资需要全新的投资方法论,对创新的定义和寻找创新型企业的方法应该更为具体,否则对需要做出决策的投资者的帮助甚微。

技术创新和非技术创新

创新主要分为两种:技术创新和非技术创新。技术创新是产品和工艺的创新,是将创新应用到具体的产品中,比如苹果的 iPhone 手机等硬件产品和微软的 Windows 等软件产品;或应用到具体的工艺中,如福特汽车的 T 型车等生产工艺。如果将技术创新按照阶段来分,则可分为技术进步的研究开发阶段和面向顾客销售的商业化阶段。从投资者的立场上来看，只停留在研究开发阶段而无法实现商业化的创新没有太大的意义，因为这无法反映在企业未来的财务成果上。最具代表性的案例是赛格威。2001年上市时，赛格威被史蒂夫·乔布斯等人称为是"继互联网之后的最伟大的发明"。很多早期采用者购买了该产品，然而其并未能成功实现商业化。许多公司都对赛格威表现出浓厚的兴趣，但也仅止步于此。市场期待的销量为每周10 000辆，然而上市后两年总销量才达到10 000辆，四年销量仅为24 000辆。掌上电脑（PDA）也曾深受早期使用者的欢迎，但却在一夜之间消失了。杰弗里·摩尔以鸿沟理论解释了这一现象，高科技产品从早期市场进入主流市场的过程中存在着巨大的鸿沟，跨越鸿沟的产品可以成功完成商业化进入主流市场，否则就会沦为早期使用者的专属物品。

非技术创新是指在内部组织管理或外部营销领域的创新型方法，通用电气的六西格玛就是最典型的案例。西格玛是指统计学中的误差范围，经营学用来表示产品的缺陷率。通用电气利用六西格玛实现了无缺陷的品质创新，在2000年节省了超过25亿美元的成本。非技术创新难以具体化和量化，因此在投资方面的重要性有所下降，投资者理所当然地对技术创新更感兴趣。

企业价值评估的变化

在低利率投资环境中，创新的重要性日益凸显。随着美国创新型企业FANGs的股价上涨，投资者对企业价值评估的观点正在发生变化。

第一，"未来"的盈利能力比"现在"更重要。企业价值评估中最重要的指标一般是利润，利润是判断增长率、收益性和估值时最重要的衡量要素。在资本主义经济体系中，利润是股东财富的源泉，因

第二章 对"创新型企业"的投资

此从股东的角度评价企业时利润当然很重要。但类似 FANGs 这类平台商业模式的出现，则要求成长型企业投资者有丰富的想象力，在估算目标股价时选择较为激进的假设。相对于短期的盈利能力来说，未来创造收益的能力成为重要的判断依据。平台商业模式通常经历三个阶段的升级过程：第一阶段，平台竞争激烈，外部资金支援非常重要，特斯拉和奈飞就是在这一阶段比较成功的企业；第二阶段，掌握平台主导权后创造出企业经营所需的现金流，但由于投资较多，所以利润并不高，亚马逊就是典型的企业；第三阶段，完全掌握平台主导权，利润随之增长，谷歌和脸书已经进入了这一阶段。随着平台企业的发展，在不同阶段的企业价值评估标准必然不同。进入第三阶段后，可以使用传统的价值评估方法，即使用利润作为指标，但在第一至第二阶段，只能基于营业收入而非利润进行估值。营业收入的增长可以判断平台的规模和市场垄断程度，这些企业主要使用市销率和市售率指标而非市盈率也是同样的道理。

第二，"有形资产"的有用性降低，而"无形资产"越发重要。很多价值投资者会基于确定的"有形资产"来评估企业真正的价值，在旧的经济体系中，创造未来现金流的根源是企业所拥有的土地和工厂，因此，企业总市值与账面价值之间相差的倍数很重要，即市净率是一个很重要的指标。但在过去的 10 年时间里，低市净率的价值型股票相对于市场来说，价格一直处于低迷状态；相反，尽管存在对市净率较高的成长型股票估值过高的担忧，股价仍持续保持了上涨的趋势。投资者不同于从前的投资行为让我有些不知所措，我究竟遗漏了什么呢？

创新时代忽略了无形资产。美国标普 500 指数企业的总资产中无形资产所占比重接近 70%，其原因是相对于通过资本支出增加有形资产，基于无形资产实现增长的企业数量不断增加。过去，有形资产的测定对投资者来说更容易且明确，工厂、机器、土地等的公允价值是确定的，今后数年内创造利润的假设本身很合理。相反，测定无形资产的价值却很困难，也不明确，难以对品牌、技术秘密、流程、企业文化等指标进行量化。此外，企业的研发费用和广告费等在会计处理上不是资产，大部分被处理为费用，因此，企业的很多活动没有反映在账面价值上。2014年初期，市场对亚马逊过于激进的投资感到担忧，股价下跌。从EBITDA（息税折旧摊销前利润）利润率来看，2012年为4.2%，2013年为4.4%，2014年为4.4%，会计标准没有发生太大变化。但是，研发支出在营业收入中所占比重分别上升至6.2%、7.4%和8.9%。亚马逊的研究开发活动正在对营业收入增加做出贡献，不知道这一点的亚马逊股票分析师一定是不合格的。特斯拉商业模式方面的优势也无法反映在财务数据中。特斯拉与其他汽车企业的最大区别在于，不通过经销商而是直接向消费者销售汽车，甚至不像其他企业一样支付巨额的广告支出，试问哪里有即使不做广告，消费者也欣然支付30万元的企业呢？

企业间的合并也是如此，通过兼并来获取品牌的公司和自主培养品牌的公司之间会发生账面价值歪曲，尽管股票回购减少了流通股票的数量，但以更大的比率降低了账面价值，进而导致出现较高的市净率。

目前美国企业市值普遍高于账面价值，可以说除了科技泡沫时期外，市净率都处于历史高位。2019年11月末，美国标普500市净率为3.5倍，而拥有更多无形资产的信息技术企业市净率为8倍。与过去10年和30年的数值相比，信息技术企业的市净率较高，而能源、原材料、金融板块股票的市净率相对较低。如果账面价值中没有反映研发费用、广告费等与无形资产相关的费用，那么使用市净率指标评估企业价值是错误的。

第二章　对"创新型企业"的投资

通过研发寻找明日的创新型企业

考虑到前文中关于创新的定义和企业价值评估方式的变化等，我在分析企业无形资产的作用方面付出了更多的努力。尤其在技术创新方面，我把寻找创新型企业的出发点集中在企业的研究开发实力上，并考察研究开发实力是否会实现商业化并反映到企业的营业收入这一财务指标中。用投资术语来说，是比较分析企业的研发集中度（研发支出/营业收入）和研发效率。

研发集中度较高，意味着研发投入相对于营业收入或现金流的比值较高。一般来说，以研发集中度为标准筛选出的多为美国生物科技和信息技术企业，最近也出现了很多中国企业。研发效率用于观察过去的研发投入是否增加了未来营业收入，即使在研究开发方面投入很多资金，如果没有实现未来营业收入和现金流增长，那么企业持续成长的可能性也会降低，因此研发效率是寻找具备长期成长潜力的企业时要考虑的标准。量化分析全球企业的研发集中度和营业收入增长率之间的关系，可能会因存在众多异常值而无法观察到有意义的相关关系，但如果采用分位数分类的方式，则可以发现美国生物科技和信息技术企业的研发集中度较高。另外，在美国信息技术板块，研发费用增长率和营业收入增长率之间存在具有意义的相关关系。在美国医疗健康板块中，相对于研究开发阶段的研发费用增长率来说，商业化阶段的临床结果和新药销售额估算值等变数更为重要。总而言之，充分利用研发集中度指标，有助于改善在全球市场中的投资成果。[8]

以 MSCI 全球指数为准，在全球股市中约有 3 100 家可投资的企业，全世界交易所大约有 91 000 只股票。在这数以万计的企业中，哪些是真正的创新型企业？能否持续成长？我们无法一一分析所有的企业，专家也很难做到。较为可行的方式是按照上述标准，首先筛选创新备选企业，然后再一一进行分析和确认。

量化指标与股价短期内的走势可能是两码事。因为量化指标是以季度或年度为标准，而短期股价的变化则反映了很多综合性因素。根据哈佛大学的研究，过去研究开发业绩表现较为优异的公司，相对于未能实现这一点的公司来说，在股票市场上得到了更为积极肯定的评价。[9] 研发效率较高的企业股票收益率也较高。

那么，过去进行大量研究开发投资多的企业与研究开发投资较少的企业相比，是否存在显著的股票收益率差异呢？我们通过量化分析发现，投资集中度可以更好地解释股票收益率差异。我们将纳入MSCI全球指数的企业按照投资集中度（研究开发费用占营业收入比重）的大小分成四组，测量了每组过去10年的股票收益率。如图2.11所示，结果显示，投资集中度最高的组取得了压倒性胜利：第一分位（最高的25%这一组）的年均相对收益率为3.7%，第四分位（最低的25%这一组）的相对收益率为-0.7%。

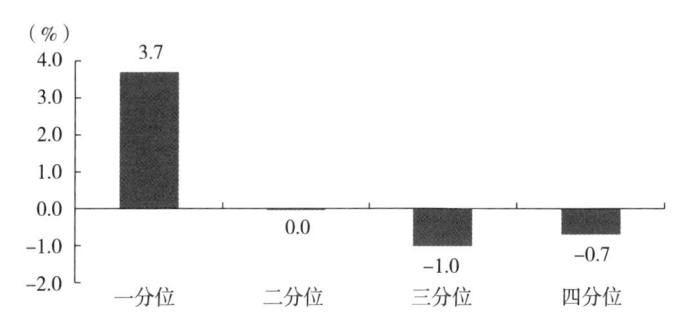

图2.11 研究开发投资高位组和低位组相对于MSCI全球指数的相对收益率

资料来源：彭博社。

注：分析期间为2008-03-30—2018-09-30，调整周期为每月，股票池为MSCI全球指数。

这一结论与专业投资者所熟悉的资本资产定价模型、Fama-French三因子模型[10]的结论截然相反，该模型告诉我们具有何种特点的企业

第二章 对"创新型企业"的投资

过去股票收益率较高,其中之一是资本性支出(CAPEX)过高的企业股价低于市场平均收益率。那么,研究开发投资较多的企业股票收益率高的分析结果是错误的吗?并非如此,研发费和设备投资表面相似,其中却包含着截然不同的意义。研发费用于企业的新产品和技术开发,因此与创新有着直接的联系,而设备投资则大多用于已有设备的维护或业务拓展,可能与创新毫无关系。

我通过各种研究、计量分析和实际投资经验得出的结论是,过去研究开发业绩表现较为优异的公司中,持续投入研究开发的公司的股票走势优于其他企业。这一结论在筛选并投资创新型企业的过程中发挥了很大的作用。

投资于研发实力

持续的研究开发使企业利润和股价都有所上涨,比如日本的索尼和中国的恒瑞医药。索尼通过对核心业务部门进行大量研究开发投资,成功实现扭亏为盈,目前正迎来第二个全盛期。索尼集中对成长潜力较高的图像传感器和游戏内容业务加大研发投入。当然,出售收益性较低的业务部门(电脑和电池等)、减少对停滞不前的业务部门的研究开发投入(智能手机、液晶显示电视等),这些结构调整也对股价上涨做出了贡献。

2017年,索尼图像传感器市场占有率达到第一(52%),成为行业领军者。2018年7月先于位居行业第二的三星电子等竞争对手推出了4 800万像素的图像传感器,保持着与竞争对手的技术差距。游戏业务部门通过持续的研究开发,来优化系统结构性能、改善画质并减少能耗等,技术不断取得进步。索尼家用游戏机 PlayStation 4 的市场占有率达到57%,远远超过了微软公司的游戏机 Xbox One(市场占

075

有率为29%）。以游戏机用户为基础，游戏软件也表现出良好的销售业绩，带动企业整体业绩增长。

恒瑞医药是代表性的中国制药企业，也是最大的抗癌药开发企业。除抗癌药外，还生产并销售麻醉剂和造影剂等药物。在中国制药公司中，该公司的投资集中度（研发费用在营业收入中所占比重）最高，目前正在世界各地进行活跃的临床实验。从2013年开始，该公司获得了大量的仿制药产品的认证，特别是在2014年12月，该公司成功地完成了重磅炸弹新药——阿帕替尼的临床试验。阿帕替尼是世界上首只用于胃癌晚期的针对性抗癌剂，预计今后适用范围将扩大。最近乳腺癌的针对性抗癌剂双重抑制剂（Pyrotinib）在海外获得批准，这对该公司进军海外目标市场带来了极大的鼓舞。目前，该公司拥有20多条新药产品线，通过公司的销售网络，抗癌剂（例如PD-1单抗卡瑞利珠）的销量增速加快，市场对利润增长的期待较高。

G2 创新者

以过去的研究开发业绩和目前的研究开发投入等为标准筛选的全球创新型企业中，很多都来自中国和美国，即便只考虑市场规模，这也是必然的结果。不可忽略的是，中国和美国企业还在不断地进行研发，全球各国研究开发支出中，美国的比重从2000年的37%降至2015年的26%，但仍然是所有国家中比重最高的，亚洲国家中研发支出比重最高的国家是韩国。中国的研发支出增速非常快，研发支出在GDP（国内生产总值）中所占比重在2000年还不到1%，但2015年这一数值迅速上升至2.1%，研发支出增加部分中约30%来自中国。[11]在研究开发较为活跃的地区，出现未来创新型企业的可能性自然更高。经常被媒体称为未来创新型企业的独角兽大都是中国和美国企业，以

2018年为准，全球独角兽企业中49.3%来自美国，27.2%来自中国。

在向中国和美国的创新型企业投资前，需要对两个指标进行评估。一是技术创新的TAM（潜在市场规模），应该从多种观点出发来推算合理的数值。二是技术创新的渗透率，随着时间的推移，创新技术的渗透率将越来越高，相应的增速会减慢，市场就越趋于成熟。当渗透率在20%以上时，技术创新增长速度将进一步加快，受到投资者的关注，股价也将大幅上升；当渗透率超过50%后，增速放缓。从2018年代表性的技术创新全球渗透率来看，智能手机为73%，公共云服务（业务量基准）为21%，电子商务为13%，人工智能和机器学习为8%。对于渗透率远超过50%的智能手机，增速放缓是投资者非常清楚的事实，甚至有人指出智能手机没有任何创新；相反，公共云服务已超过临界点的20%，从投资角度来看是最富有魅力的。人工智能和机器学习显然是主导未来的技术创新之一，但从投资观点来看，到目前为止，低渗透率导致投资吸引力还处于较低的水平。

人工智能和机器学习的方向是确定的，但是从投资观点来看，还不具有充分的投资魅力。首先，尽管大型科技企业拥有人工智能相关业务，但所发生的收入在营业收入中所占比例较低。例如，百度正在积极进行基于人工智能的无人驾驶技术研发投资，尽管百度在技术上遥遥领先，但影响股票价格的是占营业收入比重较大的搜索广告业务。其次，目前还没有面向一般消费者的人工智能应用，人工智能技术仅仅被用于部分云端数据中心、信息综合及分析等B2B解决方案中。很多企业都表示自己公司的产品在技术上具有优势，但如果不加以利用，就很难实现商业化，而像苹果和特斯拉等企业拥有对本公司品牌忠诚度较高的用户基础，如果引进B2C（企业对消费者）人工智能应用程序，相信投资魅力也会大幅提高。

中国，从模仿到创新

由美国麻省理工学院发行的《麻省理工科技评论》自 2010 年起，每年公布 50 家创新型企业（全球最聪明 50 家公司榜单）。除了财务状况、专利、品牌影响力等通常使用的企业评价指标，麻省理工学院还将"创新技术"和"有效商业模式"作为核心指标来评选企业。榜单中美国企业所占比重仍然很高，但中国企业所占比重已经从 2013 年的 4% 持续增加至 2017 年的 14%。2017 年创新型企业中，科大讯飞、腾讯、旷视科技、大疆无人机、阿里巴巴、蚂蚁金服、百度等中国企业入选，其中旷视科技是面部识别领域的龙头企业。面部识别是通过对脸部的对称性、长相、头发、眼睛的颜色等进行分析，进而寻找脸部特征的技术，该领域的技术开发非常激烈，中国的技术实力被认为是世界最先进的。中国在视频监控安防系统中应用面部识别技术，并推广到了移动支付等诸多领域。过去中国模仿美国的产品和服务，而现在中国正在引领世界创新潮流。

大多数中国创新型企业都是信息技术企业，然而在意想不到的领域，中国的创新也正在赶超美国，比如生命工程领域。中国生命工程企业把重点放在以基因分析为基础的罕见疾病治疗方面，最近使用 CAR-T 药物成功治愈了一名美国癌症患者。

中国生物工程企业南京康瑞医药化工此前只是一家默默无闻的公司，而最近 CAR-T 实验结果吸引了世界最大制药公司强生的浓厚兴趣。2017 年，强生与南京康瑞医药化工的母公司金斯瑞生物科技建立了合作伙伴关系，合同价值达到了 3.5 亿美元，在港交所上市的股票应声暴涨（如图 2.12 所示）。

第二章 对"创新型企业"的投资

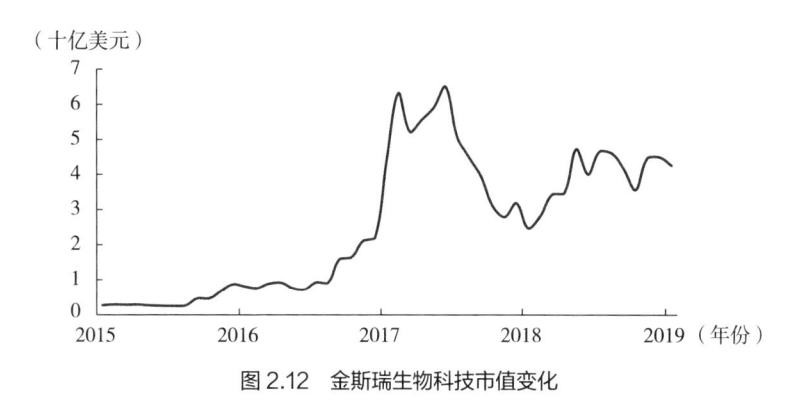

图 2.12 金斯瑞生物科技市值变化

资料来源：彭博社。

在生命工程领域，中国的创新动力来自政府的政策和资金援助，中国比发达国家更容易获取患者数据，政府限制药价政策促使企业更重视新药，这些都为行业的发展带来了积极的影响，其他的各类设施也十分优越，包括丰富的生物多样性、实力较强的自然科学、优秀的研发人才和有利的临床条件等。目前中国的临床试验数量已经超过美国，在基因编辑技术方面挑战美国的技术主导权。普通投资者对生命工程领域十分陌生，可以肯定的是，中国的市场规模仅次于美国。另外，中国的制药行业，特别是生命工程领域的前景是十分光明的。

竞争优势维持时间缩短

找出创新型企业并不是终点。颠覆传统企业的创新型企业在获得短暂的繁荣后可能会迅速走向衰落，继而又不断出现新的创新型企业，所以投资是不断探索和分析的过程。特别是在企业平均寿命和竞争优势维持时间缩短的情况下，投资者需要更加勤奋。

创新的速度和新商业模式的出现，摧毁了许多传说级的伟大企业。西尔斯、柯达、诺基亚、百事达、电路城、玩具反斗城等案例不胜枚举。

很多美国人为西尔斯的破产感到惋惜，西尔斯曾被看作是"20世纪的亚马逊"，旗下有西尔斯百货和K超市。20世纪70年代，西尔斯在美国全境运营3 500家门店，是美国最大的流通企业之一。20世纪初，在流通行业中，西尔斯本身就代表了创新，是世界上第一家目录邮购企业，《西尔斯目录》是除圣经外美国消费者阅读最多的书。作为目录邮购企业，西尔斯拥有自己的仓库，设计了高效的产品管理及配送系统，甚至连汽车公司福特也效仿西尔斯系统。20世纪20年代，随着汽车的普及，邮购需求逐渐减少，西尔斯开始经营零售商店，变身成为美国主要零售商。创新型企业西尔斯正确地预测并应对美国铁路和高速公路扩张对流通行业产生的影响，与IBM（国际商业机器公司）合作成立Prodigy，推出首款提供电子邮件、股票交易等功能的在线服务。然而，这样的西尔斯却被沃尔玛超越，并被亚马逊打垮了，最终于2018年10月申请破产。"创新的象征"西尔斯未能战胜沃尔玛，20世纪后期沃尔玛也未能战胜当时微不足道的亚马逊。

为什么原本不起眼的企业要进行创新进而颠覆大型优质企业呢？哈佛大学教授克莱顿·克里斯坦森将拥有领先市场技术的企业在某一时点无法再继续进行创新，其市场份额被后来者蚕食的现象称作"创新者的窘境"。以创新获得成功的企业如果安于现状，专注于维护现有的顾客，就有可能受到来自从底层瓦解市场秩序的新技术企业的挑战。

意识到"创新者的窘境"的亚马逊首席执行官贝佐斯表示："如果是为了取得破坏性的创新，即使新业务影响到亚马逊的核心业务，我们也在所不惜。"亚马逊电子书Kindle就是自我毁灭式且具有破坏性的创新。[12]亚马逊的新一代电子书Kindle很有可能影响到公司的核心业务——在线书城，但贝佐斯把出版物事业部的负责人调到了数字业务事业部，并做出了以下指示："你的任务就是颠覆所有发展至今的业务部门，让所有卖纸质书籍的人都失业，要以这种精神开展数字业务。"[13]

随着扩散速度加快和新的商业模式出现，进入壁垒降低，竞争加剧，传统企业竞争优势减弱，破坏性的创新使经济护城河被填平，出现了很多牺牲者。这种变化在缩短的"全球企业平均寿命"数据中也可以看到。根据麦肯锡的调查，1935年企业的平均寿命是90年，但是到2005年企业的平均寿命缩短为15年，现在可能会更短（如图2.13所示）。

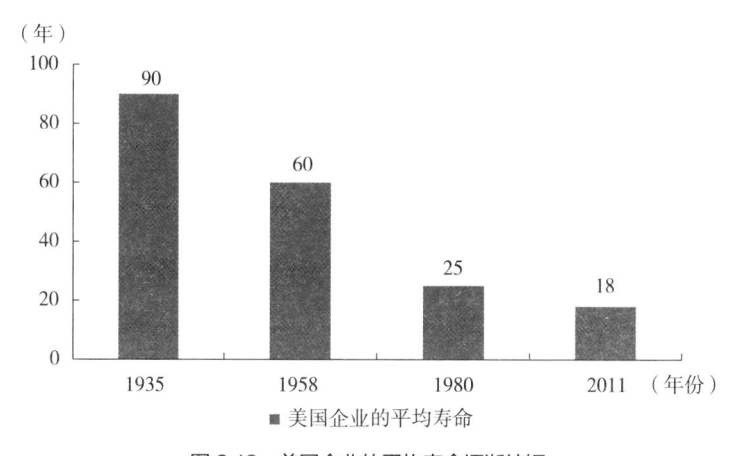

图2.13 美国企业的平均寿命逐渐缩短

资料来源：CNBC、《财富》。

从标普500指数的成分企业清单也可以看出，美国企业的平均寿命正在缩短。1958年，美国企业纳入标普500指数的周期约为60年，1980年已经缩短为25年，1980年的数值可能是杠杆收购等因素产生了影响。但是像之前我们观察的结果一样，亚马逊等企业正在加速纳入指数企业迭代的速度。如果目前的趋势持续下去，到2027年，标普500指数中约75%很有可能是闻所未闻的新企业。[14]

证券公司有时会在推销股票时提到"未来留给子女的股票"，但在子女继承之前，某些股票被从指数中剔除的概率越来越高。企业到了被从指数中剔除的程度，其股价一定非常低迷。

从投资者的立场上看，前文提到的企业的平均寿命缩短，意味着企业的竞争优势持续时间在缩短。哥伦比亚大学商学院研究生院教授丽塔·麦克格兰斯认为，竞争优势不是持续的，她强调企业要迅速抓住并利用机遇，在机会流逝之前抓住新的机会。也就是说，竞争优势不是永恒的，而是暂时的。

企业的竞争优势维持时间正在缩短，这是投资者应该深刻思考的问题。因为传统的买入并持有战略意味着时间越久越不奏效。为了确认竞争优势是否会减弱，投资者每个季度都要仔细检查企业业绩，要及时洞察突如其来的预警信号。

竞争优势维持时间缩短是传统企业经济护城河变浅的结果，实际上创新型企业也不例外，成功的破坏性企业也有可能突然间没落。在《大爆炸式创新》一书中，作者拉里·唐斯和保罗·纽恩斯指出，创新型企业（大爆炸式颠覆者）会给现有的企业带来灾难，但它们的寿命大都很短。

从投资者的角度来看，企业竞争优势削弱意味着企业价值下降，也就是股价下跌。如果创新型企业的竞争优势日趋衰弱且无法恢复，就没有理由继续持有股票。创新型企业的毁灭只是一瞬间的事情，所以投资者要勤奋，决策速度要快。

创新也需要时间

创新也需要时间。"比想象中慢"这种不安的感觉，对于那些对创新性商品满怀期待而进入市场的新企业来说是痛苦的现实。创新性商品的性能和价格通常从本质上优于传统产品，但消费者并非总是能快速接受新商品，基础设施不足、规定不明确、竞争企业众多等因素是消费者犹豫不决的理由。在 B2B 领域，新生企业走上正轨一般需要很长时间，在消费品行业发展成超过一定规模的大企业更是如此。消费者接受创新需要很长一段时间，这为传统企业通过技术投资或收购来应对创新技术赢得了时间，进而延长企业的寿命。

内容服务行业也是如此，10 年前奈飞公司等流媒体服务出现之初，价格十分低廉，有望代替资费昂贵的传统有线电视，但出乎意料的是，美国的收费电视市场占有率下降速度低于预期。消费者并没有积极接受新媒体，收费电视和内容供应商借机迅速做出反应，比如将受欢迎的频道进行捆绑销售，提供视频定制服务，这些措施都为传统企业赢得了应对新生流媒体企业的时间。

菲利普・莫里斯公司和 IQOS

在烟草行业中，早期电子烟公司一跃成为传统香烟公司强有力的竞争者。电子烟尽管因为有害性受到很多争议，但其以没有异味且方便安全的优点广受消费者欢迎。烟草公司直接收购了这些电子烟创业企业，而且早期市场对电子香烟的反应不冷不热，这为菲利普・莫里斯公司开发新产品留出了充分的时间。菲利普・莫里斯公司从 2008 年开始，在将近 8 年的时间里投入了约 30 亿美元的研究开发费用，开发出了加热不燃烧（heat-not-burn）的 IQOS（烟草加热系统）产品。据说 IQOS 使用了约 1 800 项专利。2016 年 1 月首次在日本推出 IQOS 新产品，2018 年 1 月在日本市场创造了 16.8% 的市场占有率纪录。2016 年年初，菲利普・莫里斯公司的股价突破 2012 年的最高点后继续上行，而市场占有率为 60% 的日本烟草公司的市场份额被新技术夺走，股价一路下滑。在技术方面落后于菲利普·莫里斯公司的英美烟草集团也推出了新产品GLO（一种电子烟），加入了竞争行列。

2018年4月19日，菲利普·莫里斯公司发布业绩后股价暴跌15%，这是自2008年以来的单日最大跌幅（如图2.14所示）。自2018年初开始，IQOS的日本市场销量疲软。在经历了早期购买过产品的使用者之后，现在需要面对不接受新产品的晚期使用者，这一客群需要接受创新产品的时间和教育，加之竞争公司的产品陆续上市，竞争环境更激烈，成本也会增加。菲利普·莫里斯公司的股价也随着创新产品的上市而上涨，此后又下跌至上涨前的水平。

图2.14 菲利普·莫里斯和日本烟草公司的市值变化

资料来源：彭博社。

在流通及传媒以外的行业中，新的竞争者还无法迅速侵占传统企业的市场，当然股价下跌完全是另一回事。我们已经看到了亚马逊效应，在医疗健康、汽车零配件、食品流通等多个领域，随着亚马逊进入相关市场消息传出，部分企业的股价也出现下跌。那么实际情况如何呢？亚马逊在英国推出新鲜食品配送服务——亚马逊生鲜服务已经一年多了，但市场占有率还不到1%。在美国虽然推出了亚马逊车库服务，但在汽车零配件流通市场上的占有率也仅为 2%。并不是说新生企业不能进入这种市场，而是说创新的影响力在短期内可能会被高估，当然从长期来看也可能会被低估。

泰森食品和超越肉类

美国盖洛普公司的调查结果显示，美国人口中有 5% 是素食主义者，只有 3% 是严格素食主义者，并非主流。最近，在有着快餐王国之称的美国，人们对环境问题和健康问题的兴趣日益高涨，掀起了一股素食主义食品热潮。

美国各地的素食主义餐馆不断增加，快乐牛为素食主义者提供素食餐厅信息，包括 1 500 多个仅允许素食主义者用餐的餐厅在内，拥有 24 000 多个素食餐厅的信息。加利福尼亚、纽约以及最近几年在新英格兰、南部和中西部等地区的餐厅数量都在增加；在餐饮配送服务平台 Just Eat 和 GrubHub 上，植物性食品和素食食品的下单量呈现出增长的趋势。纽约餐饮咨询企业鲍姆·怀特曼公司预测，以素食为主的餐饮将成为主流。

在这种变化中，超越肉类公司等肉类替代品企业持续成长。巴克莱银行预测，未来 10 年肉类替代商品的市场价值将达到 1 400 亿美元。

2017 年以后，超越肉类公司的营业收入增加了 4 倍，目前与加拿大快餐企业提姆霍顿以及康恩都乐等企业建立了合作关系。2019 年 5 月，超越肉类公司在非洲猪瘟导致猪肉供给受到威胁的情况下，引起了投资者的关注，上市首日股价暴涨 163%。

如果害怕新的变化，那么比起逃避，对变化进行投资也是个明智的选择。排名世界第二、美国第一的肉类加工企业泰森食品公司就向肉类替代企业超越肉类公司、孟菲斯肉类、未来肉类技术公司进行了投资。然而此后泰森食品公司决定直接进入肉类替代品市场，于 2019 年 4 月抛售了超越肉类公司上市前所持有的股份。

随着市场的发展，竞争越发激烈，这对股价是不利的。汉堡王与不可思议食品合作推出了不可思议皇堡；家乐氏旗下晨星农场于 2020 年年初推出 Incogmeato 纯素肉系列，包括可以冷藏保管的汉堡肉饼、冷冻炸鸡柳和炸鸡块在内。尽管行业前景较为乐观，但对禁售期到期日以及对竞争加剧的担忧，导致 2019 年 7 月以后超越肉类的股价出现了下滑（如图 2.15 所示），麦当劳和星巴克等企业使用超越肉类产品的新闻发布后，超越肉类的股价再次上涨。向具备全球分销渠道的消费企业供货，相当于将分销渠道进行外包，超越肉类可以将更多的资源集中于新产品研究开发工作。超越肉类公司引领新潮流这一点是毋庸置疑的。

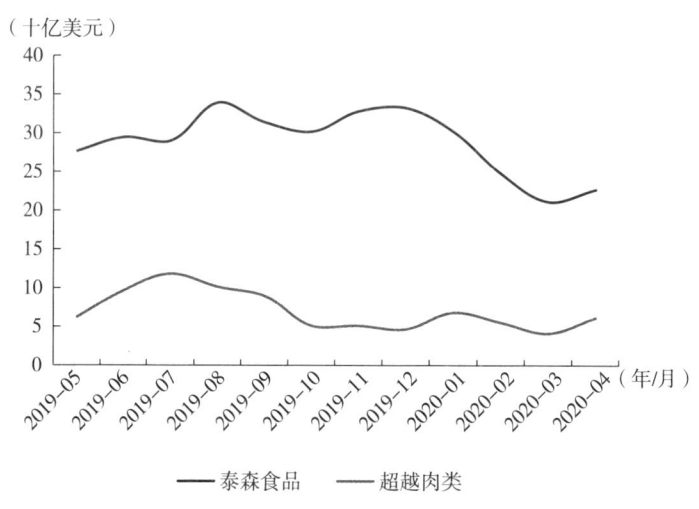

图 2.15 泰森食品和超越肉类的市值变化

资料来源：彭博社。

第二章 对"创新型企业"的投资

危机中的马斯克和特斯拉

在同巴菲特的"糖果之战"结束以后,作为创新标杆的马斯克备受煎熬。2018 年 9 月,美国证券交易委员会以涉嫌欺诈起诉马斯克,这是因为他在推特上发布了特斯拉打算退市的消息。2018 年 8 月,马斯克在推特上发了一条推文,称特斯拉将以每股 420 美元的价格退市,已经获得充分的资金,特斯拉股价随之暴涨。据推测,沙特阿拉伯主权财富基金(PIF)可能为特斯拉退市提供资金,但随着 PIF 向特斯拉以外的企业投资的消息传出后,私有化实际上成了空穴来风。结果,马斯克因欺骗投资者而向美国证券交易委员会缴纳了 2 000 万美元罚款,并决定辞去董事长一职。

特斯拉在马斯克的带领下推出了一系列创新产品,引领全球电动车市场,Roadster、Model S、Model X 等接连上市,并于 2014 年推出了 Autopilot 自动辅助驾驶产品。但特斯拉在推出入门车型 Model 3 之后,严重的生产问题使其陷入困境。这次危机的出现是因为特斯拉忽视了汽车行业的基本原则,马斯克也承认特斯拉陷入了"生产地狱"。在马斯克辞去董事长一职的情况下,特斯拉能否像以前一样引领电动车市场还是未知数。

尤其是奔驰、奥迪等传统车企曾一度受到特斯拉的严重威胁,最近也推出了设计和性能有所改善的电动车产品以对抗特斯拉,现在传统车企已经具备大批生产电动车的能力。

特斯拉的股价反复震荡,而特斯拉的成长故事仍然在进行中。2003 年以来一直处于亏损的财务状况也让投资者感到不安,亏损仍在继续，财务状况十分脆弱。以 2019 年第三季度为基准，特斯拉的总负债规模达 120 多亿美元，是现金类资产的 2 倍。截至 2020 年第一季度，其总负债规模为 140 亿美元，降至现金性资产规模的 2 倍以下。但汽车行业本身需要不断进行固定资产投资，特斯拉正在进行全球扩张，如果在生产方面出现差池，特斯拉公司的股价可能会受到致命打击。创新的速度固然重要，但持续不断的亏损和恶劣的财务状况不容忽视。归根结底，投资是对现在和未来财务成果的一种赌注。

然而，濒临死亡的特斯拉似乎浴火重生。2019 年 6 月 3 日，股价触底反弹，2019 年上半年特斯拉筹集了 23.5 亿美元（7.5 亿美元普通股和 16 亿美元可转换债券）资金，2020 年 2 月筹集了 23.4 亿美元（普通股）资金，确保了充足的流动性。这无疑是一家令人震惊的企业，在电动汽车市场中的竞争力再次得到了验证（如图 2.16 所示）。宝马、奔驰、奥迪、大众等德国汽车厂商进军电动车市场一直被认为是特斯拉的风险因素，但由于奥迪 e-tron 的性能低于预期以及电池问题引发召回等问题，市场对特斯拉的看法发生了变化。但此时的特斯拉称，尚未上市的奔驰 EQC 能源效率远低于 Model 3，不会对特斯拉构成威胁，表现出了极强的自信。2020 年新冠疫情导致其他新能源汽车企业不得不推迟或取消投资计划，特斯拉与其他企业之间的技术差距可能会进一步扩大。

我们通过多个投资案例了解了创新投资。创新就像人工智能、锂电池、新一代基因测序技术一样，可以通过新的发明和发现创造出新的市场，或者重新发现已经存在但被忽视的需求，可以通过商业模式的重组创造新的价值。创新具有丰富多样的表现形式，我也以不同的观点和方式来接近创新。我既通过直觉寻找各类创新型企业，也使用量化方法来寻找全球股票市场中的投资对象。下文中我们将了解与创新投资具有不同状态的经济护城河投资。

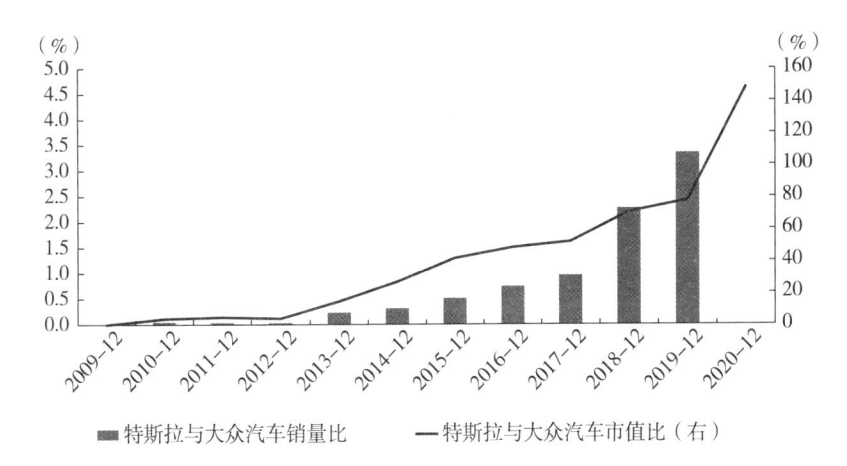

图 2.16 特斯拉汽车销量只有大众汽车的 2%，但市值为大众汽车的 70%

资料来源：彭博社。

第三章
对"经济护城河企业"的投资

沃伦·巴菲特认为，投资者应该投资拥有护城河的企业。他所说的护城河，指的是竞争对手无法超越的竞争力。那么在创新时代是否存在经济护城河呢？我的答案是肯定的。首先，让我们来看一下巴菲特的投资案例；其次，通过我所关心的或实际投资案例来思考何为经济护城河。

2009年11月，巴菲特经营的伯克希尔-哈撒韦公司收购了美国铁路公司BNSF，在此之前巴菲特已经持有BNSF铁路公司22.6%的股份，并最终决定收购剩余77.4%的股份。考虑到260亿美元现金、100亿美元规模的债务以及向BNSF股东支付伯克希尔-哈撒韦公司股份等，实际上是规模达440亿美元的大型收购案。金融危机爆发后，美国经济备受质疑，巴菲特却在铁路这一真正的夕阳产业上下了巨额赌注。收购消息传出后，一些投资者讽刺他是"老糊涂"。

BNSF是美国最大的铁路公司，拥有美国最大的铁路网，覆盖了芝加哥到南部墨西哥湾和西部的西北太平洋沿岸，通过铁路网可以运输煤炭、粮食和钢铁等原材料，以及集装箱、化学产品、汽车、各类消费品等多种商品。大宗商品的单位运费以铁路最低，铁路运输的二氧化碳排放量只有卡车运输的1/20，这也是一种竞争力。巴菲特用一句话概括了他对铁路业务的构想："随着高油价时代到来，环境监管加强，这家公司的收益会越来越高。"

当时我不太理解这句话的意思，后来才发现他的赌注里隐藏着美国页岩气革命和以此为基础的美国铁路产业复兴。美国页岩气革命所生产的天然气以及发生的副产物——工业废弃物运输需求的增加，对铁路、卡车、海上运输等运输产业具有积极的影响。而铁路是占据美国国内化学产品运输总量 1/4 的核心运输工具，最重要的是，铁路的单价比卡车低廉、比管道灵活，而且铁路网络不是一朝一夕建立起来的，某些特定路线被部分公司垄断。无法复制的铁路网是从 100 年前开始构建的，加上固定费用和每年的维护费用等因素，进入壁垒相当高。一方面供给有限，另一方面铁路物流需求与美国及全球经济周期息息相关，其商业模式本身经营杠杆高，在经济复苏时期利润改善速度快。

投资者通常对传统行业的期待感低，也容易忽视行业中的优质资产，所以巴菲特的交易价格也相对便宜。我这才理解了巴菲特那句过于含蓄的"为美国经济的未来全力以赴"，急忙买入另一家美国铁路公司——联合太平洋公司的股票，搭上了巴菲特赌注的顺风车。

品牌的价值

拥有经济护城河的企业

拥有经济护城河的企业是指：以自然垄断或规模经济实现低生产成本的企业；顾客在更换使用其他公司的产品时，需要支付较高转换费用的企业；专利权、商标权等无形资产价值较高的企业；通过网络效应获利的企业。

拥有经济护城河的证据就是定价能力，即可以提高产品价格而不必担心被竞争企业抢走市场份额的经济护城河，反之就会失去经济护城河。比如石油市场份额出现极端的变化，石油生产达到顶点的石油

第三章 对"经济护城河企业"的投资

峰值论一度非常流行,相对于供给不足,石油生产企业更担心需求减少。美国正在通过基于水力压裂法的页岩气革命来增加石油产量,石油输出国组织欧佩克正在逐渐丧失原油定价能力,欧佩克的产量占全球比重从2016年的42.2%下降到2019年3月的39.2%,而美国从10.9%上升到14.5%,对于美国扩大市场占有率,欧佩克能够容忍多久还是个未知数。

美国达拉斯联储主席罗伯特·卡普兰认为,随着自动化及全球化发展,企业定价能力比过去有所减弱,难以将成本转移给消费者,这也是导致通货膨胀率维持低水平的原因。全球贸易纠纷影响企业生产量的增加,定价能力则更为重要。在全球股市中,具有定价能力的企业业绩也相对稳定。

创新型企业一方面试图破坏现有的经济护城河,另一方面又试图建立新的经济护城河。

拥有最强定价能力的是奢侈品企业,尽管价格昂贵,但炫耀性消费心理促使消费者排起了长队争相购买。Athletic(运动)与Leisure(休闲)叠加形成了Athleisure(运动休闲)热潮,打破了运动装和日常服装的界限,销售热门商品的服装企业也拥有定价能力。在美国,医疗健康企业的定价能力非常高。有时价格不是最重要的因素,治疗罕见疾病的生物技术企业和具有世界领先技术的医疗器械企业的股价持续上涨,几乎没有受到美国政府的药价监管动向的影响。有时监管环境的长期趋势也会赋予企业定价能力,瓦楞原纸、纸浆、乙酸乙酯、废弃物相关股票就属于这类概念。

可口可乐和茅台

巴菲特所说的经济护城河不是一朝一夕构建的,伴随的是或隐蔽或痛苦的过程，比如可口可乐将品牌发展成为无可替代的护城河。可口可乐碳酸饮料在1886年由美国亚特兰大的药剂师约翰·派姆伯顿发明，至今已有100多年的历史，深受全世界消费者的喜爱，品牌文化经久不衰。可口可乐有着悠久的历史，它的经济护城河之一就是"不为人知的配方"。

包含独家配方的机密文件只有极少数人知道，目前该文件被保管在位于美国佐治亚州亚特兰大的可口可乐世界的金库中。可口可乐为保护配方而付出的努力和费用是超乎想象的，核心原液只在美国特定的工厂生产，可乐原液的装瓶商也是指定的。

可口可乐的秘密曾经差点儿被泄露。2014年，中国台湾出台新规，规定在饮料和食品包装上标明具体的添加剂，相关食品管理法施行条例的修改导致可口可乐配方差点儿被公开。据说当时可口可乐甚至考虑撤离中国台湾市场，但很多外国企业提出抗议，因为独家配方或生产方法等可能会被泄露，事后中国台湾将该法规的适用范围缩小，规定仅对在市场上独家流通的产品有标识义务，可口可乐的生产机密泄露危机才得以解除。

现在，几乎没有人没听说过可口可乐，但很少有人知道可口可乐公司的CEO是谁。即使可口可乐现任CEO詹姆斯·昆西离职，可口可乐也不会受到影响，因为人们看重的是可口可乐的产品。巴菲特非常喜欢可口可乐，每天都要喝五瓶以上，他更喜欢的是可口可乐的品牌竞争力，可以说可口可乐这个名字本身就代表了他的投资哲学。像可口可乐这样的股票价格有些贵，但对这种充分支配市场并以固有的企业竞争力为基础，取得卓越经营成果的企业进行集中投资的做法就是典型的巴菲特式投资。巴菲特于1988年向可口可乐投资了约10亿美元。当时在伯克希尔-哈撒韦资产组合中所占的比重最高，在此后的30年里，可口可乐股价上涨和分红给伯克希尔-哈撒韦的股东带

第三章 对"经济护城河企业"的投资

来了巨大的财富。

茅台被称为中国的国酒，2018年，茅台放弃了为争取"国酒"商标权而进行的多年抗争，但广受国人欢迎的茅台仍旧拥有坚固且宽广的护城河。

1915年在旧金山举办的巴拿马万国博览会之后，茅台品牌开始扬名世界。当时中国决定携茅台参加展会，展会刚开始时，还有美国人嘲笑中国代表团展出的不过是个普通的陶器坛子。然而，一位中国代表不慎将一瓶茅台掉在地上摔碎了，展台周围变得热闹起来，这吸引了大会评委的关注，评委被从摔碎的酒坛子里散发出的香气深深吸引，最终决定将金奖颁发给茅台。时至今日，在巴拿马万国博览会上获得的奖章依然陈列在茅台的博物馆里。

中国酒类品种丰富，但所有的高档白酒加在一起也比不上茅台的品牌和销量。随着国民收入的增加，市场对茅台的需求量持续增长，但传统的生产方式无法满足消费者的需求，尤其是具有适合茅台生产的气候、水质、土壤等地理特点的地方是有限的，茅台的价格越来越高。但其他品牌仍然无法战胜茅台，因为中国消费者已经沉迷于茅台独特的香气和味道，而且越是高价值消费者，越喜欢购买茅台作为礼物或用于收藏等，这就是茅台具有的稀缺性和产品本身的竞争力，也是我长期持有茅台股票的原因。

茅台等中国白酒企业正致力于向企业以及普通消费者销售更多的白酒，尤其要满足年轻人、女性等不同消费者的需求，此外还要与杜松子酒、威士忌、葡萄酒等来自西方的主流酒类竞争。为了向中国消费者展示将本土品牌打造成世界品牌的决心，白酒企业付出了诸多努力，比如五粮液于2018年2月15日春节当天在纽约时代广场播放广告就是一个很好的例证。

可口可乐和茅台的市值变化如图3.1所示。

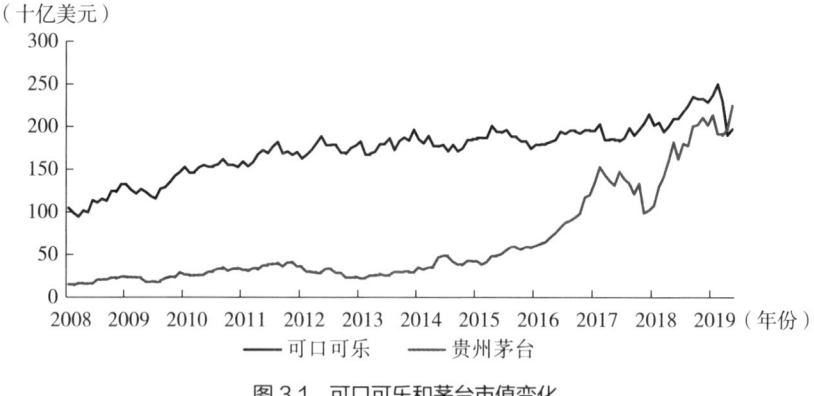

图 3.1 可口可乐和茅台市值变化

资料来源：彭博社。

广告天才，耐克

在我长期持有的股票中，有一家企业有着广阔的护城河，这家企业就是耐克。

在韩国，几乎家家户户都有一两双耐克鞋。耐克的名字取自希腊神话中胜利女神的名字，品牌标志 Swoosh（意为"嗖的一声"）是由胜利女神的翅膀演化而来的。耐克的名字很自然地让人联想到明星迈克尔·乔丹穿过的 AJ、泰格·伍兹和红色高尔夫战袍，从耐克的广告语 Just Do It 中可以感受到耐克在通过广告树立品牌形象方面的卓越竞争力。

然而在 2018 年 9 月，耐克 30 周年的广告模特却成为股价下跌的主要原因。NFL（美国职业橄榄球联盟）运动员科林·卡佩尼克成为耐克的广告代言人后，股市做出了消极的反应。2016 年，卡佩尼克在赛前奏国歌时单膝跪地示威，来抗议白人警察对黑人暴力执法，他的行为一时引发了轰动，尽管 NFL 多次提出警告，他还是选择每次赛前单膝跪地，最终未能在 2017 年实现续约，无法继续参加比赛。以科林·卡佩尼克为代言人的耐克广告发布后立即激发了消费者的愤怒，出现了模仿 Just Do It 的 Just Burn It 标语，甚至有人上传了焚烧耐克鞋的视频，抵制运动在社交媒体上扩散，连特朗普也公开谴责卡佩尼克和耐克。

社会敏感问题可能会对股价产生负面影响。2018 年 9 月 3 日星期一，美国股市休市，当日下午，科林·卡佩尼克出现在了耐克的新广告中，第二天开盘后，耐克股价下跌 3%。投资者心惊胆战，我也不例外，因为社交媒体的舆论似乎并不乐观，然而线上销售业绩反而有所上升，也就是说，舆论主导者和耐克的实际消费者群体截然不同。如果销售业绩好，则说明短期的股价下跌是市场判断失误。

2019 年 4 月，高尔夫球王泰格·伍兹时隔 14 年再次在大满贯赛大师赛上夺冠，长期赞助泰格·伍兹的耐克发出了欢呼。确定夺冠后，耐克通过各种社交网络上传了名为《泰格·伍兹：同一个梦想》的广告视频。泰格·伍兹复活的消息传出后，耐克网站上印有泰格·伍兹名字的男士服装和饰品销售一空。经常使用极端的剧情来创作广告的耐克的确是广告天才。耐克过去曾将产品定位于专业竞走鞋，此后通过与新秀球员迈克尔·乔丹签署合同等大胆的战略，消费者认识到运动鞋不是单纯的功能性产品，也可以用来表现自我和彰显个性。即使在这一瞬间，耐克也在通过卓越的宣传，创造比其他任何企业都更宽广、更深的经济护城河。

规模经济仍然有效

传统企业或行业龙头企业已经开始利用他们的竞争优势来对抗创新，应对方式也多种多样，最常见的方式就是扩张。传统企业多为大型企业，规模越大，对新技术的大规模资金投入的负担就越低于小型企业或新生企业。基于已经构建护城河的领域，通过水平或垂直整合的方式来巩固产业链并进一步加深护城河，传统企业间并购、传统企业收购小规模创新型企业等，都是消除潜在竞争对手的方法。

汽车行业规模经济仍有效

奔驰、宝马和大众等欧洲汽车企业股价持续疲软。大众因尾气排放丑闻而受到重挫，日益严格的汽车尾气排放标准是威胁股价的主要因素，欧盟的二氧化碳排放标准相对于美国和日本来说最为严格。2018年10月欧盟执行委员会决定，2030年汽车二氧化碳排放量应比1990年减少40%。欧洲排放的二氧化碳中约有15%来自汽车，对汽车的监管尤为严格。而欧盟执行委员会鼓励生产混合动力车或电动车，并提议从2030年起新车销量中至少32%应为混合动力车或电动车。令欧洲车企最为头疼的问题是，截至2017年年底，电动车的销量仅占汽车总销量的1.5%。

减少二氧化碳排放量和增加电动车产量对欧洲车企构成技术和财务负担，不仅要改变汽车及生产线设计，还要提高电气化程度，相对于内燃机研发，要更加注重电池的供给，最终改变内燃发动机和组装方式。在电动车领域，需要转换为与零配件企业合作的商业模式，这将不可避免地导致短期业绩恶化，以目前的成本结构来说，截至2022年，电动车的生产成本仍会高于燃油车。投资负担加重，成本增加，效益降低，车企收益将停滞不前，股价也很有可能出现同样的状况。无人驾驶汽车和共享车辆也使传统车企腹背受敌，为了应对无人驾驶汽车，传统车企与苹果或谷歌结成了战略联盟，但是不知为何好像被剥夺了主导权，这令人感到不安。

第三章 对"经济护城河企业"的投资

尽管如此,在汽车产业中规模经济仍是最重要的因素。就特斯拉来说,马斯克通过推出 Model S,将电动汽车从环保主义者喜爱的车发展成为明星喜爱的车。但是在入门车型 Model 3 的量产过程中,特斯拉暴露出了很多问题,Model 3 在发表 2016 年上市计划后仅两天预订量就突破了 25 万辆,受到了消费者的广泛关注,但截至 2018 年上半年,特斯拉仍因严重的生产问题而陷入困境。

相反,大型车企拥有量产能力和长久以来积累的品牌价值,并且在很久以前就开始为应对电动车时代做准备,在建设电动车生产线的同时,持续投入无人驾驶研发工作,日产聆风、丰田普锐斯、通用博尔特 EV 等电动车都取得了良好的销售成绩。美国车企在无人驾驶领域先发制人,在电动车研发方面也投入了大量资金,比如通用汽车计划撤出欧洲、印度、俄罗斯、澳大利亚市场,并将通过节省成本而筹集的资金投入电动车和无人驾驶等未来新技术的研发上。

欧洲豪华车企也在加大力度集中投资电动车,奔驰于 2018 年首次公开了批量生产的纯电动车 EQC,大众汽车的计划则更为激进。大众汽车计划截至 2023 年向电动车投资共计 300 亿美元左右,这相当于 2015—2018 年的利润总和,此外,计划到 2030 年在全球销售的电动车比重达到 40%。考虑到目前在全球汽车销售中电动汽车仅占 2%,可以发现该计划相当激进。就低利润结构的汽车企业来说,电动车和无人驾驶车的投资压力是巨大的,而大众汽车的企业规模大,投资负担相对较小,可以快速实现规模经济。即使需求增速未达预期也不会对企业经营造成太大的负面影响。

相反,以简约的设计被称为"中国版特斯拉"的电动车企业蔚来汽车,却因过度投资、竞争加剧、大规模召回和政府补贴减少等而陷入困境。在达到稳定的规模之前,也许要熬过一段艰难的时期。

为了应对不断变化的未来,投资负担不可避免。电动车终将取代化石燃料动力汽车，无人驾驶车终将使驾驶技术无用武之地，车辆共享服务会模糊车辆所有人的概念，这些趋势最终将共同带来诸多变化。企业为了生存，投资是必然的。

维萨和万事达的全球网络

尽管 Square（美国一家移动支付公司）、手机结算及 P2P（网络借贷平台）公司纷纷进入市场，全球信用卡企业维萨和万事达的"护城河"依然很坚固，即以广泛的品牌知名度为基础构建的全球网络。维萨和万事达信用卡已经在全世界构建了标准化的系统，新的竞争者无法在短期内复制这种网络，仅有部分地区出现了新的竞争者，比如银联基于中国市场的垄断地位，追赶维萨和万事达在世界市场的寡头地位，但截至目前，银联的使用范围仅限于中国、华人圈和亚洲地区。中国是银联卡的主要阵地，其在全球范围内知名度并不高，目标是超越中国市场，将网络扩大到非亚洲地区。

维萨和万事达最重要的经济护城河就是支付的有效性验证。一般来说，信用卡完成支付后，将相应的金额转给特约商户时，需要发卡机构和特约商户之间的确认程序。

举例来说，假设隔壁李雷在家门口的服装店买了一件价值 1 000 元的外套，李雷只需要用信用卡支付 1 000 元，就可以拿走衣服。发卡机构从李雷的卡中扣除实际支付金额，再从这部分金额中扣除一定的手续费后支付给服装店，发卡机构需要确认这笔交易是否为实际发生的"有效"交易。维萨和万事达等支付网络运营企业处于这个流程的中心，全权负责将特约商户、结算平台的数据整合和确认。

如果你觉得这类企业什么也没做就可以轻松赚取手续费，那么可以看看最近经常使用的海外代购服务。亚马逊通过"黑色星期五"等活动出售价值 300 美元的电视机时，不会发生某个消费者以个人名义给店主发短信说"我马上给你汇款，请把电视寄给我"，然后店主就欣然把电视机寄过去的情况。但如果通过维萨或万事达等公认的网络进行结算，并拥有可以通过特约商户进行确认的系统，那么卖家只要确认 16 位信用卡号码，就可以放心地把电视寄给买家。这就是维萨和万事达信用卡所拥有的经济护城河的本质。

可以代替这种有效性验证的方法，就是摧毁维萨和万事达护城河的方法，比特币的工作量证明（PoW）算法就拥有这种能力。最近，价格波动导致比特币的投机属性暴露，而比特币的本质是去中心化的分布式记账系统，即没有网络的个人交易参与者或采掘者自发地管理和验证。Square 等没有支付网络的支付平台率先开始利用比特币来证明支付的有效性，但令人遗憾的是，很多人只看到最近有关比特币的各种争议，就简单地认为维萨和万事达所拥有的经济护城河更为优越。

高级酒店（万豪和喜达屋）合并

共享住宿平台企业爱彼迎占据了大部分市场份额，但利润率很低，还催生了很多其他可以满足更加细分领域需求的商业模式。传统酒店的营销策略是集中满足 20% 的核心消费者的需求，相反，爱彼迎的主营业务是将供应商拥有的空房间提供给更多的普通消费者，这是对传统策略逆向思维的结果。从爱彼迎公布的数据来看，2016 年 12 月用户数量约为 200 万人，相较于 2009 年的 1 400 人增长了约 1 400 倍，爱彼迎用户中很多是传统酒店的顾客。

酒店行业中，占据支配地位的传统企业为了应对创新者的挑战，通过整合前 20% 消费者的需求来扩大规模。把 20% 集中起来可以产生不容小觑的力量，比如万豪酒店和喜达屋的合并。2016 年 9 月，万豪酒店与喜达屋完成了合并，万豪酒店旗下拥有丽思卡尔顿酒店，喜达屋拥有喜来登酒店、威斯汀酒店和 W 酒店这几个品牌。此次合并后，万豪酒店成为在全世界 110 多个国家和地区拥有 30 个品牌、5 700 家酒店和 110 万间客房的超大型酒店集团，拥有酒店、会议中心、度假村等。

近年来，大型传统酒店之间合并，这是在线旅游（OTA）平台企业主导的创新潮流下，为了生存而不得已做出的选择。在线旅游平台企业缤客控股集团旗下拥有缤客、安可达、客涯等平台，另一家大型企业亿客行目前运营亿客行、好订网和优栈等平台。在线旅游平台企业从几年前就开始与酒店合作，提供较多家酒店客房情况和价格信息的服务，帮助酒店吸引更多的顾客。在线旅游平台降低了酒店的空房率，而酒店则向在线旅游平台支付相应的手续费。

问题在于，酒店需要向在线旅游平台支付的手续费相当昂贵，高达 20%~30%，在线旅游平台迅速成长，酒店预订市场份额从 2009 年的 13% 增加至 2018 年的 24%。规模越小的酒店需要支付的手续费越多，小型酒店很难依靠自己的力量进行营销，只能选择与在线旅游平台建立合作关系来降低空房率。在线旅游平台企业日益壮大的影响力甚至延伸到了知名酒店，万豪和喜达屋的合并就是为了应对在线旅游平台的快速创新。

创新改变了创新型企业和传统企业的力学结构。酒店和在线旅游平台的力学结构重新发生变化，通过并购、特许经营、直接预约等方式降低成本，同时增加与顾客直接接触；此外，还限制向在线旅行平台提供的客房数量，降低支付给在线旅行社的手续费，提高议价能力。当然，并非所有的品牌都可以做到，这需要规模经济作为支撑。

追逐创新并没有想象中那么容易。传统企业具有良好的财务状况和完善的组织结构，能游刃有余地克服增加投资带来的压力。在新的竞争者进入市场时采用低价战略的情况下，良好的现金流尤为重要。如果事与愿违，情况发生恶化，小规模或低效率企业只能退出市场或倒闭，只有基于良好的财务结构生存下来的企业才能抢占竞争对手的市场份额，最终取得市场支配地位。

眼镜（陆逊梯卡）和隐形眼镜（依视路）合并

如果创新还没有对产品或销售渠道构成威胁，那么占据相对支配地位的企业就有机会利用良好的财务结构加强对流通渠道的控制，特别是在消费品行业，企业非常惧怕亚马逊侵占其销售渠道，甚至有的企业为了降低对亚马逊的依赖，采取自主投资建立流通渠道的方式来进行防御。

13世纪意大利威尼斯北部小岛马拉努有一家玻璃工厂，据说这家工厂发明的视力辅助器是最早的眼镜。意大利代表性眼镜企业陆逊梯卡的产品包括雷朋和欧克利等品牌眼镜、香奈儿和普拉达等奢侈品牌眼镜架及太阳镜，畅销书《离经叛道》也是以陆逊梯卡的故事开头的。陆逊梯卡占据美国80%的市场份额，沃顿商学院的四名同学对陆逊梯卡昂贵的价格感到不满，决定亲自创建眼镜流通企业瓦比·帕克。过去，陆逊梯卡利用垄断地位提高售价，1999年，售价仅为20美元的雷朋眼镜被陆逊梯卡收购后，价格飙升至150美元，涨幅超过7倍。当然，普通消费者除了抱怨之外没有任何办法。随着瓦比·帕克这样的新生企业的出现，在线销售量不断增加。2004年在线销售比重不到2%，现在已增加至5%，廉价的新生品牌对昂贵的雷朋构成了威胁。

陆逊梯卡也没能避免亚马逊效应的影响，如果它继续依赖亚马逊销售产品，最终可能被亚马逊征服。陆逊梯卡决定尽量减少亚马逊的销售广告，并尝试停止通过亚马逊销售产品。为了对抗线上购物的降价压力，陆逊梯卡从2016年开始实行最低广告价格（MAP）政策，禁止雷朋和欧克利的经销商在亚马逊以低于定价的价格销售，并停止向反对新政策的零售商供货。2016年4月，陆逊梯卡的亚马逊渠道销量约占总销量的37%，而现在，陆逊梯卡对亚马逊渠道的依赖程度已经下降到了3%，最低广告价格政策仍在继续执行。另外，禁止经销商发布雷朋大幅折扣广告，进一步加强了官方旗舰店的渠道销售。

对创新的反抗不仅仅局限于告别亚马逊流通渠道，2017年初，陆逊梯卡宣布与法国眼镜依视路合并。依视路是世界上最大的矫正镜片制造商，竞争力在于基于研究开发的技术实力，也是世界上第一个推出渐进多焦点镜片的厂商。这起并购案是世界最大的镜框公司和最大的镜片公司之间的合并，具有互补性质的制造企业决定停止竞争，共同对抗来自创新的威胁。从长远利益来看，这不仅可以节约成本，而且可以实现多种产品的交叉销售。

两家公司计划在合并后共享陆逊梯卡和依视路拥有的眼镜和镜片的专利，并投入开发未来型眼镜。依视路已经发布了针对盲人的增强现实试验品MyEye，可以为使用者朗读短信。

长期来看，合并后的陆逊梯卡和依视路将不可避免地与谷歌等创新型企业展开竞争。依视路曾试图就相关技术与谷歌合作，陆逊梯卡也曾为开发眼镜产品于2014年与谷歌签订合同，值得庆幸的是，市场对谷歌于2013年推出的谷歌眼镜反应很冷淡，这为陆逊梯卡争取了时间。

2000年后，兼并收购成为企业为迅速实现规模经济而选择的发展战略之一。但从向收购对象企业投资的角度来看，股价短期内下跌令人不适，这是因为企业合并时，收购方通常会付出高昂的代价，反而影响公司的运营。美股市场比较特别，过去10年间并购对股价并没有造成消极影响。金融公司韦莱韬悦的数据显示,自 2008 年以来,收购方的股价在宣布并购的当季表现比市场平均高出 1.1%,然而 2019 年影响我的几起大型并购案给相应股价带来了负面影响。美国联合技术收购雷神公司,成为一家巨型军工企业;艾伯维以 630 亿美元的价格收购了大型制药公司艾尔建;西方石油则在收购阿纳达科后成为巨型能源企业,收购方的股价都在公告发表后短期内出现了下滑。

并购不是任何企业都可以进行的,美国企业需要考虑到反垄断规定,要看政府是否予以批准。就美国大型通信公司 Sprint 和 T-Mobil 合并这桩案例来说,在很长一段时间里它们都在等待政府的批准。然而,政府批准可能并不是终点,其后企业价值可能下跌,也可能遭到反对者的反对和诉讼。

数字市场中的规模经济

随着创新速度加快,信息技术越发重要,对于大型企业、客户较多的企业,以及业务复杂的企业来说,投入信息技术的效用更为显著。规模经济在数字领域也非常重要,数据的重要性不亚于信息技术。很多传统企业已经拥有大量数据,将数据资产与创新技术相结合便可以创造出新的价值,数据越多,用于分析数据的系统价格也越低廉。

在开发智能手机应用程序时,所有企业的研发成本是相同的,这与潜在的用户数量无关,企业的规模和营业收入不同,研究开发费支出带来的成本压力就截然不同。假设企业为了有效管理仓库并减少不必要的人工成本,引入了新的机器人及人工智能系统,那么随着企业规模的扩大,相对于投入新技术带来的成本增加,更多的是生产率的提高和人工成本的降低。像亚马逊的物流仓库这样，利用RFID（射频识别技术）和无人搬运车来管理供应链，在复杂、重复的大规模作业中效果非常显著。小规模零售企业则没有足够的资金实力来维持这种先进的物流仓库。

对于客户或业务量更多的大型企业来说，"数字网络效应"更为强大。在数字市场，参与者越多，价格就越合理；社交网络的参与者越多，人际关系网络就会随之扩大并越发牢固；同样，数据越多，算法就越奏效。正如在社交网络中用户创造的"网络效应"一样，更多数据创造的"数字网络效应"将越来越重要。

无论以什么标准看，众所周知的美国大型银行都像是巨大的猛犸象。摩根大通总资产为2.7万亿美元，美国银行为2.4万亿美元，花旗集团为2万亿美元，富国银行为1.9万亿美元，它们的总市值超过1万亿美元。但四大银行的存款仅占市场的1/3，这与其他国家相比非常低。美国在2008年经历全球金融危机后，很多银行倒闭，但剩余的银行数量仍高达5 000多家，基本上都是地方银行，并且大都存款不足10亿美元。美国消费者仍然喜欢亲自到银行柜台开账，地方企业也更倾向于可以亲自会见并说服银行行长或高层领导的这种关系，因此，各地方银行以集中在本地区的营业网点为基础，依然具有竞争力。但是以数字技术为基础的大型银行正在进行反击，大型银行的市场占有率较低，这句话意味着大型银行还有很多发展空间。摩根大通每年投资110亿美元用于技术开发，由于融资成本较低，可以更低廉但更容易地获得需要存款保护的资金；花旗以全国ATM（自动柜员机）网点为基础，与美国航空、好市多合作推出联名卡来吸引顾客，同时还推出了基于信用卡数据的定制型全球贷款服务。对于四大银行的进攻，地方银行至今还未屈服，但它们只是进行防御，无法扩张，如今的数字革命对于拥有庞大的资本实力和顾客数据的大型银行更为

第三章 对"经济护城河企业"的投资

有利。

在区块链领域,中国的专利申请数量超越了美国、日本、德国和韩国。区块链是指数据分散处理技术,将交易数据存储在被称为"区块"的"分散交易账簿"中,这些"块"连接在一起形成"链"。区块链技术的最大特点是安全性高。在传统交易方式中,中央服务器上储存的数据是可以伪造或修改的,而区块链技术需要将多数参与者的数据全部修改才能实现数据伪造,这实际上是不可能的,交易过程中的很多过程可以分散记录,也可以验证,因此可应用范围很广。不仅如此,还有可能大幅降低成本。

尤其对于交易复杂、交易量大且频繁的大型金融公司来说,区块链技术可能是革命性的技术,不仅可以加快金融交易速度,还可以减少行政业务等所需的人力。奥维咨询预测,银行在资金市场业务中,每年仅信息通信和手续费用方面的支出就超过 2 000 亿美元,区块链为这些领域提供了降低成本的机会。因此,很多大型信用卡公司、保险公司、投资银行等传统金融企业正式开始涉足区块链市场,万事达、维萨、美国银行、摩根大通、平安保险等企业对区块链技术表现出了浓厚的兴趣。不仅如此,区块链还可以应用到电子商务领域,比如阿里巴巴在2019年申请了322项专利,可见其对区块链技术的重视程度。高德纳预测,2025年,区块链技术创造的价值将达到 1 760 亿美元,2030 年这一数值将超过 3.1 万亿美元。

另外,人工智能在大型保险公司价格风险预警和保险诈骗方面具有很高的使用频率,而在小规模企业里使用人工智能的成本很高,效用不大。从投资回报角度来看,对大型企业来说信息技术投资更有意义。

全球创新投资

页岩油企业 EOG 能源和农机企业约翰迪尔

数据规模越大，相应的信息技术投资效用就越大。独一无二的数据是数字霸权之战中左右成败的秘密武器，虽然用于分析数据的技术（分析框架、算法、软件）成本不断降低，并逐渐得到普及，但独特的数据仍难以获得和复制。

即便是缺乏创新的传统企业，如果掌握了竞争对手不具备的罕见"大规模数据"，就可以实现新的飞跃，同时投入可以正确分析数据的系统，那么"大规模数据"将成为竞争对手无法企及的新优势。比如，传统的能源企业和农机企业可以产生不为大众所知的数据和信息，可将其与企业利益关联起来。

美国最大的页岩油生产企业 EOG 能源拥有可以比较分析公司内部收集的大量数据和实时数据的信息技术。EOG 积累的数据非常丰富，包括优质页岩油储量较为丰富的地区、油井空间位置、水力压裂处理等数据，将实时收集的数据与这些数据进行比较分析，可以快速而准确地得到分析结果，进而使决策变得更加容易。

EOG 能源利用大规模数据，在减少失误的同时迅速找出储量丰富的地区，使营业收入和利润相应增加。这是因为在探井过程中失误越少，勘探和钻井成本也越低，并可以节省更多的时间。钻井工程中使用的大型设备的成本随着勘探时间增长而增加，如果可以轻松找到优质页岩油储量丰富的大型油井，营业收入就可以迅速增加。当然，在生产过程中也会使用许多独特的数据和分析方法。EOG 能源将如此稀有而独特的数据与分析技术相结合，是一家拥有极具吸引力的资产组合的公司，生产力也高于行业平均水平。

在对跨国企业进行分析时，很多都无法像分析 EOG 能源这样，掌握其营业收入增加或成本减少随信息技术投资增加的具体变化，经济

第三章 对"经济护城河企业"的投资

效益不明显的原因在于，很多企业仅在公司内部使用相关信息技术。利用信息技术将企业内部流程中不必要的部分进行整理和简化，同时缩短时间，降低成本，但由此产生的经济效益并不会对外公开。特别是在分析企业收益时，分析师或投资经理也不知道企业实际上在做什么。

美国农用机械制造商约翰迪尔公司是一家拥有181年历史的传统企业。农用机械这个词听起来一点儿也不创新，但约翰迪尔公司拥有独一无二的数据，这些数据贯穿着作物生产全过程。为了提高农业生产率，需要细分单位面积所需的种子、肥料、农药的最佳用量、土壤营养、根据品种特性选种、准确的播种间隔和密度、人造卫星、使用无人机预测收成、收获作物的品质分析等数据，约翰迪尔公司凭借GPS（全球定位系统）技术收集这些数据。早在20世纪90年代初，人造卫星GPS技术就被应用于农用拖拉机。

约翰迪尔公司在应用数据的精密农业领域是全球领军者，2017年9月，它收购了人工智能企业蓝河科技。拥有数据的企业收购了分析数据的企业，获得了竞争对手所不具备的优势。蓝河科技利用人工智能技术来分析土壤状态，调节除草剂、喷洒肥料和水的时间及用量。另外，还可以识别杂草和作物，准确地向杂草喷洒除草剂，向作物喷洒肥料，从而增加农作物产量，据统计，除草剂的成本降低40%~60%，作物产量增加4%左右。现在，约翰迪尔公司正在将人工智能技术的应用从喷洒除草剂的拖拉机扩大至多种精密农业领域。

高盛统计，约翰迪尔公司在精准农业领域的营业收入为12亿美元，并将营业收入的25%~30%投入研究开发活动中，如果约翰迪尔公司能在今后5年实现目前的技术商用化，那么产量将增加5%~10%，种子及除草剂的购买成本将降低10%，利润将增加20亿美元。

人工智能和大数据在农业领域的适用范围之所以会扩大，是因为人口增加和农业生产人员减少。据预测，世界人口到2050年将超过

97亿，但农作物产量增加速度跟不上这一速度，因此需要更为先进的技术。在精准农业方面处于领先地位的美国计划通过提高农业产量来维护本国的粮食安全。

美国前国务卿基辛格曾说："控制了石油，就控制了国家，而控制了粮食，就控制了人类。"现在，石油是由欧佩克控制的，世界粮食市场是由被称为ABCD的大型谷物公司控制的。ABCD分别为美国艾地盟（ADM）、美国邦吉（Bunge）、美国嘉吉（Cargill）、法国路易达孚（Louis Dreyfus），占据全世界粮食出口的80%。此外，美国还有具备全球竞争力的约翰迪尔和孟山都（种子生产商）等跨国企业，虽然是传统企业，但随着它们的数据和尖端基因工程技术的结合，竞争优势不断得到加强。

沙特阿美石油公司上市与作别石油时代

自1859年石油开采开始以来，人类文明一直与石油同在，而在过去的160年里，石油巨头沙特阿美（Aramco）主导了石油时代。沙特阿美每天可以生产1 000万桶石油，占全世界日产量的11%。2018年，沙特阿美的净利润达到1 110亿美元，相当于苹果、谷歌、埃克森美孚公司的总和。

沙特阿美计划于2019年12月在本国证券市场上市，目标为总市值达到苹果公司的两倍，也就是2万亿美元，然而投资者并没有预期中那样热情，原计划的海外路演也被取消了。

新兴国家需求增加和石油峰值等因素使2008年油价超过100美元，而现在的情况与2008年有所不同。为遏制地球气候变化所采取的行动和付诸的努力导致石油需求逐渐降低，另外，太阳能和风能等新的清洁能源也在迅速崛起。

沙特阿美仍将继续维持行业巨头的地位，因为该公司拥有绝对的成本竞争力。沙特阿美的原油钻探成本为每桶3美元，远低于行业其他竞争者。另外，沙特石油是超轻质油，碳排放比中质油少20%，而美国页岩油采用

第三章　对"经济护城河企业"的投资

的是水力压裂法，可能会造成环境污染，新建项目只有在油价超过 40~50 美元的情况下才具备妥当性。[1] 成本高、对环境影响较大的企业会最先被市场淘汰，而沙特阿美会笑到最后。其业务多元化战略也值得肯定，随着电动车的普及和新能源引起的范式变化，沙特阿美开始投资化工产业以降低对化石燃料业务的依赖。沙特阿美最近收购了中东最大的石油化工企业沙特基础工业公司（SABIC）70% 的股份，并于 8 月以 150 亿美元的对价收购了印度瑞莱斯实业公司炼油和石化业务，向下游的石油化工领域扩张，亚洲较为稳定的需求，可以说是一笔划算的交易。[2] 另外，为投资者制定了令人满意的分红派息政策。

尽管如此，全球趋势是向清洁能源转型，尽管转换为清洁能源还需要几十年的时间，但显然石油产业正面临需求减少的转折点。地缘政治上的不稳定因素可能会加剧油价波动，长期的需求减少对大型石油企业来说是无法掩盖又无可奈何的事实。

投资者终将会看到，未来汽车内燃机被电力发动机取代，部分石油企业将退出市场。很多投资者对这种担忧产生了共鸣，所以沙特阿美的上市过程比预期要安静许多，颇具讽刺意味的是，最大石油企业沙特阿美的上市有可能是宣告石油时代终结的帷幕。

沙特阿拉伯也在为石油时代的终结做准备。摆脱过去依赖石油的增长模式，正在试图实现多样化。石油美元通过日本软银的愿景基金投资美国硅谷的创新型企业，而沙特阿拉伯直接或间接地投资在优步、WeWork（众创空间公司）、Magic Leap（一个增强现实平台）等企业。[3]

沙特阿拉伯的"2030 愿景"（摆脱对石油的依赖）在 2020 年新冠疫情扩散后变得更为明确。由于全球经济需求下降，原油期货价格首次出现负值，在未来现金流减少的情况下，沙特阿拉伯开始大胆地收购股价下跌的企业。

113

看不见的护城河

怎样的经济护城河可以在新竞争者辈出或竞争激烈的环境中保护传统企业呢？实际上，传统企业仍然拥有生存必杀技，这可以在无法通过线上销售的专业化服务领域中找到。对于企业客户来说，价格竞争力固然重要，信誉、监管环境的影响也不容小觑。最近几年，监管当局加强了对某些行业中使用创新技术的创业企业的监管力度，一方面可以提高行业的进入壁垒，另一方面传统企业也不惜使用专利权进行诉讼等手段来保护护城河。

需要专家——百思买、Ulta Beauty 和资产管理

亚马逊强大的影响力已经摧毁了许多零售企业。曾一度位居美国第二的电子产品经销商电路城于 2009 年停业，家电企业睿侠也在与亚马逊的竞争中败北，并于 2017 年申请破产。百思买是唯一生存下来的电子产品流通企业，目前以专家服务为基础，还在不断地成长。

百思买主要销售电脑等电子产品，其生存之道在于"上门服务"。受亚马逊的影响，消费者通常很少亲自去实体店购物，百思买推出了设备维护部门奇客队——为客户提供上门服务。奇客队的英文名称为 Geek Squad，Geek 在美国俚语中指精通机械的怪才。他们的主要任务不是推销商品，而是为顾客推荐满意的解决方案和提供技术支援，对先进技术感兴趣的顾客为可以得到新产品的详细介绍而感到满意，对新技术不太熟悉的顾客也可以提出任何问题。每个门店的奇客队通常

由 30 多人的小组构成，在美国奇客队总人数有 2 万多人，上门服务时可向消费者提供长达 90 分钟的商谈服务。

百思买减少了 1 000 多个超大型门店的销售功能，占全部卖场的 60%，将其变身为大型家电产品展厅，投入大量资金用于门店装修，同时对员工实施再教育。虽然这导致成本增加，但营业收入并未受到影响，反而保持增长，收益性也随之提高了。百思买最近成为亚马逊和谷歌的智能家居系统展厅，备受消费者关注，消费者可以在百思买体验并比较两家竞争企业的产品。

百思买的成功秘诀在于扬长避短，提供上门服务和专家亲切而详细的专业商谈服务，这是单纯的电子商务难以实现的。现在亚马逊反而在效仿百思买，投资组建亚马逊家庭服务以挑战奇客队，填补上门服务领域的空白。

对亚马逊的恐惧 VS. 好市多

2019 年，包括百货商店西尔斯和内衣企业维多利亚的秘密在内，美国共有 7 400 多家线下商店关门，拥有 96 年历史的美国高级百货商店巴尼斯纽约精品店申请了破产保护，原因在于急剧上涨的租赁费和企业负债增加，不可否认的是，亚马逊的出现导致的市场竞争才是最重要的原因。然而，在亚马逊的威胁下，仍有大型线下流通企业保持稳定增长的势头，这就是与沃尔玛、亚马逊一起并称为美国零售业三巨头的好市多。

从 2008 年到 2018 年，好市多的营业收入在十年中稳步增长，其市值变化如图 3.2 所示。作为会员制仓储型折扣超市的代表，好市多在线上零售企业的威胁下仍能保持较高竞争力的秘诀是什么呢？

第一，以顾客满意度为基础的低利润高销量模式。好市多以低廉的价格为消费者提供商品，利润率低于 15%，这与沃尔玛等大型超市的 20%~25% 相比，仅为后者的一半。薄利多销并不能创造利润，好市多盈利的核心在于会员费，实际上，好市多每年净利润几乎就等于会员费。赚取会员费不需要成本投入，取而代之的是顾客满意度，好市多的客户黏性强、忠诚度高，会员续费率高达90%，2018年会员费收入达到了31亿美元。

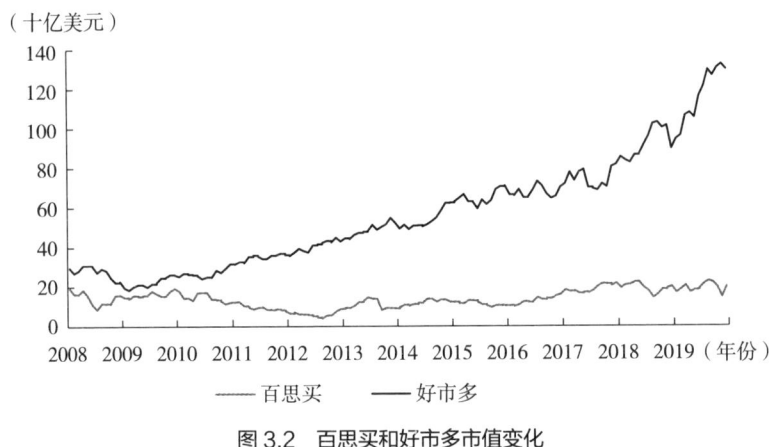

图 3.2　百思买和好市多市值变化

资料来源：彭博社。

第二，较高的顾客满意度是以有限品类的价格竞争力为基础的。好市多提供的商品约有 4 000 种，其多样性远不及沃尔玛的 10 万多种和家乐福的 7 万种。虽然限制品类减少了消费者选择的余地，但同种商品的销量会增加，相应的库存也会迅速耗尽，像这样"甩卖式"地压缩库存周期就是好市多的核心竞争力所在。商品数量少，相应的陈列和管理成本也低，另外，在陈列架出现空位时，供应商之间的竞争加剧的情况也时有发生，这一措施进一步促进了成本的降低。好市多把重点放在具备高品质和有价格竞争力的少数产品上。

第三，削减营销支出，使成本结构更为合理。好市多没有广告支出，仅依靠客户和员工的口口相传，向挑选出来的优秀顾客发放优惠券是唯一的营销活动。沃尔玛将营业收入的 0.5% 用作广告费，看似比例不高，但总金额超过了 25 亿美元，其他品牌折扣店一般是将营业收入的 2% 以上用于广告宣传。"会员制的魔法"使好市多在没有广告的情况下也依然可以维持其市场竞争力。利润低，价格低廉，再加上最多达到 110 美元的会员年费，消费者即使是为了赚回会员费，也会积极光顾好市多。大部分营收都是从年会费中发生的，所以如果广告费支出增加，反而可能会导致收益恶化。

2019 年 8 月 27 日，好市多中国大陆地区首家门店在上海开业。开业当天，店内人山人海，被迫提前结束营业和卖场内限流 2 000 人等新闻引发了消费者的关注。开业第一天就有超过 10 万人加入会员，截至 2019 年 9 月末，会员人数超过 20 万人，是好市多所有门店平均会员数的（约 6.8 万人）的 3 倍以上。好市多全球会员共 9 850 万人，短短一个月时间里中国会员的数量就达到了总数的 2%。

亚马逊的破坏力还波及了在线化妆品市场。2016 年，亚马逊的在线美容市场份额已经达到了 21%。美国最大的化妆品连锁店 Ulta Beauty 通过专家服务和常客奖励方案，仍在与亚马逊针锋相对。

Ulta Beauty 的产品丰富多样，从基础护肤品到彩妆，从超市低价产品到名牌奢侈品，应有尽有，同时还为消费者提供了到店消费的快乐体验。Ulta Beauty 以在亚马逊购买不到的高端品牌为中心，为消费者提供 200 个品牌，而且消费者可以随意使用试用品。另外，所有的 Ulta Beauty 门店都设置了美发沙龙，消费者可以享受从修眉到皮肤护理等全套美容服务。Ulta Beauty 通过提供产品和服务来应对亚马逊等企业的价格战。

Ulta Beauty 的竞争优势在于造型师为消费者提供一对一的建议，化妆和发型存在很大的个人差异，极为复杂，需要企业付出很多心血，这是至今电子商务仍无法取代的专业领域。

Ulta Beauty 的另一个竞争优势就是客户忠诚度计划，这虽然降低了企业收益，但在客户维护方面起到了至关重要的作用。通过这一计划，还可以获得之前无从获取的顾客资料，将这些珍贵的数据与 CRM（客户关系管理）营销相结合，就可以按照顾客的审美进行更为精准的营销。目前，Ulta Beauty 年销售额中 90% 都来自客户忠诚度计划。

2019 年 8 月 30 日，Ulta Beauty 股价暴跌 29.5%。Ulta Beauty 在第三季度业绩预告中，将同店销售额增长由 6%~7% 下调至 4%~6%，令投资者大为震惊，投资者无法接受公司管理层对增速放缓和业绩下调的牵强答复，分析师也接连下调投资意见。通常投资者的质疑度加深，股价在调整后的一段时间内必然会萎靡不振。欧睿国际称，2004 年美国化妆品市场需求每年增速达 4%，2015—2017 年三年间增速更是达到了 7%~9%。但自 2019 年以来，增速突然放缓，是基本面恶化吗？没有一个准确的回答，所以我决定卖出长期持有的仓位。

化妆技巧中最有名的要数轮廓化妆法，据说这是好莱坞明星金·卡戴珊非常喜欢的化妆技巧，受到很多女性消费者的追捧。从轮廓化妆法的视频中可以看到，改变轮廓确实可以使人脸看起来更小，通过 YouTube 视频网站的传播，人们逐渐了解，现在很多美国女性都会使用这一化妆技巧。很多人可能只是觉得很神奇，但如果将轮廓化妆法作为谷歌搜索关键词，就会发现搜索次数与化妆需求的增加之间实际上存在密切的关系。2015 年，搜索量达到高峰后持续下滑，竞争企业欧莱雅也未能对美国化妆需求的减少给出明确的解释。

缺乏创新产品，以及消费者需求向皮肤护理转移等因素对化妆品需求减弱产生了影响。消费者十分挑剔且反复无常，在亚马逊的野心下，Ulta Beauty 成功地抵抗了来自亚马逊的威胁，然而要求新变化的消费者却在 2019 年抛弃了 Ulta Beauty，其市值变化如图 3.3 所示。

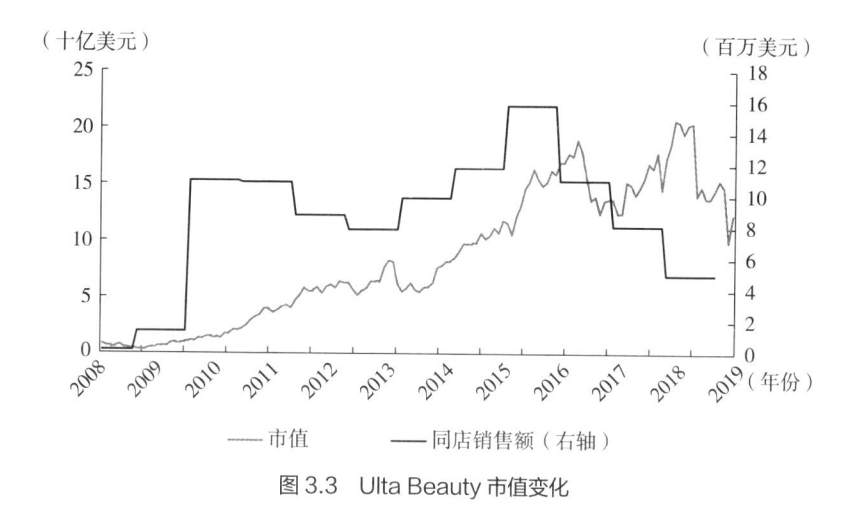

图 3.3　Ulta Beauty 市值变化

资料来源：彭博社。

在美国化妆品行业中，销售比重最大的是护肤品。在追求自然健康的新消费趋势下，基础护肤品的增长速度最快，基础护肤品的发展给韩国化妆品企业带来了收益。与跨国企业相比，韩国企业的知名度较低、成立时间也较短，但韩国的 ODM（原始设计制造商）和 OEM（代工厂）产业发达，产品及价格竞争力较高。因此，跨国品牌企业如雅诗兰黛、联合利华、欧莱雅等正虎视眈眈地寻找机会收购韩国企业。

资产管理行业也需要专家的意见。机器人投顾和金融科技对传统资产管理行业构成威胁。机器人投顾基于算法为投资者提供投资建议，负责解决投资者在投资时发生的低价卖出、高价买入的问题，并节省成本。美国代表性的机器人投顾企业 Betterment 以仅为总资产 0.25% 的最低费用实现了快速增长。2008 年在纽约成立的 Betterment 目前管理的资产规模达 180 亿美元，手续费率低的公司需要管理足够规模的资产才能够生存，汇丰银行的分析资料显示，机器人投顾企业需要管理 110 亿~210 亿美元的资产才能够超越盈亏平衡点。

创新型企业正在推出与专家服务相结合的混合型智能投顾服务。Betterment 宣布，将同时提供机器人投顾和专家资产管理服务；嘉信理财向资产规模高于 2.5 万美元的顾客提供专家咨询综合服务。机器人投顾虽然效率高，但无法倾听资产价格变动给顾客带来的烦恼和苦衷。尽管我们已经预测到未来"千禧一代"将会给资产管理市场带来怎样的变化，但目前仍需要有人倾听顾客的意见，而且资产越多越是如此。

并不是所有的产品和服务都像百思买、Ulta Beauty 和资产管理那样需要专门的顾客服务，劳动密集型服务也不适合所有的零售企业。很多零售企业无法像办公用品公司欧迪办公或体育用品公司 Sports Direct 那样，做到从线下到线上的结构性转变，创新将继续为零售流通行业带来巨大的影响。

要亲身观看、触摸和体验

我长期投资消费板块，欧洲最令我感兴趣的是高级消费品，也就是所谓的奢侈品行业。奢侈品行业的特点在于，以高端的品牌形象和差异化的产品品质来支撑昂贵的价格，奢侈品是欧洲企业支配世界的为数不多的几个行业之一，几乎很难找到替代品。与创新型企业不同，奢侈品行业只有有限的小规模消费者群体。根据象征效应和凡勃伦效应，消费者进入可以购买奢侈品的阶层或向周围人展示自己财富的欲望驱使他们在奢侈品的卖场前排起长队。

"千禧一代"的消费形态不同于老一代，成为奢侈品的主要消费人群。2018 年，国际奢侈品行业市场规模约 1 万亿美元，得益于"千禧一代"的消费增长，预计 2025 年市场规模将增长到 1.5 万亿美元。奢侈品行业分为 3 700 亿美元规模的箱包等个人用品市场以及酒店、邮轮、葡萄酒、游艇等体验品市场。体验品市场规模将增加至6 600亿美元，预计到2025年增速会进一步加快。目前"千禧一代"在奢侈品消费市场中占比约为32%，但到2025年左右，这一比例将达到50%。[4] 2008年全球金融危机以后，"千禧一代"开始进入社会，首先是个人用品市场。在物质方面比其他时代更贫穷，但他们非常热衷于展现自我和消费。对于明星和网红对奢侈品的热爱和向同龄人展示自己的需求影响着"千禧一代"。他们在生活用品消费方面节省开支，而在奢侈品等炫耀性消费方面毫不吝惜。随着全球经济进入低增长时代，年轻的消费者为了更多地展示自己，越来越倾向于选择奢侈品。

可以满足"千禧一代"需求的奢侈品企业重新复活了，对他们来说，购买行为本身是重要的，而购买行为带来的感官体验是有意义的，这是互联网或创新型企业无法提供的。最典型的例子就是销售高端且极其私人化产品的蒂芙尼，消费者通常对共同选购结婚戒指这一行为赋予重要的意义，情侣们会亲自到蒂芙尼购买。在相当长一段时间里蒂芙尼的销售情况并不理想，业绩和股价都不尽如人意。2017年10月，蒂芙尼任命亚历山大·博格里奥罗为新的CEO后，品牌形象焕然一新，重新赢得了消费者的喜爱。博格里奥罗正式加入蒂芙尼后，在纽约开设全球首家Blue Box Cafe，这是一家以蒂芙尼蓝为主色调的咖啡店。消费者需要提前一个月预约才能吃到价值29美元的早餐、39美元的午餐和49美元的晚餐，而且预约开始的几秒钟内就会被一抢而空。此外，还推出了Tiffany Paper Flowers花韵系列珠宝，可以在日常佩戴而又不失古典韵味。蒂芙尼通过各种尝试来吸引来自不同群体的消费者。2019年年末，路易·威登宣布收购蒂芙尼，其未来消费者战略备受投资者关注。

最近奥特莱斯或大型商场里，排队最长的品牌是法国品牌古驰。

2015年马可·比萨利担任CEO后改变了古驰的形象,他聘请了大胆的设计师亚历山得罗·米歇尔,颠覆了古驰的品牌形象,在古典中融合了现代感,还通过炫彩夺目的广告大片,引起了年轻一代消费者的强烈反响。古驰的数字战略取得了巨大成功,顾客中有一半以上是"千禧一代",他们追求个性的"炫耀"文化对品牌销售产生了积极的作用。在"千禧一代"依然忠爱奢侈品产品的背景下,古驰抓住了机遇。自2016年起,投资者也开始重新评价古驰母公司开云集团的企业价值。

奢侈品牌香奈儿通过在线平台销售香水等产品,但不包括时装,这是因为香奈儿认为通过其时尚专家向顾客提供香奈儿的秘诀,是作为顶级奢侈品时装品牌可以为顾客提供的最好的个性化体验。

我曾长期持有的奢侈品企业股票是爱马仕——一家颇具"匠人精神"的法国企业。爱马仕的凯莉包和铂金包等代表爱马仕的手提包全部由法国工匠手工制作。一名工匠制作一只凯莉包需要18个小时,制作一只铂金包需要22个小时,但法国《劳动法》规定劳动者每周工作时间不得超过33小时,因此一个工匠一周内无法完成两只爱马仕包。由于工匠人数和工作时间有限,消费者购买手提包需要等待很长一段时间。供给是有限的,但需求在持续。高档简约的设计感和颜色搭配能力是创新型企业无法赶超的经济护城河,爱马仕的ROIC(投资资本回报率)远高于竞争对手,以2017年为基准,爱马仕的ROIC为40%,而开云集团的ROIC为14.6%,路易威登的ROIC为14%,博柏利的ROIC为21.7%。过去十年中,爱马仕的销售额年均增长率为13%,也高于竞争对手。相对较高的估值带来了一定的负担,但作为传统的奢侈品企业,爱马仕表现出了持续的盈利能力,这非常有利于投资者进行长期投资。

开云集团和爱马仕的市值变化如图3.4所示。

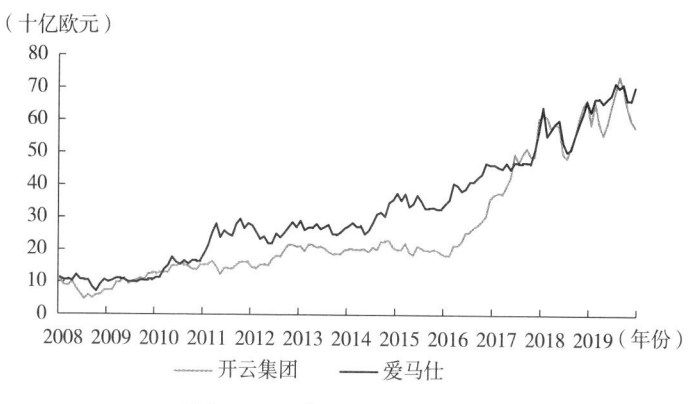

图 3.4 开云集团和爱马仕市值变化

资料来源：彭博社。

再来看一下体验品市场。创新技术的发展还不足以把需要人们亲身参与和体验的活动进行数字化，比如主题公园、邮轮旅行、演唱会、体育竞技等。消费者可以通过日本环球影城的国际网站直接购买门票，但仍需要亲自到日本大阪来购买哈利·波特的魔杖等纪念品，以及体验骑扫把飞行，而且如果没有购买快速通道票，就还要忍受排队三个小时的痛苦。

自 2009 年以来，美国和欧洲主题乐园的入场人数持续增加。主题乐园的门票在过去三年里一直在上涨，并且有望进一步上涨。迪士尼乐园的门票价格十分昂贵，以主题公园中梦幻王国为例，单日门票为 119 美元，比 2018 年高出 4 美元，旺季的价格更是高达 129 美元。令人吃惊的是，迪士尼从未下调过门票价格，反而每年都有所上涨，经济形势乐观时，价格上调幅度还大于平均水平，最近 10 年间的价格年均涨幅达到了 4.7%。现在大部分消费活动都从线下转移到了线上，但观光和体育等活动的销售情况却很稳定，毕竟可以全身心投入和与别人交流要比只动动手指来得更快乐。

消费者需要亲自观察和触摸的产品中，除了奢侈品以外，房地产经纪服务市场也是如此。通过美国的 Zillow、英国的 Rightmove 等网站可以查询房地产的信息。一家名为 Purplebrick 的英国房地产中介公司打破了基于房价的传统中介手续费结构，以收取固定手续费的商业模式进入房地产经纪服务市场。尽管如此，消费者还是会在做出最终购买决定前亲自去看房子。他们看的仅仅是房子吗？当然不是，地理位置、周边环境、交通条件等也是消费者需要考察的因素。消费者在购买家具或地毯等家居用品时，也常常会去商场确认商品的实际材质和款式等，所以这类商品在亚马逊并不多。

当然，VR 和 AR 技术的发展会对这种消费模式产生一定的影响。拍卖行苏富比通过 VR 和 AR 推出高级住宅看房服务，原本顾客一天可以亲自确认的住宅一般最多不超过 5 间，而通过 VR 可以在短时间内向客户介绍 30 多件商品，因此 VR 就缩小了潜在买主与房屋的空间距离，进而弥补无法集中拍卖分散的房产这一痛点。通过苏富比的 Curate（即苏富比推出的房地产 AR 应用程序），消费者还可以在购买住宅前模拟在客厅或厨房布置家具，确认移动路线等，通过虚拟的方式让顾客体验购房后要考虑的事项。苏富比还与家具企业建立合作伙伴关系，在消费者购房的同时提供家具购买服务。厨房用品企业威廉姆斯·索诺玛、家具企业宜家、劳氏公司等也结合使用 VR 技术，为顾客提供商品快速浏览服务。全球电子商务企业也在应用 VR 技术，阿里巴巴推出了 VR 购物"Buy+"服务，亚马逊则效仿这一服务，在印度开设了 VR 快闪店，消费者可以在没有实体的商店中获得商品信息和体验。2019 年全球 VR 市场的规模约为 62 亿美元，今后年均增长率将达 38%，到 2022 年市场规模将达到 163 亿美元。[5]

提起宜家卖场，男人最先想到的不是家具，而是瑞典肉丸。宜家是传统的家具销售企业，但在应对亚马逊的过程中已经完全实现数字化。这家创立于 1943 年的企业最鲜明的形象有两个，即外形酷似巨型蓝色仓库一样的卖场和需要消费者亲自组装的家具DIY（自己动手做）。消费者通常会亲自到店挑选并组装家具，网络和移动对这些消费者的影响微乎其微。

宜家原本处于电子商务未波及的安全区域，选择采取变化的原因就是亚马逊。因为在亚马逊，消费者只需要点击几下鼠标就可以买到比宜家更便宜的家具并且享受送货到家服务，因此选择亚马逊的消费者数量不断增加。除美国以外，大部分长期处于经济低迷周期的国家中，选择亚马逊的现象更为明显。宜家也像亚马逊一样开发了手机应用程序和网站来与之对抗，但结果并不尽如人意。从线下发展起来的宜家想要超越从线上起家的亚马逊并非易事。

宜家摸索出了其他的对策——不是"效仿亚马逊"，而是"赶超亚马逊"，制定了将线下商场体验完全转移到线上的目标，这就是physital，意为将physical（实体）和digital（数字）整合在一起，来实现线上和线下的结合。具体方法就是利用AR技术。

宜家是全球家具行业中首个将AR功能嵌入手机应用程序中的企业，为消费者提供足不出户也可以确认只有在卖场才能看到的家具产品服务。同时，利用掌握的消费者家具购买信息的优势，更准确地为消费者提供产品推荐服务，这项服务深受消费者的欢迎，很大程度上帮助消费者解决了线上购物时对比大量复杂信息带来的疲惫感。仅仅两年的时间里，就有200万人安装了宜家的应用程序，其中购买家具次数超过两次的用户超过半数。

宜家没有止步于此。消费者在亲自组装家具的过程中，会更加珍惜和喜爱自己的劳动成果，这就是以宜家的名字命名的"宜家效应"。然而为了减少家具组装带来的麻烦，宜家舍弃了其象征——家具DIY，通过收购劳务外包平台公司跑腿兔，为消费者提供家具组装服务。通过整合线下和线上的优势，宜家2014—2018年年均增长率超过了5%。这与以实体店为中心的商场和折扣店等遭到亚马逊挤兑而萎缩的情况形成了鲜明的对比。宜家在宣布与全面迎接亚马逊挑战之后,实施了比亚马逊更为激进的physital战略,成功地从家具制造流通企业转型为家具平台企业。

废弃物管理公司笑对监管壁垒

在监管制度严格的行业,创新速度极其缓慢,能源、汽车、飞机、食品、药品等生产商或提供金融、教育、保健医疗、法律等专业服务的企业必须得到监管当局批准,比如汽车需要通过稳定性测试,银行需要取得相关业务牌照,新药安全有效性必须得到监管当局的审批。严格的监管制度对于创新的作用是消极的,而对于率先进入并抢占市场的企业来说,无异于是坚固的盾牌。

没有人希望自家附近出现核电站、垃圾填埋场或采石场,地方团体和环境保护组织也会坚决反对,这些企业很难获得新的业务许可,这就是邻避效应。与之相关的核电站、垃圾填埋场等行业的企业拥有由几十类许可和各类规章制度所筑成的坚不可摧的护城河,新的竞争者几乎无法进入。尽管这些企业是维护公共利益所必需的,但严重的地方利己主义使人望而生畏,更别提向环境监管当局和地方政府申请复杂的许可和通过审批程序了。美国废弃物管理公司就是一家获得地方政府批准主营垃圾处理业务的企业。

美国企业废弃物管理公司是美国最大的废弃物回收、运输、循环利用等废弃物处理企业,其主要客户包括地方自治团体、商业和工业企业、普通家庭等。随着人口增长和工业发展,废弃物产生量自然增加,但有限的填埋空间导致填埋的单位成本上升。废弃物管理公司主要在山火多发的加利福尼亚地区、飓风灾难频繁的东部和南部地区拥有较多的垃圾处理设施，2018年美国加利福尼亚遭遇史上最大山火，这反而对该公司的营业收入产生了积极影响，因为需要有人处理山火扑灭后留下的煤灰以及飓风带来的垃圾。其市值变化如图3.5所示。

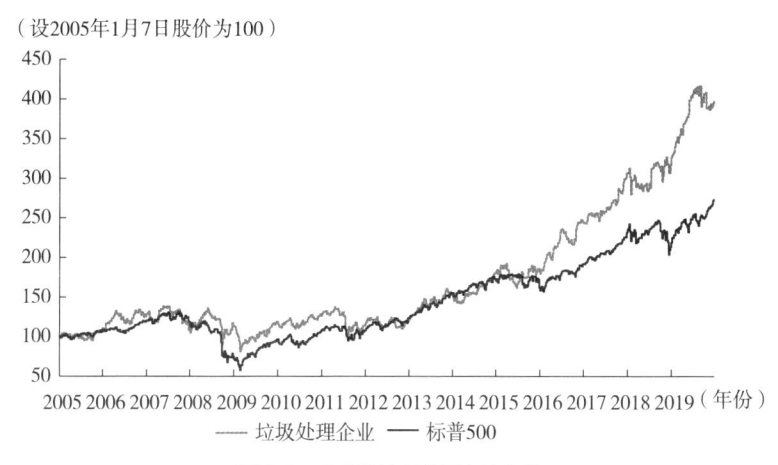

图3.5 废弃物管理公司市值变化

资料来源：彭博社。

传奇投资人彼得·林奇曾经提到完美股票的特点：枯燥乏味的业务、令人厌恶的业务、传言与废弃物或与黑手党有关联的公司、令人压抑的业务、增长停滞的行业、拥有利基的行业、持续购买公司的产品等。这些行业极富投资魅力，尽管很少有投资者关注，但它们不断创造着10%的ROIC和两位数的ROE（净资产收益率）以及2%的股息收益率，另外，较高的进入壁垒也阻碍着竞争者的进入。

事实上，有很多行业的格局会受到监管制度变化的影响，比如欧洲的建筑材料行业。从2017年7月起，欧洲开始实行以加强耐火性能为主要内容的欧盟建筑产品法规（CPR），这是针对建筑火灾相关建材性能指标制定的更为严格的指引。一方面，这一新规增加了欧洲整个建材供应市场中小型企业的成本压力；另一方面，不符合CRP规定的电缆供应量占总供应量的 20%~30%，这意味着世界顶级线缆企业耐克森和普睿司曼等公司会获得更多的市场份额。

新药开发的进入壁垒是"铜墙铁壁"

新药开发过程中，考虑到研究开发所需的时间和资金，传统企业的竞争优势是毋庸置疑的。新药开发一般需要 10 年的时间，需要投入大约 26 亿美元的资金。进入临床第一阶段的新药中，获得 FDA 批准的不会超过 12%，成功的概率也非常低。新药开发初期需要投入的资金较少，而进入临床阶段以后需要的资金越来越多。不同的产品需投入的资金也不同，一般来说，研发费用中临床二期占 20%~30%，临床三期占 70%~80%，如果小企业无法承担持续支出的研发费用，就很可能会破产。中小型制药企业的核心战略是在第三次临床试验之前，通过对外许可最大限度地提高产品价值，以合适的价格向有需求的公司许可授权，这是为了企业的稳定发展而不得已选择的一条道路。

不仅是新药开发成本，如果考虑营利性，则传统大型企业更有利。全球新药开发环境正逐渐转向精准医疗，所谓精准医疗是指目标患者人数少。销售额超过 10 亿美元的新药出现的可能性将越来越小，在多品种少量生产的情况下，只有大型跨国企业能够实现盈利并开发出多种新药。

开发新药最重要的就是稳定性。CAR-T（嵌合抗原受体 T 细胞）疗法是利用体内免疫细胞杀死癌细胞的新一代抗癌技术，该疗法有出色的抗癌效果，但问题在于其带来的副作用也不容小觑。随着体内 T 细胞增殖，免疫细胞会分泌过量的蛋白质（细胞因子），可能会导致死亡事故发生。朱诺医疗是一家美国生物科技企业，在急性淋巴细胞白血病治疗剂 CAR-T 临床试验中数次发生死亡事故，最终不得不叫

第三章 对"经济护城河企业"的投资

停实验。

全世界约有一万种遗传病,其中可以治疗的比重不到4%。对新药开发的关注度最高的领域是神经系统疾病阿尔茨海默病。首例阿尔茨海默病是在1906年发现的,70多年后一位女演员被确诊才引起人们的关注。19世纪40年代好莱坞性感女神丽塔·海华丝在62岁被诊断为阿尔茨海默病,69岁死亡。她女儿说:"本以为母亲的病是酒精中毒,但被诊断为疾病之后,我才理解了那段地狱般的时间。"医学界认为是海华丝让人们了解了阿尔茨海默病的可怕性。

目前全世界约有3 000万人无法回答"我是谁"这个问题,仅美国就有520万名阿尔茨海默病患者,预计到2050年将增加至1 400万人,相关费用逐年增加,全世界总费用将达一万亿美元。庞大的潜在市场规模非常具有吸引力,但目前医学界仅存在对于此种病因的各种假设,还没有开发出有效的治疗方法。包括全球制药公司和风险投资公司在内,正在进行的临床试验共约350项,但也有很多项目被中途放弃。这是因为患者在服用药物后,没有得到预期的效果,或者反而出现了认知功能低下的案例,以及脑部出现浮肿等副作用。根据美国药品研究和制造商协会(PhRMA)的研究报告,截至2017年,在过去20年间终止开发的阿尔茨海默病新药约有146种,其中,以完全治疗为目标的药物约占40%,约20%进入了临床试验第三阶段。

2019年3月21日,美国生物制药公司渤健和卫材公司宣布终止阿尔茨海默病新药临床试验后,股价分别下跌29.2%和16.5%。在很多公司都放弃研发阿尔茨海默病治疗药物的情况下,市场对渤健和卫材公司阿杜那单抗药物的期望值更高,然而这种期望最终变为失望。

同年10月,渤健决定重新启动阿尔茨海默病的药物研发项目,渤健表示,在此前终止临床试验后,基于追加数据和新的分析,阿尔茨海默病临床试验成功的可能性进一步提高。如今,在治疗药物大部

129

分研发失败的情况下，阿杜那单抗的起死回生意义非凡。

阿杜那单抗是一种可以与 β-淀粉样蛋白（以下简称 Aβ）结合并将其消除的物质，用以证明此前消除 Aβ 可以改善阿尔茨海默病假设的药物。如果阿杜那单抗获批，那么 Aβ 抗体就有了依据。阿尔茨海默病的研究迟迟没有进展令专家十分困扰，Aβ 的相关理论也引来了质疑之声，有人认为，从 Aβ 在大脑中开始积累到发病还需要很长时间，那么在神经细胞被破坏之后，再服用能够去除 Aβ 的药物为时已晚。

渤健与 FDA 协商后，计划于 2020 年初提交阿杜那单抗制剂的上市许可申请。

在新药开发过程中，由于各国的监管法规不同，出现了很多伦理难题，典型的争议就是干细胞。干细胞可以分化成其他种类的细胞，治疗效果最佳的干细胞来自正在发育的胎儿，胎儿的各种组织和器官处于形成阶段，目前医学界已分离的细胞中有 221 种就来自胎儿，但仍没有找到控制胎儿干细胞发育的方法。主要存在于骨髓中的成人干细胞虽然没有胎儿的治疗效果好，但相对于从胎儿体内提取会更安全。干细胞能治疗所有疾病吗？在互联网上可以看到大量的广告和夸张荒谬的传言，甚至有人宣称干细胞对毫无关联的多发性硬化症等都有奇特的疗效，盲目相信这些传言可能会导致危险的结果。关于干细胞的荒唐言论不仅掩盖了干细胞真正的可能性，而且掩盖了致力于为医学带来创新的医生的付出。

在治疗严重的心脏病领域有望发生干细胞革命。坏死的心脏组织无法通过手术治愈，但如果能找到可以重启心脏再生的方法，那就是医学领域的重大创新，用干细胞来修复坏死的心脏可以说是心脏病患者的唯一希望。在干细胞双盲检测中，一半患者被注射了干细胞，另一半患者被注射了生理盐水。为了医学的进步，必须有人做出牺牲，这种伦理矛盾是存在的。干细胞是具有魔法的万能细胞吗？目前医学界尚未对此做出肯定，但干细胞给人类带来新的希望是不可否认的事实。

总而言之，在新药开发的征途上，有许多传统企业和新生企业前赴后继，在这场类似于"全有或全无"的战争中，打破铜墙铁壁的企业才能笑到最后。

爱彼迎和优步对着监管壁垒哭泣

对新生企业来说，监管规定加强意味着过高的进入壁垒，因为严格的规定会增加成本和业务的复杂性。例如，针对平台企业、P2P贷款、零工经济、个人信息保护、网络中立性等监管规定的增加，有可能会对初创企业构成不利影响。

美国纽约强化了对爱彼迎等短期租赁服务企业的监管力度。根据2018年7月纽约市议会法案，爱彼迎等在线房屋共享企业需要每月向纽约市政府申报登记房屋所有人的名字、住址和交易明细，此外还要求报告中显示出租的空间是一个房间还是整个住宅，违反该规定会被处以1 500美元的罚款。

爱彼迎出现以后，租期少于30天的的短期租赁交易量剧增，带来了住宅困难和租金上涨等副作用，纽约市议会随即加强了相关监管规定。这是因为越来越多的非法酒店运营者上调公寓租赁费用后，通过爱彼迎发布房源。

有调查结果显示，随着爱彼迎的推广，纽约市房屋租赁费用不断上涨，对加强监管的呼声日益高涨。根据现行纽约州法律，如果房主不与房客共同居住，则禁止其将房屋以未满30天的期限出租。目前，爱彼迎在纽约营业收入的一半以上来自短期租赁，新泽西州是爱彼迎在美国最大的市场，发布的房源数量有40 000多个。

根据旧金山的规定，房主未将房屋登记为住宿设施，将对爱彼迎等短期租赁服务企业处以每日 1 000 美元的罚款；芝加哥将房主登记义务化，规定短期租赁费用最多不得高于原租金的 4%；西雅图和新奥尔良也在酝酿相关规定。这使爱彼迎对万豪酒店和希尔顿酒店等造成的影响逐渐减弱。

监管部门对优步的监管标准也越来越严格。2018 年 8 月《纽约时报》报道，纽约在一年之内停止对优步和来福车等企业发放车辆共享新牌照，从某种意义上来说，纽约市政府阻碍了车辆共享服务企业的成长，传统出租车数量限制在 13 587 辆，而加入优步和来福车等共享车辆服务的车辆已经超过 10 万辆，这导致纽约出租车司机最宝贵的财产——出租车牌照的价值从 2013 年开始暴跌（如图 3.6 所示）。除了纽约以外，伦敦也要求英国政府限制优步的服务。

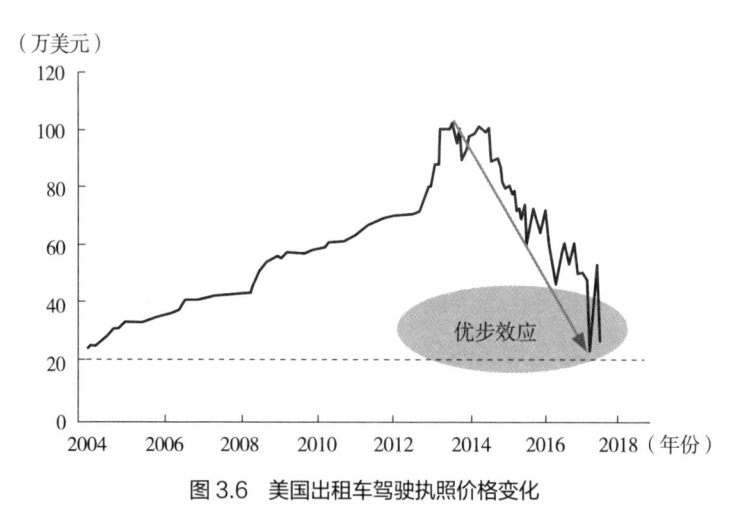

图 3.6 美国出租车驾驶执照价格变化

资料来源：纽约市出租车和轿车委员会、Zerohedge.com。

人工成本和工作环境改善成本增加打破了零工经济商业模式的成本竞争优势。零工经济是指通过手机应用程序雇用短期合同工或自由工作者，由于符合年轻人不愿被公司组织束缚、"想工作时才工作"的需求，零工经济得以进一步发展。共享经济的普及使零工经济的范围也从汽车（优步和来福车）、住宿（爱彼迎）扩大到家务（Hello Alfred）、办公室清洁（Managed by Q）、法律咨询服务平台（Quicklegal）、全领域专业服务平台（Fiverr）等多个领域，为个人提供了发挥才能和劳动力的平台。麦肯锡咨询公司统计，在美国和欧洲，约有30%的劳动人口从事零工经济。

零工经济相关的创新型企业推出应用程序产品，通过应用程序可以以短期合同提供消费者和劳动力的中介等各种服务，英国版美团外卖户户送就是其中的代表。户户送的商业模式是在30分钟内把餐厅做好的菜肴配送给用户。配送员使用自行车配送，他们之间相互竞争，为提高配送速度从而增加配送件数。在增加合作餐厅数量的同时，采用自主研发的Frank算法，这种算法可以通过深度学习来预测食物准备完成的时间，并与最佳位置的配送员配对，配送食物所需时间平均只有6分钟。

但是，零工经济因低薪酬和不稳定而备受诟病，劳动者没有稳定的工作，无法获得相应的福利待遇，没有医疗保险、育儿假期，享受不到退休金和养老金等社会福利。现在，英国劳动法的修改和对个体工商户相关工作环境改善的要求，导致零工经济商业模式的成本持续增加，英国的最低工资增长速度超过其他发达国家，最低工资占收入中位数的比重不断提高。自2015年以来，英国最低时薪每季度上涨约25便士，目前已经升至8.21英镑。2019年9月30日，英国财政大臣表示还在进行最低工资上调工作，承诺到2024年把最低工资提高到收入中位数的2/3，彻底解决低薪酬的问题。美国加利福尼亚州议会第五号法案于2020年1月起生效。优步、来福车、Instacart（递送日用品的公司）、Postmates（一家互联网快递公司）的临时工将被分类为正规员工并受到法律的保护，劳动环境的变化意味着美国平台公司成本的增加。这种基于短期合同工产生的价格竞争力的零工经济模式正在受到威胁。

对个人信息使用的监管规定是很多创新型企业成本增加的原因。2018年5月起，欧盟开始实行《通用数据保护条例》（GDPR）。GDPR赋予了欧盟国家公民对个人信息更多的控制权，欧盟公民不仅随时可以访问跨国企业收集到的个人数据，而且可以删除或更正。然而对此也不乏质疑的声音，因为这样的尝试可能会妨碍创新，对于有余力代替新生企业承担遵守规章制度所需成本的大型企业更为有利。欧盟执行委员会还计划对跨国信息技术企业的cookie执行惯例适用更加严格的电子隐私规定。所谓的cookie是指在登录网站时自动生成的临时信息文件，电子隐私规定把重点放在保护电子邮件和短信等网络对话数据隐私的保护上，并赋予了公民拒绝第三方进行网络追踪的权利，这影响到脸书或谷歌等企业的在线精准营销活动。对于违反电子隐私规定的企业，罚款金额最高可达该企业年营业收入的4%或2 000万欧元，这与通用数据保护条例的处罚条款内容相同。美国也顺应了这一趋势，加利福尼亚州决定于2020年开始实施《加州消费者隐私法案》，该法案加强了对消费者个人数据收集方面的保护力度。

美国的网络中立性新规意味着美国电信运营商和互联网企业间竞争版图的变化。2017年12月，美国联邦通信委员会（FCC）决定正式废除网络中立性原则。这一原则要求互联网企业为所有用户提供平等的内容和服务，不得带有歧视性，正是美国政府的这一政策，帮助谷歌和脸书等美国互联网企业迅速在全球市场扎根。但是，对于通信公司竞争力减弱和反向歧视，以及脸书、谷歌、奈飞等内容和平台企业的发展，使网络中立性政策发生了改变。网络中立性原则废除后，像威瑞森、康卡斯特这样的电信运营商通过互联网接收和发送数据时，可以就数据的内容和费用区别对待用户。

相反，谷歌、脸书、推特等基于网络服务的 IT 企业则要向通信公司支付更多的网络使用费。美国国内最大的流媒体视频服务企业奈飞的反应最为敏感，这是因为奈飞提供的视频服务消耗大量的流量，所以对流量非常敏感。

关于平台企业监管

从 2018 年下半年开始，美国平台企业 FANGs 的股价呈弹性上涨趋势，股价低迷的直接原因是市场对亚马逊未来成长的期待感降低，对外（营业收入）和对内（每股收益）都是如此。2017—2018 年，谷歌、亚马逊、脸书的营业收入增速在 20%~50%。但 2018 年下半年，由于中美贸易摩擦，营业收入增速和每股收益迅速下滑。从绝对水平来看，预期增速依然是两位数，然而在短短一年的时间里，市场期待值却有所降低。

股价低迷的另一个原因是政府监管，市场担心平台企业未来增速放缓，监管的不确定性更是雪上加霜。自平台企业反垄断问题在 2018 年 3 月首次浮出水面后，2019 年再次出现。2019 年 5 月，美国司法部决定对谷歌和苹果公司进行反垄断调查，联邦交易委员会决定对亚马逊和脸书进行反垄断调查；8 月初，美国众议院司法委员会对这四家企业启动了议会调查权。

从历史数据来看，小到金融法规，大到行业法规（如反垄断法）的变化，都会导致股市发生震荡和调整。大部分法规都是非黑即白的，企业和企业的行为只分为受到法规限制的和不受法规限制的，比如市场垄断的标准，企业被判定为垄断企业时，进一步发展将受到阻碍。因此，市场总是对法律法规表现得非常敏感。

垄断的传统判断依据可以用一句话概括，即企业是否损害了消费者的效用。经常提及的标准包括市场份额，过高的市场份额可以提高企业的定价能力，从而损害消费者的效用，这是经济学上所说的垄断的弊端。

但对于平台企业来说，很难明确地给出垄断的定义，不同的视角有不同的结论。不仅可以从消费者效用、产品价格和产品质量等方面考虑，另外从政治角度出发也会得出不同的结论。像亚马逊（电子商务）、脸书（社交网络）、谷歌（搜索）、苹果（应用商店）这样的平台企业是真的垄断吗？很难说这些企业从哪方面损害了消费者的效用或是影响了产品的质量。

那么，如何监管非传统制造业的平台企业呢？其核心在于并购相关法规。平台企业的核心战略不是通过降低成本来提高利润，而是平台的扩张。在扩张过程中，并购起到至关重要的作用，同时也是亚马逊、脸书、谷歌和苹果成长的方程式。例如，从亚马逊于1998年收购拥有网络电影和电视的IMDb，到2017年收购全食，以及脸书收购Instagram（照片墙）和WhatsApp（瓦次普）等都是典型的例子。

限制平台企业进行并购无异于闭合这些企业的生长板。平台企业的市场价值通常反映了市场对企业持续成长的期待，如果限制平台企业并购，那么反映在企业价值中的持续增长期待值就会降低，进而导致股价下跌。1995年5月，微软因违反反垄断法遭到美国司法部的指控，2000年6月又因违反《垄断禁止法》而接到了将微软拆分为两个公司的命令，2001年6月通过抗诉，拆分命令被驳回，这一"罕见的突发事件"才告一段落。然而，此过程带来了科技泡沫破裂等不良后果。

科技泡沫危机后，对科技股的垄断规定多少有些慎重。从2012年起监管部门对谷歌搜索业务是否构成垄断这一问题展开了为期一年的调查，2013年谷歌被宣告无罪，那么现在的情况是否有所不同呢？20多年后的今天，微软从反垄断规定的最大受害企业转变为美国股市的龙头股，真是恍如隔世。

企业破产，专利尤在

专利权对于企业价值来说非常重要，企业价值是以设备投资积累的"有形资产"和以知识产权为代表的"无形资产"为基础的，其中无形资产由研究开发支出和相应的专利权等构成。研究结果发现，一定规模以上的企业在研究开发支出和专利权上存在某种关联，[6]我在寻找创新型企业的过程中，对企业的研究开发支出很感兴趣，也是出于这个原因。专利权是企业创新活动的结果，而且在专利期内可以创造出垄断性的利润，但专利权具有两面性。一方面，它妨碍并延迟竞争企业和新生企业进入市场，阻碍创新的进程；[7]另一方面，专利权在企业倒闭后仍然具有很强的生命力。发明专利的权利期限为自申请之日起20年的时间，即使企业没落，只要专利还处在保护期限之内，仍然可以实现盈利，盈利的金额可能不多，但也足以形成市场垄断让其他企业甘心为此付费。

苹果手机上市以后，加拿大黑莓公司因无法应对市场变化而迅速没落，智能手机业务也于2016年转让给了TCL（一家消费类电子企业集团），黑莓将品牌、许可等出售给TCL后，仍拥有9 000多项美国专利。从21世纪初开始，黑莓就拥有与黑莓手机相关的各种技术专利，远远早于苹果手机上市的时间。现如今黑莓公司既不进行研究开发，也不推出智能手机产品，仅依靠专利创造收益。2017年，黑莓专利收入达1.96亿美元，同比增长50%以上，凭借强大的专利资产组合，黑莓仍然保持营业收入增长的趋势。

随着智能手机市场的发展，曾一度支配手机市场的芬兰企业诺基亚也走下神坛，剥离了手机业务。但通信网络许可却没有改变，无论是以前的翻盖手机还是现在的智能手机，通信网络传输方式都是相似的。诺基亚拥有约 4 000 项美国专利，加上欧洲等地区，诺基亚目前还拥有 30 000 项专利，一般企业都难以逃脱诺基亚在几十年间构建的密密麻麻的专利网。2013 年，诺基亚将手机业务出售给微软，并授予微软 10 年的专利使用权，但专利所有人仍然是诺基亚。

谷歌于 2011 年 8 月 15 日收购了摩托罗拉移动公司，摩托罗拉移动公司是摩托罗拉手机业务部门于 2011 年 1 月从公司独立出来后成立的，收购价格为每股 40 美元，收购费用共计 125 亿美元，与 12 日收盘价相比溢价 63%。2014 年 1 月，谷歌又以 29.1 亿美元的对价将摩托罗拉移动公司转让给了联想，售价仅为收购成本的 1/4，如果单纯按照数字来计算，谷歌损失了 100 亿美元，但事实果真如此吗？

如图 3.7 所示，谷歌在收购摩托罗拉移动公司后，获得了价值约 100 亿美元的专利权，在与联想的交易中，仅转让了 17 000 多项专利中的 2 000 多项，核心的 15 000 余项专利仍归谷歌所有。对于围绕安卓系统展开专利权纷争的谷歌来说，专利权是重要的资产，在苹果、微软等竞争者通过专利诉讼来牵制谷歌的情况下，专利权对谷歌来说具有极其重要的价值，如果卷入专利诉讼，谷歌的研发投资活动必然会萎缩。《华尔街日报》报道，谷歌于 2011 年 7 月获得了 IBM 的存储器及微处理器芯片设计技术和服务器、路由器等 1 000 多项专利。谷歌通过收购摩托罗拉移动和 IBM 的专利权，拓宽了其经济护城河。

企业有时会使用专利诉讼作为武器，目的是在激烈的全球生存竞争中战胜竞争对手，或在谈判中占据有利地位。苹果公司和高通公司之间曾就智能手机芯片展开了为期两年的专利诉讼，苹果声称高通滥用垄断地位收取过高的专利费，要求赔偿；高通则声称苹果没有支付专利使用费违反合同约定,提起反诉。2019年4月16日,这起规模约340亿美元的诉讼以双方撤诉结束,消息发布当日,高通股价暴涨23%。

```
┌─────────────┐   ┌─────────────┐   ┌─────────────┐
│  2011年8月   │   │  2014年1月   │   │             │
├─────────────┤   ├─────────────┤   │  摩托罗拉移  │
│             │   │             │   │  动公司15 000│
│  谷歌以125亿美│   │  消失的价值? │   │  余项核心专利│
│  元对价收购摩│   │             │   │  价值        │
│  托罗拉移动公│   │             │   │             │
│  司         │   ├─────────────┤   │             │
│             │   │ 谷歌29.1亿美元│   │             │
│             │   │ 出售摩托罗拉 │   │             │
│             │   │ 移动公司    │   │             │
└─────────────┘   └─────────────┘   └─────────────┘
```

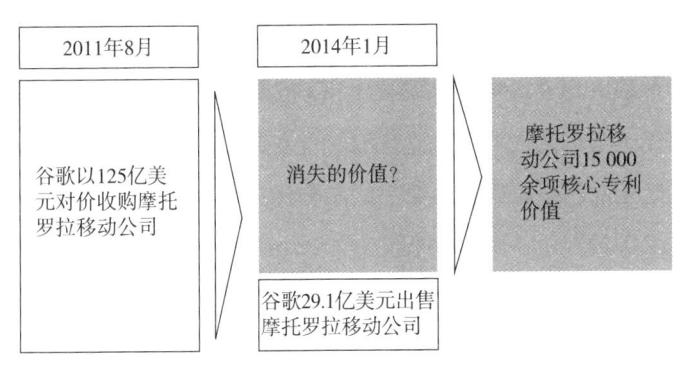

图 3.7　收购和出售摩托罗拉移动公司为谷歌带来了什么

资料来源:各公司公开资料。

专利战争的火种一直存在,时不时地死灰复燃,2019年也是如此。一度风平浪静的世界半导体市场爆发了专利之战,战场是可以称为世界半导体行业未来成长动力之一的晶圆代工市场。世界上最大的晶圆代工企业台积电与一度占据世界晶圆代工市场主导地位的美国格罗方德,在美国、新加坡、德国等地展开了专利诉讼之战。

2019年8月,格罗方德指控台积电侵犯其晶圆制造工艺技术专利等16项知识产权,在美国和德国提出了诉讼,覆盖了台积电目前生产的所有主要晶圆生产工艺。格罗方德称台积电侵犯了其28纳米、16纳米、12纳米、10纳米、7纳米工艺相关专利,并开发出了相关技术攫取不正当利益。格罗方德还对苹果、高通、英伟达等台积电的主要客户提起了类似的诉讼,理由是它们使用了台积电非法取得专利制造的半导体。

台积电也针对格罗方德发起反击,以侵犯其25项专利为由,接连在美国、新加坡、德国等地对格罗方德提起诉讼。台积电称格罗方德在 40 纳米至 12 纳米节点的主要工艺技术中，侵犯其双重成像技术、栅极结构等核心设计和与生产工艺相关的 25 项专利，这也是格罗方德的主要产品。

半导体业界分析，格罗方德之所以挑起此次专利诉讼大战，是为了瓦解台积电在其垄断的晶圆代工市场的影响力。台积电目前在世界上晶圆代工市场的占有率高达 49%，是绝对的龙头企业。相反，格罗方德在几年前还是位居世界第一的晶圆代工企业，但最近因投资不足、缺乏技术等放弃了 7 纳米制程工艺，市场份额已经落后于后来居上的三星电子。被逼入绝境的格罗方德拿出了专利诉讼武器，以期在更先进的节点工艺技术差距进一步拉大之前确保自己的市场影响力，进而牵制台积电，台积电也认为可以借此机会完全摧毁格罗方德的原始技术并将其挤出市场。如果两家公司的法律纠纷导致苹果、博通、谷歌、英伟达、高通等主要电子产品和配件企业的生产出现差池，半导体市场很有可能长期陷入停滞状态。

2019 年 10 月 29 日，台积电与格罗方德之间的专利纠纷戏剧性地得到了解决。两家公司签署了交叉授权协议，共享未来 10 年研究开发出的专利，以及双方在全球范围内拥有的专利。不仅是台积电，众多信息技术企业的投资者也终于松了一口气。

为什么要放弃专利

一方面，企业要不遗余力地保护专利；另一方面，在某些情况下需要果断地放弃专利。

2014 年 2 月，特斯拉公开了与电动车相关的专利和 Model S 设计图。特斯拉此举是主动放弃了经济护城河吗？全球电动车的销量仅占汽车总销量的 1%，特斯拉真正的竞争对手不是其他电动车企业，而是传统大型内燃机汽车企业。特斯拉无法以一己之力培育电动车市场，需要的是站在同一阵营的伙伴。那么，特斯拉是没有经过深思熟虑而决定公开专利的吗？当然不是。特斯拉将旗下太阳能发电子公司太阳能城市生产的电力通过超级充电站供应给电动车，其他企业生产的电动汽车中能够使用超级充电站的越多，越有利于特斯拉扩大建设电动车相应的基础设施，基础设施越完善，特斯拉的销量也会随之提高。因此，对于特斯拉公开专利的决定，我们可以解释为是在电动车充电标准和基础设施方面的先发制人，其商业模式可以看作通过销售电力和能源而非汽车来创造营收。

放弃专利的另一个案例是开放源代码，开放源代码是指无偿公开的软件。过去，大型企业将源代码作为企业机密，向外部提供产品时通常收取使用费，无偿公开源代码带来了巨大的变化，任何人都可以自由开发和改良软件，这样制作出来的产品比从前更优秀、更方便、更快捷、更低廉。随着人们各种各样的想法的结合，创新的成本变得更为低廉，速度也更快。如果没有开放源代码，云计算、大数据和移动应用程序等就无法快速发展，谷歌安卓系统、丰田氢燃料汽车、3D打印设计图等都是降低创新成本的开放源代码生态系统的结果，目前软件行业标准也是使用开放源代码进行开发的。

此外，也有共享专利的案例。跨国药企每年都将巨额资金用于新药研发。然而新药研发成功概率非常低，但是一旦研发成功又将会为企业带来巨额收益，所以，制药公司应该寻找提高新药开发成功概率、缩短开发时间的方法，这也是药企越来越强调开放式创新的原因。开放式创新是指药企从企业外部寻找技术和创意，与其他企业或研究所等外部机构共享知识产权，从而创造出新药。共同进行开放式创新不仅能提高研发成功率，还能降低研究开发成本，减轻失败带来的负担。

没有开放源代码就没有谷歌

无论是用谷歌进行检索还是在线购物，无论是在奈飞上看电影还是在脸书上浏览图片，我们都在使用开放源代码软件，这些开放源代码诞生于 20 年前的网景公司。

1995 年，网景公司垄断了网络浏览器市场，市场占有率高达 86%，处于绝对支配地位，当时微软公司计划进入市场，推出了 IE 浏览器，与网景公司之间的浏览器大战就此展开。微软公司利用 Windows 操作系统捆绑销售 IE 浏览器，这种全方位式的打压非常粗暴，而网景公司后续开发的浏览器版本都失败了，市场份额很快被微软抢占。

反垄断法也没能阻止微软的进攻，这时需要有一个颠覆者出现才可能改变游戏规则。陷入窘境的网景公司做出了一个让人难以想象的非常规决定——公开网络浏览器源代码和程序设计方法。开放源代码从此诞生，网景公司公开的源代码日后变成了免费浏览器火狐。

从商业角度来看，开放源代码软件是一个非常陌生的概念。网景公司毫不犹豫地接受新编码趋势并进行创新，这是对微软的最后反抗。有了开放源代码软件，可以更快、更低廉地制作新的软件。随着使用率的增加，可以获得更多的视角，整个生态系统也得以快速发展。开放和参与式的创新既降低了边际费用，还提高了生产效率，而对于通过自主知识产权软件创造利润的公司来说则构成了威胁。网景公司的决策非常果断，然而它被微软打败后没能重新站起来。

从 Canonical、红帽（Red Hat）、SUSE 等小型 Linux（一种操作系统）公司，到 IBM、甲骨文等大型公司都选择了开放源代码模式，可以说没有开放源代码，就没有今天的谷歌。开放源代码在软件行业是大势所趋，像沃尔玛等很难与软件联系在一起的公司也加入进来，它们依赖于开放源代码，拥有自主研发的相关软件。

第三章 对"经济护城河企业"的投资

经济护城河也会被削弱

经济护城河并不是永恒的。竞争对手通常会试图寻找绕过经济护城河的方法，比如开拓新的市场、推出新品来替代现有产品等，这使原有的经济护城河受到威胁，因此企业必须考虑到经济护城河会被攻破的可能性。经济护城河在什么情况下会被削弱呢？如果构成经济护城河的要素——成本效率、规模经济和网络效应、高转换成本、无形资产（品牌、规制）被削弱，那么经济护城河也将受到威胁。

成本效率被削弱

在企业之间销售的产品和服务相似的情况下，成本效率越高的企业效益自然越高。但过分强调成本效率很可能会导致产品和服务质量有所下降，在邮轮旅行市场中就存在典型的案例。全球邮轮旅行市场被嘉年华邮轮公司、皇家加勒比国际邮轮和丽星邮轮这三家企业垄断。游轮旅行一般是几千名旅客一起在海上航行数周，航行途中需要船舶燃料、食物和休闲设施等各种固定支出和可变支出，而船票收入为平均每天 60~80 美元。尽管这三家企业已经垄断市场，但成本效率对于创造收益来说仍然非常重要，然而通过购买更为低廉的客船、燃料和食材等方式降低成本，可能会导致顾客对游轮旅行的满意度下降，甚至还可能导致意外事故的发生。以成本效率构建经济护城河，需要从产品和服务的特性以及客户团体等多个角度考虑。

规模经济和网络效应被削弱

在供给端,规模经济表现为平均成本的下降;在需求端,规模经济表现为网络效应。脸书的用户之所以会注册,一般是因为他们的朋友也在使用。根据脸书发布的数据,每月使用脸书、Instagram 或 WhatsApp 一次以上的用户数为 25 亿人次,每天有 14.7 亿人次访问脸书,数量相当于中国的人口数。如果说数据是数字时代的石油,那么脸书拥有世界上最大的"石油储备"。从供给端来看,多如繁星的手机应用程序使规模经济很难像从前一样迅速扩大,脸书生态系统中的应用程序无法占据过多的用户使用市场;从需求端来看,衡量规模经济时还应考虑企业生命周期。脸书已经成长为巨型企业,在规模经济不再扩大的情况下,管理不善可能会产生副作用,比如 2016 年用户信息泄露事件、俄罗斯是否介入美国大选事件和假新闻泛滥事件等严重损害了脸书的品牌形象。随着脸书平台从沟通工具到营销工具的转变,脸书站在了十字路口,这就是在收集用户免费数据(兴趣、购买行为等)的同时,代替广告主投放广告的商业模式不得不面临的危机。在缺乏公众性的社交服务网络上,新用户减少,对营销广告感到厌倦的老用户离开平台,如果作为脸书根基的人际关系同时离开,那么规模经济将急剧恶化。

高转换成本被削弱

转换成本是指从一个产品转换到竞争企业产品时所需的成本,高转换成本对于维持经济护城河是具有促进作用的。德国企业思爱普是一家通过超高的转换成本来构筑经济护城河的企业,通过集成系统的 ERP(企业资源计划),思爱普占据了全球 ERP 领域最高的市场份额。用户一旦熟悉思爱普服务,就很难更换到其他的产品,然而由于昂贵的初期系统搭建成本、维护费用和管理人员所需的人工成本等因素，用户逐渐出现了脱离思爱普的趋势。已经使用过思爱普的顾客，经历过复杂而痛苦的转换过程，新顾客从一开始就不把思爱普列在选择范围之内。在这个案例中，过高的转换费用反而会令吸引新顾客变得更为艰难。

无形资产被削弱

投资者通常将品牌知名度视为经济护城河。如果品牌和创造企业价值之间存在密切联系，那么品牌排名和企业利益必然密切相关，但实际结果却并非如此，如图3.8所示。国际品牌咨询机构Interbrand每年评选并发布最佳国际品牌，然而在前10位的企业中，经常会出现经营成果不佳的情况。分析品牌知名度是不是某一企业的经济护城河

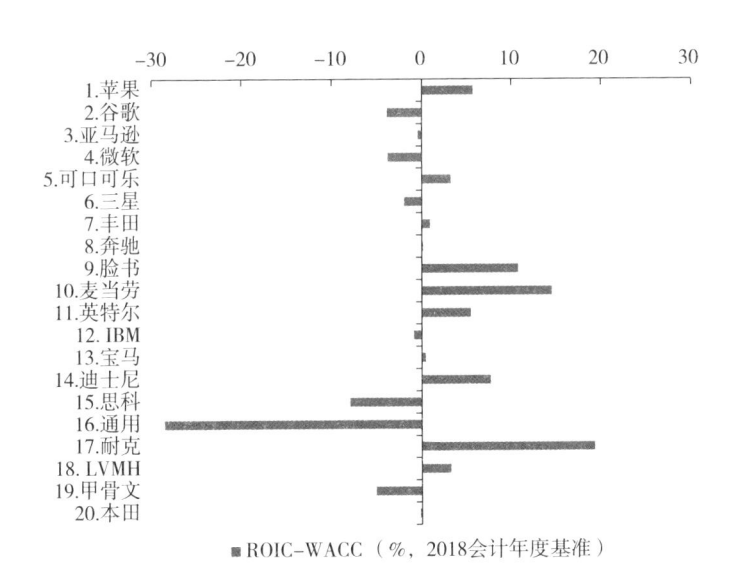

图3.8 品牌价值和经济利益之间不存在特定的关系

资料来源：彭博社。

注：WACC即加权平均资金成本，LVMH即酩悦·轩尼诗·路易威登。

时，应该同时分析相关企业为造就现在的知名度付出了多少成本，以及为了维持现有的知名度需要花费多少资金等。维护不断变化的消费者是需要付出代价的。

巴菲特的遗憾

"为什么没有买入亚马逊的股票？"

这是在 2018 年 5 月举行的伯克希尔 - 哈撒韦公司年度股东大会上，有人向沃伦·巴菲特提出的问题。此前巴菲特也曾几次承认自己的失误，这次他再度承认自己没有做出正确的判断。

"我在亚马逊投资决策上出现失误，低估了亚马逊首席执行官杰夫·贝佐斯的经营能力。"

巴菲特对投资者说，自己只投资能够理解的项目。他没有正确理解信息技术企业的商业模式，对收益结构的可持续性持怀疑态度，因此错过了早期向谷歌和亚马逊投资的机会。如果他拥有对信息技术产业的洞察力，那么当初一定会毫不犹豫地投资亚马逊和谷歌。

巴菲特经常使用的策略是买入低估值股票，然而这个方法不适用于亚马逊和谷歌等创新型企业。创新型企业的股价通常反映了市场对未来超预期业绩的期待，投资者的期待通常是线性的，但未来收益的实现是非线性的。半导体集成电路、电力效率、网络价值（摩尔定律、库米定律、梅特卡夫定律）等基于创新型技术的企业价值以几何级数增长，股价已经反映了企业价值飞跃的可能性，所以估值似乎总是过高，换句话说，投资者对未来 10 年创新企业占据市场支配地位的期待已经反映在了股价上，这导致股价相对于资产或营业收入显得过高。

第三章 对"经济护城河企业"的投资

一方面业绩迅速改善,另一方面股价收益率持续超过市场表现,这使过去市盈率较高的股票现在仍然维持着高市盈率。

巴菲特喜欢拥有垄断市场能力的企业,然而在以数据为基础的信息技术产业中,垄断的性质完全不同。网络效应和基于数据的反馈效果(修正错误的部分,以获得更好的效果)是经济护城河的根源,所以信息技术企业不得不长期进行巨额投资。亚马逊的投资项目就是典型的例子。目前,亚马逊持续投入巨额资金来搭建配送服务物流系统,投资总额比八家零售企业的投资规模之和还要多,这也是行业后来者难以企及的(如图3.9所示)。

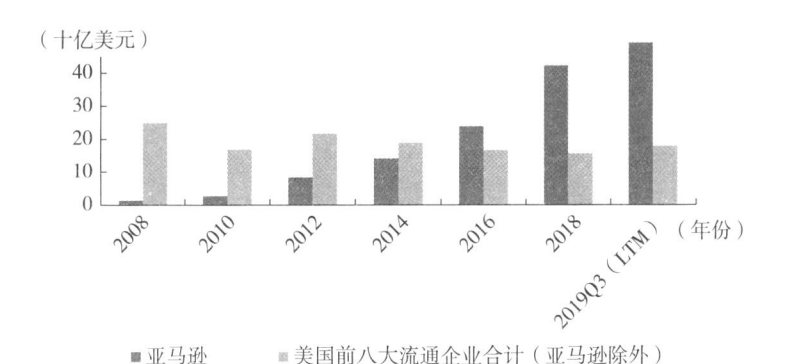

图3.9 亚马逊与美国流通企业的投资金额比较

资料来源:各公司、彭博社。

注:投资支出为各会计年度资本支出和研究开发支出之和;其他八大企业为沃尔玛、塔吉特百货、梅西百货、西尔斯、杰西潘尼、诺德斯特龙、百思买、科尔百货。LTM为过去12个月。

目前流通市场正迅速向线上转移,物流服务是流通市场的核心因素,得物流者得天下。随着物流行业的发展,"最后一公里"成为物流创新的必争之地。"最后一公里"是运营成本最高的环节,如果管理不善,物品损毁和丢失等问题可能会导致"最后一公里"给物流和流通企业带来巨大的成本压力。

在美国物流服务行业中,传统的联邦快递、UPS(联合包裹)快递等几家大型企业垄断各地区市场。亚马逊也是在与这些企业共生的过程中成长起来的。沃尔夫研究公司的调查结果显示,2018年亚马逊的物流服务中26%是自主处理的,其余使用的是美国邮政署、UPS快递和联邦快递等物流企业。

资金通常是问题所在。来自亚马逊的快递业务量增加对联邦快递盈利能力的影响反而是消极的,这是因为亚马逊强化自营配送网络最终会对其他物流企业构成威胁,最终导致二者分道扬镳。2019年6月,联邦快递公司终止与亚马逊公司的航空快递配送合同,也没有续签陆路快递配送合同。

包括正在进行大规模物流投资的亚马逊在内,大型物流服务企业的垄断结构将会进一步巩固。尤其是亚马逊的次日达服务,会提高消费者对快递配送速度的要求,这成为行业后来者难以逾越的"护城河",亚马逊的经济护城河将变得更加广而深。从长期来看,亚马逊对电子商务市场的影响力将继续扩大;但从短期来看,投资成本和物流成本会因此而增加,投资者总要度过一段煎熬的时光。

2014年年初,投资者对亚马逊持续投资表现出明显的不满,这一年是亚马逊成立20周年,2014年亚马逊投资了智能手机、内容和食品等新的业务领域,甚至花费9.7亿美元用于收购游戏直播平台Twitch.tv。亚马逊营业收入持续增长,但几乎没有实现利润和现金流,在华尔街投资者的愤怒声中,亚马逊股价跌幅超过20%,当时不得不容忍股价下跌的我也对此感到十分不满,尽管亚马逊净利润在2014年触底反弹后重新恢复,但仍然弥补不了股价下跌对投资者造成的损失。

巴菲特通过经济护城河投资获得了成功,但在创新投资方面,他错失了投资亚马逊等创新型企业的机会。失败乃成功之母,成功也是失败之父,长期通过投资经济护城河企业取得的成功经验反而成为巴

第三章 对"经济护城河企业"的投资

菲特创新投资失败的原因。

从象征价值投资的巴菲特和象征创新投资的马斯克之间展开的舌战，可以看出投资者和企业家之间的立场差异。相对于波动较大的科技股，巴菲特更喜欢利润可视性高的传统企业，比起眼前的利益，马斯克更希望改变世界。然而，如果特斯拉取得成功，仍意味着"护城河"的构筑，从本质上来看，他所追求的创新是利用替代传统内燃机的电动车，在生态系统中追求成本效率、高转换成本、规模经济和网络效应以及无形资产。正如巴菲特大量买入苹果公司股票并承认过去低估了亚马逊一样，如果特斯拉也拥有了经济护城河，可能会被巴菲特纳入投资的范围内。

从结论上看，巴菲特和马斯克似乎提出了不同的意见，但经济护城河这个目标是相同的，只是存在现在与未来的时间点差异而已，所以，巴菲特和马斯克的争论焦点应该是"传统企业能否维持经济护城河"，"特斯拉能否创造新的经济护城河"。从这一点上看，经济护城河的概念不仅适用于价值型股票投资，还适用于成长型股票投资。

经济护城河不仅代表着无法超越的竞争力，还包括品牌价值等无形资产、可使成本优势发挥作用的规模经济（供给层面）、可实现网络效应的规模经济（需求层面）、阻止新竞争者进入的监管规定以及专利壁垒等多种形式，我们无法用一个简单的词语来定义。随着时间的推移，经济护城河可能会被拓宽，也可能会变窄。

在前文中，作为完善创新投资的方法，我提到了经济护城河投资，实际上经济护城河投资本身正在构建独立的投资世界。在实际投资中，可以同时采用量化的方式，在全球股市中寻找具备经济护城河的企业进行投资。

第二篇

做好投资风险管理

寻找优良资产仅仅是一个开始，就像钓鱼一样，抢占一个好的钓点并不能保证钓到大鱼。大家都怀着钓到大鱼的梦从凌晨开始守候，但现实总是残酷的。随着时间的流逝，信心不断被打压，没有正确地判断水深，鱼丝可能被缠在海藻上，出乎意料的气温变化，天气条件恶劣等，总会有100个让我们备受煎熬的理由。全球投资亦是如此，我们期待着获取高额收益，但背后存在着诸多风险。

投资一旦开始，无论资产本身质量优劣，随着时间的推移，股价一定会发生变化，重要的是如何管理价格波动。所谓价格波动是指资产价格随着时间的推移而变化的程度，是投资的主要风险所在。有些投资者把意味着价格下跌的、不好的"波动"视为风险，因为对投资者来说，价格上涨才是有利的。但是，风险的定义可能会根据投资者的不同而有所不同，价格上涨也有可能成为风险。没有买入的股票或大盘上涨的情况对我来说是致命的，因为痛苦不仅有绝对的，还有相对的，如果我们没有买入的股票上涨，那么我们所管理的基金相对收益率就会下降；普通投资者也一样，如果我们并不看好的股票上涨，我们就会感到困窘。

那么，要如何管理风险呢？风险管理是指将期望收益控制在合适的水平并管理伴随的风险，需要考虑投资期望收益使风险管理更为困难。过分强调风险管理，可以达到规避风险的效果，但无法获得足够的收益，而要想获得收益，就要在一定程度上承受适当的风险。风险管理是一把"双刃剑"。

尽管我长期投资海外市场，但对我来说需要考虑期望收益的风险管理仍是最困难的。实际投资过程中，我在风险管理方面经历了很多失败，受到过指责，遭受过挫折。我一直努力改善风险管理能力，但依然任重道远。

下面我将介绍一些基于实际投资经验的有效风险管理方法。例如，管理多种股票仓位，分散投资和集中投资，股价暴跌后的应对方案，避开预测经济周期的应对方法，根据市场环境来调整股票投资比例等。我相信，如果投资者能够根据自己的情况进行适当调整并加以运用，将大有裨益。

第四章

买入还是卖出

普通投资头寸管理

　　这一部分的主要内容是股票价格波动和风险管理。每只股票特有的风险是不可避免的，集中投资几只股票时，如果运气好，持有的股票上涨，则可以获得远超市场的收益。然而，并不是所有的股票都会持续上涨，现实是持有的股票经常背离我们的预期发生暴跌。我们以为的短期股价调整有可能变为持续下跌，盈利也可能随之变为亏损。降低个别股票投资风险的方法是分散投资于多只股票（可以通过分散投资来降低个别股票风险中的可分散风险），但随着分散投资的增加，需要管理的股票数量也会增加。通过海外市场进行分散投资时，股票分析相对比较困难，汇率波动等意想不到的复杂因素也会增多，这时投资指数基金或 ETF 可能是更好的选择。那么，在投资海外市场时，应如何管理个别股票以及如何确定分散投资的程度呢？

　　在不同的市场环境中投资多只股票，需要采取不同的应对策略。有时需要静观其变，有时需要果断抛售，有时需要加仓，根据情况或大胆或保守地调整仓位。

　　我相信长期的股价波动意味着基本面可能会发生变化，因此，调整仓位的本质是判断企业基本面是否发生了重大的变化（不是单纯的会计数据，而是价值创造能力相关指标）。在基本面变化过程中，相对于单纯的会计指标，我更倾向于使用基于现金流的价值创造相关指标，这是因为单纯的会计数据会受到各国不同会计标准和管理人员个人判断等方面的影响，可比性较低，而现金流指标在发达国家市场表现出很高的准确率。决定投资头寸时除了基本面变化以外，我还会参考价格动量这一核心指标。

价格动量指标在除日本之外的发达国家显示出了较高的胜率。从发达国家的股票情况看，过去12个月中价格上涨的股票在未来很有可能会继续上涨，这意味着价格动量发挥了积极作用，对冲基金AQR资本的资料详细说明了这一逻辑，很多全球量化模型也采用了这一逻辑，当然我也把这个指标加入了我的模型中。

值得注意的是，价格动量在新兴国家几乎没有效果，价值投资的胜率反而更高。例如，在中国A股市场中，过去1个月、3个月或6个月内股价跌幅较高的股票中，基本面良好（营业利润、ROE等）的股票收益率要高于12个月价格动量较高的股票。[1] 这是因为在中国等新兴国家市场中，个人投资者的比重高，机构及外国投资者的比重低，并且短期的换手率更高，投机属性比长期投资属性更为显著，因此，买入股价低迷的股票是明智之举。韩国的券商对新兴国家股票的投资意见中，大部分都把焦点放在了企业过去的成长逻辑上，这很可能是因为没有正确理解新兴国家股票市场，更重要的考量因素在于估值是否过低。在判断估值是否过低时，不能只依赖于市盈率指标，只有使用多个估值指标，才能降低误判的概率。

综合投资头寸调整取决于股票的重大基本面变化和价格动量。如果基本面不断改善，股价也在上涨，就没有理由改变仓位。即便企业存在估值压力，只要基本面和价格动量维持，股价就会在一段时间内保持上涨。另外，根据投资对象是创新型企业还是经济护城河企业进行投资，其收益也存在差异。

如果投资创新型企业

假设我们已经找到了足以改变世界的创新型企业。创新型企业的股价通常与基本面背离，二者的移动方向存在差异，尤其与现金流相关的基本面指标和股价差距非常大。创新型企业通常投入大量资金用于研究开发，导致创造现金流的能力下降，从基本面的角度来看可能比较脆弱，然而尽管估值过高，股价却可能会暴涨。如果我们严格遵守现金流指标，那么很有可能错过奈飞、亚马逊等创新型企业。

在决定创新型企业的投资头寸时，核心指标是创新型企业的核心产品或服务的营业收入是否持续呈现出创新曲线。如图4.1所示，过去营业收入以几何级数增长的许多商品和服务案例（如空调、洗衣机、熨斗、吹风机、微波炉、电动牙刷、摄像机、激光唱片、手机、家用电脑、收音机、彩电、盒式磁带录像机等）显示，营业收入大都呈现出创新曲线。最近，创新曲线的倾斜度增加，这意味着新技术渗透所需时间正在迅速缩短，有线电话渗透率增加到40%用了40年的时间，而个人电脑和智能手机分别用了15年和8年的时间。目前，作为新技术备受关注的电动汽车、5G（第五代移动通信技术）的渗透率仅为一位数，现在才刚刚开始。创新曲线轮廓初现，渗透率接近20%（成长型企业价值剧增的临界点）的代表性行业是车辆共享行业。在美国，优步和来福车的渗透率正在上升，同时运费和转换率逐渐改善。根据高德纳公司发布的2019年新兴技术报告，5G、人工智能、无人驾驶等产品的市场增速非常快。作为投资者，最重要的是关注这些技术是否会呈现出创新曲线。

有的企业被称作创新型企业，但在其营业收入增长中并没有观察到创新曲线，2016年3月分析的特斯拉Model 3的销售情况就是如此。当时几家外国券商在预测特斯拉目标股价和营业收入时，使用了

全球创新投资

Model 3 销量将在近期以几何级数的速度增加的假设，但生产出现差池等原因导致其营业收入增长中并没有呈现出创新曲线，这与 Model S 有着很大的差异。尽管具备创新性，在营业收入增长没有呈现出创新曲线的情况下，投资者就没有必要买入特斯拉的股票。

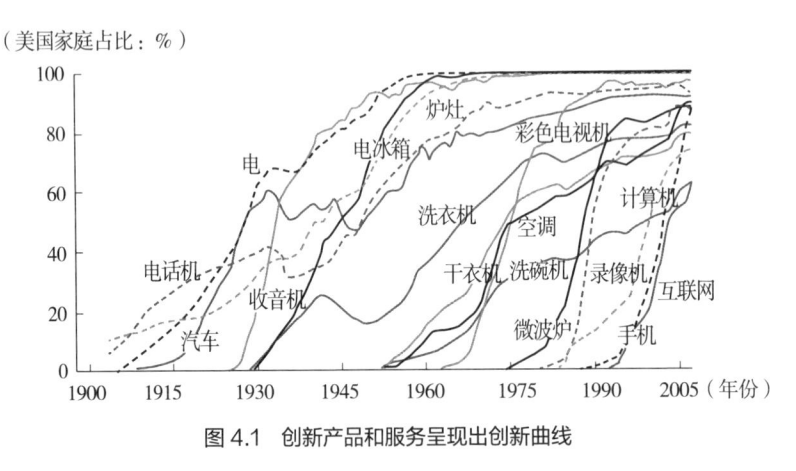

图 4.1 创新产品和服务呈现出创新曲线

资料来源：Nicholas Felton, *The New York Times, Harvard Business Review*, The Pace of Technology Adoption Is Speeding Up by Rita Gunther McGrath, November 25, 2013 UPDATED September 25, 2019。

如果核心产品和服务符合创新曲线，即使股价已经上涨，乘胜追击的胜率也会很高，这是因为仍然存在继续上涨的动力。一般来说，人们的期待是线性的，即直线，而创新型企业的实际营业收入呈几何级数增长，即曲线。一家真正的创新型企业，营业收入以几何级数增长，投资者的线性期待将随着营业收入的增加而上调，期待值增加体现为股价上涨。投资者一般较为保守且疑虑较多，而股价充分反映基本面的变化需要一定的时间。因此，如果产品和服务开始呈现出创新曲线，我会选择跟随趋势增加仓位。

阿玛拉定律是美国科学家罗伊·阿玛拉在解释技术革命时经常使

用的概念。他认为，"我们总是会高估（新）技术所带来的短期效益，却低估长期影响。"也就是说，科技发展在初期阶段的进展非常缓慢，但人们容易犯下过早展开想象的错误，当科技发展的效果真正显现出来时，又无法予以客观的评估。这是技术进步与人们的期望值不同步的现象。

股票市场也可以用阿玛拉定律来说明。科技革命往往会导致泡沫的产生，因为市场期望过于超前，如果泡沫破裂，投资者反而会批判地看待科技革命，在技术取得进展的过程中投资者的反应也是如此。目前还没有出现像电脑、网络一样改变世界的工具，但电动车、无人驾驶、人工智能等改变我们未来生活的技术正在逐渐兴起，一切只是时间的问题。

当科技的发展开始发挥影响力时，投资者会迅速接受，好像是"已经普及的技术"一样，因为科技已经不是新出现的事物。股票市场中，科技革命在初期阶段通常会出现"非理性繁荣"（高估值），在后期会因"熟悉"（低估值）而被广泛接受。

苹果公司营业收入持续超过预期，股价也持续上涨，但业绩未能超过预期导致股价上升弹性有所减弱，尽管创新曲线的上升趋势减弱，但并不影响股价的上涨，投资者对企业的信心如故。然而这正是减少创新型企业仓位的时机，因为作为创业企业的投资逻辑到达巅峰后必然会开始受到质疑，就像派对气氛达到高潮时，破坏气氛的不速之客一定会从意想不到的地方出现。

有时企业的基本面和股价差距过大，以致难以进行风险管理，比如生物技术企业在临床研究发表、学术会议发表等重要事件出现时，企业价值通常出现剧烈波动，企业价值中的期权价值过高，如果临床实验失败，中小型生物技术股价格就会急剧下跌。例如，2017年8月，一家名为Otonomy的美国中小型生物技术公司单日股价直线下跌

83%，这是其核心治疗药物临床三期实验失败导致的。我们无法预先知道临床实验结果，也无法准确预测营业收入，就连专家的预测通常也会出现很严重的偏差。[2] 医药板块分析师通常被认为是专家，然而麦肯锡分析结果显示，他们预测的销售峰值比实际值最高高出40%，最低低出60%，而预测中小型制药公司的销售峰值时，通常会比实际值高出30%左右，其营业收入是难以准确预测的。因此，在投资生物技术企业时，最好的策略是在熟悉企业的业务内容或建立较小仓位的同时分散投资，ETF也是一个不错的选择，否则，某天早晨醒来查看持有股票的价格时，可要提前做好心理准备。当然，持有的股票某天也可能上涨95%，我们可以以轻松的心情开始新的一天，比如完成针对普通患者的癌症基因检测技术商用化的第一家企业 Foundation Medicine，2015年1月在罗氏集团股权投资的消息传出后价格暴涨。因此做出选择是投资者需要承担的责任。

创新型企业投资可以带来高额收益，但抱着永远持有或长期持有的想法来看待企业就会非常危险。如果有人向你介绍一家创新型企业，拥有未来庞大的市场规模，今后10年股价可以上涨100倍，并建议你买入这家企业的股票，那么你一定要小心。他的意见的确可能成为现实，但前路并非坦途，就像美国IT研究机构高德纳公司提出的技术成熟度曲线一样，在对创新型企业的期待达到顶点后，可能会出现对于残酷现实的认知、陡峭的断崖以及幻想的破灭。创新型企业的业绩可能低于预期，投资者应该随时做好抛售的准备。创新型企业的基本面很脆弱，股票价格承压较大，当业绩低于预期时，股价就会突然看起来过于昂贵；当市场上开始出现抛售的趋势时，股价下行周期可能会比我们预想中更加痛苦和漫长。

如果投资经济护城河企业

相反，具有经济护城河的企业更适合买入后持有的策略。从历史上看，基本面良好的企业未来也很有可能继续维持良好的基本面，这样的企业拥有卓越的经营业绩，可以充分对抗业绩向行业平均水平的回归。即便预测到业绩增速趋缓，实际数值会比预期放缓速度要更慢，如果业绩高于预期，对未来的期望值将会提高，估值承压通常较小，当然令投资者兴奋的上涨 100 倍的故事从一开始就不存在。

最重要的是，经济护城河企业的基本面和股价的差距较小，这意味着准确跟踪基本面的变化，可以更准确地预测未来股价。如果基本面良好，则可以维持仓位，因为良好的基本面持续下去的可能性会更高，股价也能很好地反映基本面的变化，因此，尽管收益率不高，但投资时可以更安心。在市场环境不确定性加剧的情况下，这些股票可以发挥更充分的价值。

分散投资和集中投资

如果对优质股票进行投资，集中投资单一股票的收益率最高。仅投资亚马逊的收益率是基金和 ETF 无法超越的，然而考虑到可能发生意想不到的危险，就需要分散投资多只股票来降低风险。设计股票组合的方法很多，最简单的方法是预先设定各股票的最高仓位。对于没有时间专门进行投资的投资者来说，最好是进行分散投资，ETF 也是优秀的替代品；如果对投资有信心，可以利用凯利公式等进行集中投资，既可以机械地进行配置，也可以根据个人判断进行调整，减少持有的股票种类，同时交易和研究成本也会相应降低。

熟悉分散投资用语的投资者对集中投资一词持否定态度，巴菲特曾向业余投资者推荐分散且费用低廉的指数基金，但巴菲特也认为分散投资是不合理的。也就是说，在存在最优选项的情况下，对选出的前 20 只股票全部进行投资的行为本身就是疯狂的。[3] 选择了有望上涨的股票后，过于分散的投资会削弱选股带来的积极效果，过度分散反而意味着对所选的股票没有信心。

那么，组合中加入多少只股票最为高效呢？著名的价值投资人和对冲基金管理人塞斯·卡拉曼在其著作《安全边际》中提出以下观点：

"如果谨慎地进行分散投资，就可以缓和异常事件产生的负面影响。即使持有的股票数量不多，也可以把这种危险降低到适当的水平，大概 10~15 只股票就足够了。"

巴菲特的老师本杰明·格雷厄姆也反对过度的分散投资。他在著作《聪明的投资者》中，提出了至少 10 只股票、至多 30 只股票的意见。我的实际经验也是如此，我负责管理的基金分散投资于 20~30 只股票。

投资者应在通过集中投资实现收益率最大化和通过分散投资实现风险最小化之间寻找平衡。作为投资于全球市场的韩国投资者，我认为分散投资于股价相关关系较低的中国和美国市场就是一个方法。就中国投资者而言，从长远角度看，可以通过美国等全球市场投资来降低集中投资中国市场的风险，同时改善收益率，最重要的是选择价格能够上涨的股票。如果在集中投资的组合中几只股票同时下跌，那天的清晨一定是非常令人疲惫的，投资组合的收益率非常低，所有情况瞬间恶化。2019 年 9 月中旬的一个早晨就是如此。当时，WeWork 上市失败等导致投资者对成长型股票的认知开始转向消极，基金中集中投资的美国医疗健康企业（Exact Sciences 和 Catalent）的股价开始下跌，企业营业收入增速高，具备相关领域竞争力，长期的营业收入增长前景好，但问题在于目前还没有创造出足够的利润；同一时期，中小型云企业也因估值过高而遭到投资者的抛售，集中投资成长型股票的组合收益率短期内急剧下跌。直到 2019 年年底，很多基金经理都因业绩不佳而备受煎熬。对于主动型基金来说，选择股票比任何金融理论都重要，我在痛苦之中再次体会到了这一点。

寻找投资标的时，在合适的时机以合适的价格建立合适的仓位，这就是成功的投资。但是，投资者如果感到有些不安，那还是先减少持仓为好。作为在美国等全球市场投资的投资者，比起焦虑得无法入睡，睡个好觉更重要。

股价暴跌后怎么办

亚洲证券市场在白天进行交易，所以很容易查看价格并采取相应的措施，但因为亚洲与欧美存在时差，美国和欧洲证券市场的交易时间大都是在亚洲投资者入睡的晚上或凌晨。投资者进入梦乡之后，股价暴涨没有任何问题，但暴跌的话就要另当别论了，通常我们觉察到异常的时候股价已经发生暴跌，尤其是基本面发生重大消极的变化时，价格下跌仅在一瞬间，即使我们盯着显示器不断下达交易指令，也为时已晚。

海外投资中风险管理的关键在于股价暴跌后如何抉择，我通常会根据基于经验计算出的概率来应对这种价格下跌的趋势。这里所说的概率是指通过调查过去股价暴跌的情况来分析未来股价走势。以过去股价暴跌的企业价格趋势为样本，找出在事件发生后 1 个月、3 个月、6 个月后胜率较高的交易原则，并基于此做出投资决定。我在投资海外市场的时候也经历过多次股票暴跌，主要采用上述原则对单只股票进行风险管理。虽然我不断地通过实战对我的原则进行修正和完善，但危险管理的胜率还没有高到可以炫耀的程度，只是在尽量减少失误方面发挥了一定的作用。

在决定调整仓位时，需要同时考虑：导致股价暴跌的事件种类、事件发生前的价格动量、事件发生前的估值、基本面等数据。如果业绩发布后股价暴跌，但暴跌之前的价格动量较弱，价值也被低估，那么这反而很有可能是买入的信号；如果不是因为发布业绩——也就是并非重大事件引起了股价下跌，那么在概率上买入的信号更加强烈。

让我们再考虑一下其他情况。业绩发布后股价暴跌，在暴跌之前，价格动量很强，因此存在一定的估值压力，但企业基本面良好，这就是专业投资者通常所说的 GARP（以合理价格增长），很多创新型企业都属于这种类型。根据我的原则，这种情况下的股价暴跌很有可能是抛售的信号；如果业绩发布导致股价暴跌，那么最好选择减仓。当然，很多情况下，股价暂时调整后重新恢复上升趋势时，才发现减仓是错误决定，但这样做可以有效减少所持股票价格进一步下行的风险。

预先掌握持续上行的主力股或 GARP 企业在股价暴跌前的抛售时点是很困难的。如果以估值过高为由提前抛售，收益率可能会低于预期，因为很有可能无法充分享受到主力股的股价上涨带来的收益，主力股上涨持续的时间通常比较长。我仅列举了股价暴跌的情况，股价暴涨的情况也是同理。

第五章

加仓还是减仓

是价格调整还是熊市的开始

"只有退潮后,才知道谁在裸泳。"

这是巴菲特的名言。市场流动性降低,投资者的真实情况会暴露无遗。行情好的时候,投资者获得高额收益的原因既有可能是自己做出了正确的投资决策,也有可能仅仅是因为股市行情好,是哪一种都没有关系;一旦市场发生变化,投资者就会惊慌失措,然而事情已经发生了,事后追悔莫及,后悔之后一般会有所领悟,随着时间的流逝又会忘却。所以,我们有必要事先考虑市场环境剧变和投资成果恶化来进行风险管理。历史总是重演,只是韵律不同。金融史上发生的事情总是类似的,意想不到的股价暴跌和熊市都是有可能发生的,要考虑何时以及如何脱身。

这一部分的主要内容是关于加仓和减仓的决策问题。股市下跌时,最好的风险管理方法就是"不投资股票",然而现实并非如此简单。在牛市中,始料未及的股价暴跌通常会在短时间内结束,然后市场会再次反弹,因此,从长期视角回过头来看,大部分时间都可以看作好的入场时机。考虑到股市可能会持续上涨,如果在错误的时间离开股市,短期内我们会感到内心舒适,但长时间过后,我们很可能成为资产管理的失败者,只能羡慕他人。美国央行总裁也认为预先判断资产泡沫是极其困难的。

在2002年的杰克逊·霍尔会议上,时任美联储主席艾伦·格林斯潘就资产泡沫发表意见。格林斯潘的发言中以下内容引起了人们的关注。

泡沫在破裂并确认其存在之前都是难以识别的，更何况，即使在初期探测到了泡沫，如果没有采取诸如中央银行货币政策这类可以使经济活动严重萎缩的对策，也很难事先阻止泡沫给经济带来的影响。

如果经济恢复持续时间较长，人们会合理地承受更多的风险，很难将这样的行为称作货币政策转为紧缩。实际上，从过去 15 年的经验来看，货币紧缩导致股市下跌，但如果经济活动没有衰退，那么紧缩之后股市将再次上涨。

例如，在 1989 年 2 月前 12 个月的时间里，联邦基准利率上调 300 个基点，但此后股市上涨；1994 年 2 月以后，美联储宣布加息 300 个基点后，起初股市停滞不前，但紧缩结束后再次呈现上涨趋势；1999 年中期到 2000 年 5 月，联邦基金利率上调 150 个基点，但其间股市几乎没有受到影响。从这些数据来看，如果不采取使经济活动严重萎缩的大幅度利率上调政策，则很难控制初期产生的泡沫。认为通过适当的紧缩可以预防 20 世纪 90 年代末泡沫的想法不过是幻想而已。

格林斯潘认为，如果不能容忍经济活动的严重萎缩，是难以预先阻止泡沫或限制泡沫规模的。全球央行是否会为预先调控股市泡沫而实施上调利率、减少货币供应等紧缩性货币政策呢？就像格林斯潘所说的那样，先发制人的紧缩政策并不容易，这是我事后才知道的。

从牛市步入熊市

牛市的定义是以市场指数为标准，较近期最低点上行幅度超过 20% 的情况，而熊市则是指较近期最高点下行幅度超过 20% 的情况。标普 500 指数与 2011 年最高点相比下跌了 19.4%，2018 年第四季度下跌 19.8%，但 2019 年年底美国股市仍保持着自 1877 年以来最长的

第五章　加仓还是减仓

牛市。人们对于牛市的结束当然会产生警戒心理，牛市的尽头有熊市在等待着我们。对投资者来说，平衡欲望和恐惧极为重要。金融史上的熊市开始之前，一定会出现过热现象，而从经济过热转为熊市的模式来看，各国的情况又各不相同，这也是难以判断熊市的原因。熊市主要开始于紧缩、经济停滞、信用危机、龙头股暴跌等因素，例如，1873年恐慌起因于为恢复金本位而制定的1873年铸币法案；1907年恐慌始于投资者操纵股票行动失败后，在为该投资者提供贷款的银行发生存款人集中大量提取存款的挤提行为，随着恐慌的蔓延，最终大型信托公司破产。

《巴伦周刊》在名为"牛市如何终结"的专栏中提到了三个主要变数。

第一，美联储的失误。不仅是普通投资者，美联储也会出现失误。在过度快速上调利率或缩减资产规模以至于对经济造成负担的过程中，意想不到的突发变量可能导致世界经济陷入低迷，最具代表性的失误就是1937年的美国经济衰退。当时美联储对于摆脱大萧条并开始恢复经济充满信心，迅速上调利率，从而引发二次衰退，美国经济再次陷入大萧条。20世纪80年代末期，日本央行过于相信日本经济，采取了强有力的紧缩政策，泡沫破灭后，日本经济陷入了"失去的岁月"深渊。2006年日本量化宽松政策转向正常化，导致日本经济复苏的火种迅速被扑灭而受到诟病。

第二，信用危机。海曼·明斯基从信用周期的角度解释经济周期。经济主体满怀信心地进行过度的信用扩张，然而情况在某一个瞬间开始恶化，债务人偿债能力降低，最终可能不得不出售优质资产，进而引发资产价值暴跌，即金融危机开始，危机开始的临界点就叫作明斯基时刻。中国人民银行前行长周小川曾警告说，中国可能陷入明斯基时刻。但信用危机并不单纯是因为债务增加而爆发，应该把债务代入

169

分子，把资产或收入代入分母，来进行比较分析。目前中国爆发信用危机的可能性较低，因为作为分母的资产和收入的增长速度仍然很快。

第三，政治或地缘政治危险。就像过去标准石油公司和微软一样，对垄断性平台企业监管力度加强的可能性越来越高，对FANGs的监管力度加强不太可能会导致牛市结束，而中美贸易纠纷加剧则更有可能。

熊市历史的启示

从"二战"后超过10%的股价调整周期来看，可以分为短期调整和股价下跌20%以上的熊市。就短期调整来说，调整周期平均为4个月，股价平均下跌幅度为13%，恢复到前一高位所需时间平均为4个月，恢复速度比较快。在牛市中，股价下跌多为短期调整，没有必要采取措施应对这种价格调整。虽然价格下跌让我们感到痛苦，但目前能采取的最好措施是再忍一忍、等一等。

熊市则截然不同。股价跌幅超过20%的熊市分为周期性熊市和结构性熊市。周期性熊市中，股价在13个月内平均跌幅为30%，恢复到前一高位需要22个月的时间。[1] 最恶劣的结构性熊市则是由资产泡沫或金融危机等引发的，股价平均跌幅为50%，恢复到前一高位则需要10年的时间。[2] 1929—1933年的熊市中，标普500股价跌幅约为88%，是最为严重和糟糕的时期。忍受熊市的过程十分痛苦，迅速减仓才是明智之举。

区分周期性熊市和结构性熊市的标准之一就是股市对第一次降息的反应。周期性熊市通常在第一次降息后的3~6个月内结束。在进入周期性熊市前，我们观察到历史上出现了强劲的经济增长和利率上升趋势。利率上升等方面的压力导致弱势行情开始出现，但在第一次降息后，投资心理和企业利润很快恢复，股市也对这类消息反应敏感，熊市随之结束。

相反，在结构性熊市中，第一次下调利率后，通常股价的恢复周期不会超过12个月。结构性熊市开始的根本原因在于严重的不均衡，降息并不能解决问题，只有打破不均衡，熊市才会结束。历史不均衡的原因是对新时代的盲目相信、过度的泡沫、史无前例的经济繁荣和由此引发的泡沫、过度投资以及过度的负债等。只有找到解决这种不均衡问题的方法，才能结束弱势行情。

2018年下半年美国股市下跌也和历史相似，前三次经济衰退前一年内出现的长期和短期国债收益率倒挂现象于2019年年初再次出现。2018年下半年，股市出现震荡，2019年收益率倒挂，投资者提出了经济衰退的可能性，当然，长期利率和短期利率倒挂本身不会导致经济衰退。为防止经济过热而上调的基准利率会使短期债券收益率上升，但对增长速度趋缓可能性的担忧却使长期债券收益率下降，因此出现了国债收益率曲线倒挂现象。但是，美联储比以往更快地采取措施来应对这一现象，放弃加息，并于2019年进行了三次降息，2019年市场重新回归稳定的局面，股市也在持续反弹。

股市出现弱势行情信号时，我们通过降低资本在股市的暴露程度来进行风险管理，在预测是否进入弱势市场时，可以综合观察过去进入熊市时提前或同时恶化的金融指标来加以判断。比如，高盛将失业率、席勒市盈率、ISM（美国供应管理协会）制造业指数、收益率曲线、核心通胀率等指标综合起来，作为观察进入熊市的信号。

如果多个指标同时恶化，则进入熊市的概率增加，据此减少股票比重的方法非常有效。综合预测准确率高的指标，投资者可以轻松地做出判断，而且准确率也会高于经济专家。

不要对赌经济危机

投资周期长，受到经济周期的影响是无法避免的——经济繁荣和萧条将影响投资收益率，问题在于普通投资者很难预先准确地掌握经济周期。只有少数的投资者从经济周期循环中获利，比如全球宏观对冲基金根据对全球宏观经济状况进行精确分析后得出结果，通过投资股票、债券、外汇等多种资产来创造收益。下文我将分享自己的两个基于全球经济变化的投资经历，一个是2011年南欧债务危机中的黄金投资，另一个是2013年日元疲软导致的日本股价上涨。

2011年南欧债务危机

2011年8月，全球股市暴跌。股市下跌的起因在于美国国家信用等级下降和政府关门，此后，南欧债务危机席卷全球股市。以2010年4月希腊主权债务危机为始，逐渐扩散至爱尔兰和葡萄牙，随着2011年6月希腊再次申请国际救助，对债务违约的担忧进一步加剧，南欧国家的贷款利率已经上升到难以承受的程度。2012年，南欧危机余震继续，希腊在5月议会选举后退出欧元区的可能性增加，意大利和西班牙信用等级下降，法国金融机构信用等级下降。随着危机的蔓延，出现了以5个引发财政危机的国家英文首字母命名的新词PIIGS（葡萄牙、爱尔兰、意大利、希腊、西班牙）。

自从我开始管理环球基金以来，我对欧洲的投资比重从未超过基准指数。欧元区由多个国家组成,各国的政治、经济利害关系非常复杂，即使有所了解也很难将其与投资头寸联系起来,而且企业信息难以获得。我最不愿向欧元区投资的原因在于,每次谈到南欧脆弱基本面时都会提及欧元崩溃可能性。在全球投资中,最重要的就是投资货币的稳定性,而且相对于股票或债券的收益率,货币产生的收益率在业绩中占比更高。

2011 年下半年,我十分幸运。在得知希腊于 2011 年 6 月再次申请国际救助的消息后,我判断南欧债务危机很可能进一步扩散,需要为仅允许做多不允许做空的股票型基金找到可以对冲尾部风险的资产,然而,我未能找到合适的南欧国家相关的空头头寸,所以决定卖出流动性较低的股票,并买入了黄金 ETF、白银 ETF 和新兴市场三倍做空 ETF。此后,美国信用等级被意外下调,投资者不安的心理极度恶化,股市暴跌,而我幸运地被黄金 ETF 拯救了。

在全球经济和股市发生震荡时,投资黄金是最佳的避险手段。2008 年全球金融危机爆发以后,美联储对信用萎缩的恐惧感达到极点,甚至试图全力阻止资产贬值,美联储主席本·伯南克提出直升机撒钱理论,他也因此获得了"直升机本"的绰号。一些投资者认为投放大量美元会导致通货膨胀,他们找到了可以保值的黄金,甚至有预测认为黄金储备较低的亚洲央行也将持续增加黄金储备,这使黄金价格一直居高不下。

然而,使原本冲向每盎司 2 000 美元的黄金市场停止上涨的不是基本面的变化,而是投机性仓位的减少。随着黄金价格持续上涨,美国芝加哥商品交易所于 2011 年 8 月提高了黄金期货保证金,黄金价格一路高歌至 2011 年 9 月,此后再也没有恢复到从前的高位(如图 5.1 所示)。投资者的认知在一瞬间发生了变化,黄金成为卖空的对象,我也不得不赶紧从黄金投资中抽身。2011 年 8 月的狂欢转瞬即逝,找不到能够对冲不确定性经济形势的资产,2011 年下半年我陷入了迷茫,留给我的只有后悔，倒还不如关注并买入下跌幅度较大的股票。我深深体会到全球宏观对冲需要迅速的操作。

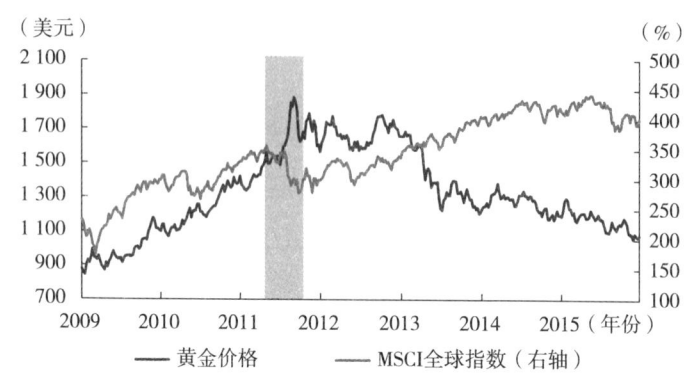

图 5.1　2011 年南欧债务危机前后的黄金价格

资料来源：彭博社。

2013 年日元贬值和日经指数上升

我对日本的成见导致我错过了 2013 年日经上涨的良机。2012 年 12 月，安倍内阁正式上台，随即发射了三支"箭"——大胆的金融政策、灵活的财政政策和结构性改革。日本一直因"失去的 20 年"而饱受慢性无力症的折磨，这时却发生了戏剧性的变化，日元和股市迅速改变了方向。但此时的我已经在日本资本市场经历过多次失败，所以对日本投资十分消极。在我看来，如果在没有上涨动力的市场中买入股票，则很有可能会被套牢，我以为这次也会和以前一样。

从全球投资者的角度来看日本资产，最先想到的就是汽车行业的丰田、精密机械行业的发那科和安川电机等代表性出口型企业。日本出口型企业的股价对日元的走向非常敏感，在全球经济不确定性扩大时，出乎意料的日元走向导致出口企业的股价暴跌。我在 2011 年和

2012年曾投资日本出口型企业和精密机械企业，但日元走向反复无常导致我经历了多次失败，所以在2013年，我倾向于避开投资日本市场。然而，日元持续疲软，但随着日本政府养老投资基金（GPIF）资金的流入，日本股市不断上涨，没有买入足够日本资产的我在相当长一段时间内后悔不已，我为个人的判断误差付出了超乎想象的代价。

尽管人口老龄化给日本带来诸多问题，但有一点仍然不可忽视——日本在全球资产市场依然占据主导地位。20世纪80年代资本账户自由化以后，日本投资者购买了美国洛克菲勒中心和圆石滩高尔夫球场等大量的资产，20世纪90年代日本资本又流向了美国科技企业，尽管结果不尽如人意，但日本的海外投资持续增加，人们甚至不惜贷款来购买海外资产进行投资。在人口老龄化的过程中，银行储蓄增加，贷款需求并不多，所以日本银行难以盈利。日本银行为了确保盈利，只得大量购买收益率高的陌生的海外证券。日本已经成为全球最大债权国之一，持有的海外净资产总额达3万亿美元，相当于GDP的60%。随着担心晚年生活的日本农民和渔夫将存款用于购置美国和欧洲资产，日本的低利率也出口到了全世界。

在被称作安倍经济学的一系列经济政策实施后，日本企业在这七年间创造利润的能力得到了改善，摆脱了长期低迷的状态。2019年日本上市企业的净资产收益率ROE超过10%，ROE的提高意味着日本企业的资本使用效率提高。日本财务省的企业统计结果显示，从2012年开始，大型企业、中型企业和中小型企业的营业收入都呈现恢复趋势，业绩也得到了最大幅度的改善。

日本企业摆脱了聚焦于营业收入和市场占有率的传统经营战略，将目光转向了企业的盈利能力。以改善收益为目标，索尼等日本企业将重点放到主营业务、出售或拆分低收益业务等上面，采取了一系列结构调整措施，效果逐渐显现。松下在家电领域被韩国等亚洲企业超越后，不再固守电视机生产等传统业务，而是向汽车电池和能源系统等未来型产业发起挑战，汽车相关业务占比从2012年的13.7%增加到2018年的21.3%，同期电视生产业务从7.2%减少到4.2%。

在企业展开高强度结构调整期间，日本政府全力创造有利于企业经营活动的条件。日本首相安倍晋三自2012年年底就任以来，致力于消除过去束缚企业所谓的"六重苦"。"六重苦"是企业经营者提出的与外国相比对日本企业不利的六种情况，即日元升值、法人税负、贸易自由化迟滞、严格的劳动政策、减排压力和高电费等。

安倍晋三就任后，通过日本银行增加货币供给量，促使日元贬值，从而诱导日元汇率走低（如图5.2所示）；在降低法人税率的同时，通过TPP（跨太平洋经济伙伴关系协定），取得了同时与多个国家签署FTA（自由贸易协定）的效果；通过重新启动核电站来降低电费；劳动政策和环境监管政策也得到缓解。

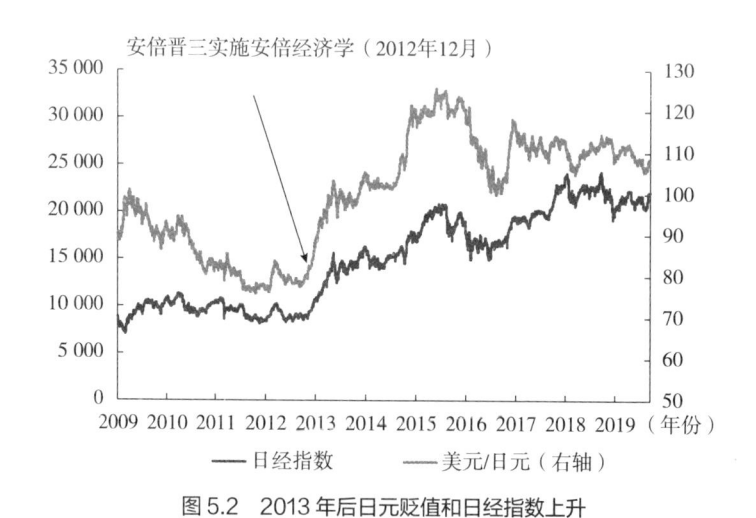

图5.2 2013年后日元贬值和日经指数上升

资料来源：彭博社。

作为投资经理，如果以固定观念和偏见看待日本的变化，那么只能接受错过投资机会的痛苦。有一位投资人对日本的态度比我还冷淡，他就是被誉为世界三大投资者之一的吉姆·罗杰斯。近几年，他预测道，日本经济将在2020年东京奥运会开始衰退，担心奥运会将进一步扩大日本的国债规模，据说，他以人口减少等为由，于2018年出售了所有与日本相关的资产。

成长型股票比经济周期投资更容易

面对全球经济周期，投资者可以做的主要有两件事：一是避开市场危机；二是在经济恢复时，大量买入周期性股票。这比使用概率来预测危机更加容易。

有很多人预测全球经济步入下行周期和结构性不均衡带来的危机，看起来像是通过上节目出名来赚钱一样简单，但实际上是否只有投资才能赚钱仍旧是个未知数。曾经通过对赌熊市取得成功的著名对冲投资经理也会怀疑是否只是自己的运气较好而已，经历了预测困难、做空等复杂的过程后积累了巨额财富，但为什么他们在股票上涨的时候表现得较差呢？

准确预测了2008年雷曼兄弟危机的大卫·艾因霍恩、在美国次贷危机中获得巨额财富的约翰·保尔森等著名对冲基金经理在2008年以后陷入困境，金融危机结束后股市行情好转，然而他们不但没有取得好成绩，反而损失惨重。曾经的超级大空头们在牛市中的表现大都输给了指数基金。

如果可以准确预测经济复苏周期，在股市中获利则易如反掌——买入周期性股票就可以了。这是因为经济从萧条期开始恢复时，企业业绩大幅扭转，投资者可以从股票中获得巨大收益，做多比做空更简单也更持久。

周期性股票顾名思义是利用经济循环来进行投资。让我们想象有一只长期年均增长率为 0 的周期性股票，该企业股价每隔 5 年或 10 年调整一次，价格重新回到原位。这样的企业能否成为投资对象呢？答案是肯定的，尽管每隔 5 年价格会回到原点，但如果能够充分利用周期的最低点和最高点，就可以获得意想不到的高收益。

周期性股票应该在周期的低点买入，高点卖出，问题主要在于几乎没有人能准确判断周期的最高点和最低点。

持有周期性股票意味着同时持有不确定性，但持有成长型股票只要确认股价趋势就足够了。

第一，这里的周期性股票与成长型股票存在投资差异，周期性股票的核心在于周期的循环往复，周期中存在最高点和最低点，通过深入分析可以无限接近最高点或最低点，投资者需要具备能先于其他投资者做出应对的速度和反应能力；而成长型股票的核心在于趋势，趋势被市场验证以后，仍有可能继续上升，此后买入股票也为时不晚。

第二，周期性股票受政府政策的影响更明显。经济复苏势头越明显，企业业绩越好，货币政策越紧缩。如果投资者确信经济会复苏，则企业业绩也会得到改善，政策制定者也会同样认识到这一点，那么货币紧缩的力度也会加强，市场前进的动力将由业绩转为货币政策。周期性股票中包含的投资不确定性通常用"高市盈率买入，低市盈率卖出"来概括。

基于经济指标的投资策略胜率并没有高于预期。我曾以经济指标为基础编制大宗商品投资量化模型，效果还不错，但问题在于换手率较高，交易过于频繁。为了掌握经济周期的位置，有时我会听取专家的意见，然而对宏观指标的解释因人而异，同一位专家的意见每次也都有所不同，所以偶尔会让人觉得他们是在开玩笑。如果对经济周期的预测是正确的，他们就会极力主张自己的意见；但如果是错误的，他们就会突然改变意见。

我没有信心预测经济周期，也不喜欢周期性股票。一方面，是周期性股票不适合长期投资，收益率仅在周期上行期间较高，如果上行的最后阶段陷入衰退并且企业业绩恶化，那么股价有可能瞬间崩溃，市场参与者认知的转换比想象中要快，股价下跌速度也快，投资者不得不时刻保持紧张转态。

我不喜欢周期性股票的另一方面，在于从基本面的角度来看，大部分企业的定价能力较弱，而且竞争产品间差异较小，这导致企业间的现金流水平参差不齐，变化难以预测；此外，资本利润率低，扣除税和资本成本后剩余的现金不多，只有在正确的时机买入这些股票才能获得超越市场的收益。

就买入周期性股票的时点来说，无论经济周期处于什么位置，股价都应低于基本面，若非如此，企业则应拥有一些具体的优势。比如金融危机爆发后，投资者买入美国陶氏化学公司和利安德巴塞尔工业公司等化学公司就是一个典型的例子。一般来说，化工企业是典型的周期性股票。美国从 2010 年开始页岩油和天然气革命，在采用水力压裂技术后，美国化工企业获得了巨大的成本优势。页岩气中含有乙烷，可用于生产乙烯，乙烯还可以使用从原油中提取的石脑油作为原料来生产，从页岩气中提取乙烯的制造成本不及石脑油的一半。在我看来，其全球性成本竞争优势比经济周期更为重要，所以我投资了美国化工企业。

新兴国家投资难点

普通投资者喜欢新兴国家的发展逻辑，但我对新兴国家的投资相当谨慎。如果持续了 10 年的发达国家超低利率时代结束，新兴国家市场将变得不稳定。实际上，新兴国家市场过去也经常出现不稳定因素。例如，美国上调利率的同时美元走强，新兴国家的美元债偿能力就会降低，土耳其、阿根廷、南非、巴西也出现过货币动荡。如果新兴国家货币的波动幅度扩大，投资者就要小心了。新兴国家的货币通常没有合适的外汇对冲工具，如果对美元汇率波动加剧，最好的对策就是减少与相应货币相关的投资头寸。意想不到的变量会影响货币走向，需要考虑的变量太多也会给投资者造成负担。亚洲投资者对南美新兴国家的投资更加谨慎，因为空间和心理上的距离都很远，而且当地发生的事件相关信息传播总是存在延迟，在信息方面没有优势，如果无法及时进行深入了解和剖析，投资胜率当然很低。

2019年8月12日，阿根廷比索兑美元汇率从45.3上升到53.0，这意味着比索对美元贬值14.5%。当天阿根廷MERVAL指数暴跌37.9%，这是因为前一天举行的初选结果显示，左派联合候选人阿尔韦托·费尔南德斯的得票率约为48%，大幅领先右派联合候选人前总统毛里西奥·马克里。距离大选仅剩九周的时间，初选结果支持率差距高达16%，这一差距很难缩小。（此后，阿根廷总统候选人费尔南德斯以48.1%的得票率获胜，于12月10日就任总统。）

投资者把费尔南德斯的当选看作左派庇隆主义（其主要内容可概括为，清除外国资本、产业国有化、扩大社会福利和通过提高工资增加劳动者收入等）的回归，担心马克里政权下实施的接受国际货币基金组织救济贷款等经济改革可能退步，这种担忧正在成为现实。

阿根廷前总统马克里是右派企业家，在阿根廷国民对经济复苏的热切期望下，他于2015年当选为总统。但马克里执政以后，经济增长率趋缓，物价上涨250%，货币贬值，实际工资减少10%，经济领域成果非常惨淡。2018年，阿根廷政府从国际货币基金组织获得了史上最大规模的救援贷款570亿美元。马克里政府以2019年消除财政赤字为目标,·实施了上调税率、削减政府支出和政府补助等措施,对此阿根廷国民提出强烈抗议,最终右派总统马克里未能解决财政危机,所以国民的选择倾向了左派。除阿根廷以外,哥伦比亚、智利和巴西等南美主要国家的政治不确定性在2019年下半年都有所加剧,不确定性的原因各不相同,但有趣的是都发生在同一时期。对投资者来说,最重要的是南美货币对美元的贬值。

对于亚洲投资者来说,有个国家地理位置比南美近得多,拥有巨大的内需市场,而且股市中存在许多具备全球竞争力的企业,这个国家就是印度。从宏观的角度来看,印度是原油进口国,通常受益于国际油价下跌,然而由于财政系统脆弱,在汇率波动加剧的情况下,会像南美一样令投资者不安。印度拥有巨大的增长潜力,但脆弱的金融体系阻碍了经济的发展。为了追赶中国经济快速增长的步伐,从2005年开始推进的大型基础设施建设项目成为困扰印度银行的不良资产,占据金融系统80%的大型国有银行草率地贷款给基础设施建设等大型项目,许多房地产项目通过影子银行进行融资,信用评级机构对信用度较低的企业给出了较高的等级。

印度的金融系统正受到不良负债的困扰,有10%或超过10%的贷款将无法收回。2018年9月,印度基础设施租赁和金融服务发生债务违约后,印度金融市场笼罩在恐怖的氛围中,部分影子银行遭遇融资压力,信用增速达到过去20年最低水平,许多基础设施建设项目被迫中断。

自2019年以来,印度央行将先后5次下调利率,政府向国有银行注入资金,并于9月下调公司税,全力支持经济增长,但由于金融系统较为脆弱,利率下调的影响难以传导至企业和消费者。

在关注到印度巨大的内需市场和ROE的印度企业家后,投资者很容易被印度的魅力征服。2007年大举推进基础设施建设项目,出现了很多因供给有限而无法满足需求的较为落后的事物，当时我在印度工作，切身感受到了印度巨大的成长潜力。但如果不了解印度脆弱的金融体系，以及影响印度经济发展的土地法、劳动法和破产法等法律体系，不了解低效的民营化问题，就很有可能在投资方面做出错误的判断。

最佳资产组合

我们不能因为无法预测经济周期而对其置之不理，因为经济周期会从许多方面影响股票投资收益率。在经济周期上行区间，股票等危险资产的收益率非常高；在经济周期下行区间，投资收益率就会下降。投资者尤其应该避开伴随经济下行周期而来的熊市。

在进行风险管理时，我会同时考虑收益和风险，从全球资产中寻找最佳投资资产组合。将目前全球最佳投资资产组合与自己的头寸进行比较，这样能相对容易地分析面临的风险。即通过比较最佳投资资产组合，很容易得知自己是否对某一资产下了过多的赌注。

为了构建最佳投资资产组合，使用投资于多种全球资产的交叉资产模式也是一个很好的选择。采用交叉资产模式基于分散投资各类资产、趋势跟踪和投资敏感性等概念，可以将收益率最大化。我通过模拟过去30年里的金融数据验证了这一投资策略的有效性，每周与全球市场进行比较来分析潜在风险。

寻找最佳投资组合的过程可以看作资产配置的过程，即决定如何将资金分配到股票或债券等多种资产中，确定了分配比例后，需要判断选择指数基金还是ETF等产品。通过资产配置，大卫·斯文森将耶鲁大学基金变成了世界上最优秀的基金。

第五章　加仓还是减仓

1991年，加里·布林森等人在《投资组合表现的决定因素》一文中指出，从长远来看，投资成果的决定性变量是资产配置。该项研究对美国91只大型退休金基金在1974—1983年10年间的业绩进行分析后，得出的结论是，91.5%的组合年收益率由资产配置决定，而选择股票和市场几乎对业绩没有贡献。这对主动型投资经理来说是一个令人苦恼的结论，尽管对这项研究存在很多争议和批评，但我还是无法否认资产配置的重要性。

分散投资各类资产是指向价格波动和趋势不同的资产投资，"不要把鸡蛋放在同一个篮子里"这一投资常识是分散投资的基础。通过在全球股市中上市的各类ETF，投资者可以选择的投资对象除了股票以外，还覆盖债券、大宗商品、房地产、反向ETF等多种资产，各类资产间的相关关系低于股票，将其他类型资产纳入投资组合中可以降低组合的波动，即降低价格波动带来的风险。

在资产配置方面，可以考虑使用趋势跟踪策略——尽可能多地配置上涨的资产。在投资中，多数人的选择不一定总是正确的，但他们的选择一定是有根据的。有趣的是，各地区的股票、债券、大宗商品、外汇等资产的趋势跟踪策略总是很有效，过去80年的数据佐证了这一点。[3] 如果没有捕捉到显著的趋势，单纯地跟随价格走向只会增加交易成本，在这种情况下，投资者应该扩大现金的比重，可以使用投资敏感度指标来辅助决策。

我曾将交叉资产模式应用到实际投资中，如图5.3所示。2015年年中期，人民币汇率波动幅度扩大，股市发生震荡；2016年3月末，股市调整即将结束之际，交叉资产模式发出了扩大股票比重的强烈信号。截至2016年春天，我们的观点是必需消费品、公用设施、医疗健康、优先股等防御性资产头寸和现金占比应为20%~30%。如果保守地应对市场变化，就会错失市场上涨的良机。2016年5月，市场对半导体和科技股的偏好程度进一步提高，现金比重在 7 月则有所减少；从 9 月开始，投资对象扩大到了新兴国家、互联网、云等概念股，市场偏好从 2017 年一直持续到现在。不仅是资产配置，我们还采纳了模式中大胆的选股建议，这些都对收益率的提高起到了积极的促进作用。

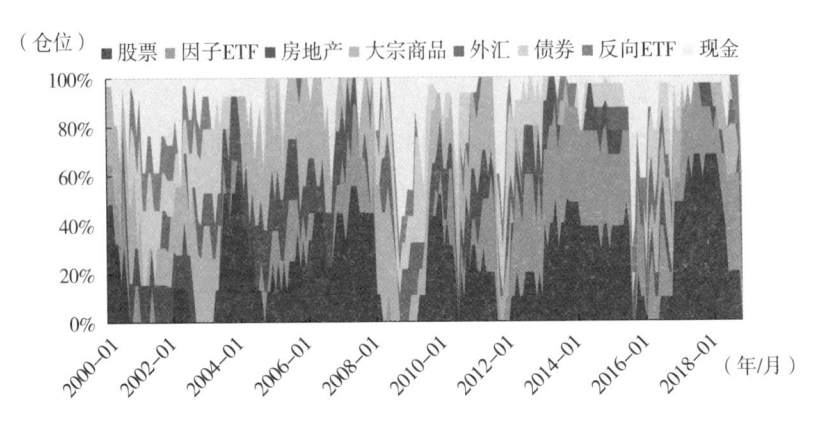

图 5.3　依据交叉资产模型进行资产配置

资料来源：未来资产环球投资公司环球投资部门、彭博社。

注：回测方法为 30 只指数 ETF；回测期间为 2000 年 2 月 1 日至 2018 年 11 月 30 日。

虽然人类不具备阿尔法狗每秒计算 10 万多种情况的计算能力，但可以通过比较在全球多种资产中观察到的收益/风险最佳组合和投资者自己的投资仓位来管理风险——股票比重多于收益/风险最佳组合时，可以适当降低股票的比重。

2008 年全球金融危机的创伤

2018 年上映的韩国电影《国家破产之日》重现了 1997 年 12 月 3

日亚洲金融危机期间,韩国向国际货币基金组织寻求救助,从而导致韩国失去经济主权的危急情况。这次金融危机并不局限于想要公开真相阻止危机的人、忙于隐藏危机的人和想趁火打劫的人的故事,还导致大规模结构调整和合同工的增加,彻底改变了韩国社会。

戏剧性的金融环境变化会给很多人留下创伤,投资者也不例外。亲身体验只在书中或电影中出现的故事绝不是一件令人愉悦的事,即使在风暴中生存下来,巨大的压力和冲击也会给投资者留下精神创伤,始料未及的变化征兆会让人歇斯底里。最近这种市场波动被称为"恐慌"。2008—2018年,我在管理环球基金的过程中,经历了多次市场震荡,其中最具代表性的是2013年的缩减恐慌。2008年金融危机后,美联储通过大量购买国债等资产来保证市场流动性,然而2013年投资者担心美联储削减购债规模,导致美国国债利率4个月上涨了140个基点,我也不由得担心如果这种情况持续下去,是否能够实现风险管理。

2018年,很多媒体报道了"末日博士"罗比尼教授的警告。罗比尼教授曾因成功预测2008年金融危机而一举成名,最近他又警告说2020年可能出现"完美风暴"(Perfect storm,同时出现多种利空因素的经济危机)。每当他快淡出人们的视野时,就会因现身讲述完美风暴而受到媒体的关注,尽管2008年以后他的预测命中率很低,但投资者对于他的言论还是非常敏感,我也是如此。

尤其令人厌恶的是,罗比尼的眼神让我想起了2008年的创伤。2018年年初,全球股市出现了调整迹象。从2018年中期开始,中国股市也开启了弱势行情。2018年秋天,美国股市也开始出现震荡。尽管只是短暂的调整,但我还是不禁想起2008年全球金融危机过后的疮痍。

电影《大空头》生动地重现了2008年全球金融危机下的美国房

地产市场。经历过佛罗里达州住宅房地产市场变化的主角偶然遇见了脱衣舞女，她只付了房价的 5% 就取得了房产，主角担心地问道：

"如果房价不涨或者几年后利率上涨怎么办？"

"再借一些钱就可以了。"

脱衣舞女不以为然地回答道。脱衣舞女没有稳定的工作，但已经买入了 5 套房产，这更让电影主角感到震惊。随着房价持续上涨，人们开始降低对风险的评估，甚至出现了无需任何信息的忍者房贷（Ninja Loan，指不需要收入、不需要工作和也不需要资产），这为全球金融危机埋下了祸根。2007 年美国楼市达到高峰后，房价一度出现下跌迹象，大型金融企业贝尔斯登公司和雷曼兄弟被卷入风暴的中心。2008 年 9 月 15 日美国东部时间凌晨两点，雷曼兄弟申请了破产保护。雷曼兄弟和高盛、摩根士丹利、美林并称为华尔街四大投行，但当时其负债规模已经达到了 6 130 亿美元，这是美国历史上规模最大的破产案。这是谁也没有想到的，它颠覆了大而不倒的传统认知。

当时，我被外派到新加坡未来资产环球投资公司，与国外的首席信息官以及印度投资经理一起工作并学习管理环球基金。在我们办公室墙壁上挂着的电视里，美国 CNBC 电视台新闻播放着雷曼兄弟的员工拿着个人物品匆匆离开公司的场景，是发生了什么事情吗？当时谁都没有想到这一则令人不快的新闻会带来如此大的影响。

对亏损的恐惧瞬间冻结了全球金融市场。美国股市创下了"9·11"事件以来最大的跌幅纪录，投资者因担心美林成为第二个雷曼而迅速抛售了美林的股票，弹指一挥间，全球大型金融公司和企业纷纷破产。对我来说，每天早上核对基金净值已经成为一项可怕的工作，尽管我早已做好了心理准备，但要亲眼确认这些事实仍然令人非常痛苦。

雷曼兄弟破产后，美国股指在一个月内下跌了 30%，股价反映了萧条的美国经济，而优质企业的股票价格变得相当便宜。此后，股市开始反弹，在反弹的趋势下我增加了股票的比重，但事实证明这只是短暂的反弹，是我判断失误，为时尚早。美国股市再次开始暴跌，跌幅达 30%，货币市场基金被大量赎回，导致美国信用市场出现了危机，美国银行中断海外贷款，最终金融危机波及全球市场。企业的竞争力、商业模式和估值等所有因素都在下行的市场中显得苍白无力，情况持续恶化，许多新加坡的对冲基金遭到清算，很多业界专家在一夜之间失去了工作。全球金融体系就这样崩溃了。2009 年 3 月，标普 500 跌破 666 点，股市这才到达底部，这对投资者来说是十分漫长的 6 个月。

在证明投资策略的有效性时，有一种通过历史数据测试投资策略运作的方法，这就是回测。在进行回测的过程中，6 个月是非常短的时间，电脑运行速度快，投资者丝毫感受不到煎熬。然而在全球金融危机爆发的 6 个月里，时间却像 6 年一样长。

美国股市（标普 500）在 2007 年年底到达最高点后，截至 2009 年 3 月下跌了 50% 左右，这是"二战"以来的最大跌幅。随着金融体系崩溃的可能性不断提高，全球央行纷纷陷入恐慌状态，甚至动用非传统方法全力介入证券市场，股价下跌终于告一段落。G4（指中国、印度、巴西以及南非）央行的资产购买金额约 10 万亿美元，此后又引入负利率、资产购买和前瞻指引（从 2012 年起，美国联邦储备委员会使用点图向投资者提供利率趋势的指引）等非传统方法，最终系统危机在中央银行采取极端手段时才结束。

熊市到来？

2020 年全球投资环境不容小觑，在劳动和资本方面依然存在诸多问题，人口老龄化速度加剧，企业投资疲软，发达国家和新兴国家潜在增长率持续下降，全球生产率也从2012年开始下滑，民粹主义和极端民族主义占据主导地位，收入不均衡现象也更加严重。

这是因为自2008年全球金融危机以来，经济虽然有所恢复，但负债水平加剧。全球公共部门负债占GDP比重从2007年的65%上升到2018年的92%，2008—2010年，发达国家每年投入约占GDP比重4%的资金用于经济刺激政策，这也导致负债水平大幅增加。目前发达国家的财政赤字虽然较2009年的7.3%有所下降，但仍占GDP的2.9%，高于历史平均水平。美国国会预算办公室称美国公共部门负债占GDP的75%，预计到2028年将增加至96%。

相对于1998年的危机来说，新兴国家在2008年金融危机爆发时表现得更为稳健。新兴国家从1998年金融危机中吸取了教训，拥有比此前更灵活的汇率政策、充足的外汇储备、严格的货币及财政政策，从目前情况来看，政府负债约为GDP的51%，低于发达国家水平，但民间负债水平较高，为GDP的116.5%。2007年新兴国家在全球经济中所占比重为27%，如今已达到40%。如果新兴国家的经济增速放缓，那么全球经济也将难以避免恶化，投资者担忧的是新兴国家潜在风险会导致中国过快的信用膨胀和负债增加，非金融部门负债水平从2008年的157%上升到2017年的261%，我们可以充分预测到中国企业负债、地方政府负债以及房地产泡沫，但这是很容易被忽视的灰犀牛式风险，我们只能寄希望于中国政府。

2008年以来，尽管市场接连发作，出现了2011年欧洲债务危机、2014年国际油价大幅下跌、2015年人民币贬值，全球股市震荡幅度维持着较低的水平，但是全球央行持续实施量化宽松和负利率政策，负面新闻减少，随着去杠杆政策的实施，消费者也更为宽绰。

现在，基于低利率和低波动的投资环境正在发生令人不适的变化。美国以及其他各国央行应停止实行量化宽松和负利率政策。然而，2020年年初新冠疫情暴发以后，全球央行纷纷采取更为积极的货币政策以确保充足的流动性，比如3月美联储推出的无限量化宽松政策等。更令人不安的是，作为应对下一次危机的手段，全球央行降息政策可以发挥的空间很小，不及此前危机时的水平，2007年中旬到2008年年底，美国10年期国债利率约下降了3%，联邦基金利率约下降了5%。

另外，从2018年开始，我们感受到的金融资产波动也和从前截然不同，2017年以来，流入股市的资金也有所减少。除了被称为第四轮量化宽松的企业股票回购以外，几乎看不到积极的股票投资者。2018年2月，美国10年期利率迅速上涨，美国股市应声暴跌，这种不同于以往的股价波动幅度令投资者惊慌失措。此次导致市场震荡的主犯是过去几年间流行的低波动率投资策略——买入并持有低波动率股票或者利用衍生品进行对冲。以2月为例，利率和股价波动加剧，做空波动率指数ETN（收益权证）产品价格也随之下降，投资者纷纷抛售ETN，这才又导致波动幅度进一步提高。

令人不适的变化还出现在市场流动性降低的情况中。股票市场的交易量和交易额明显减少，由于金融监管政策加强，投资银行自营交易和做市影响力明显减弱，而跟踪并反映价格变化趋势的资产配置策略和短线交易越来越多，以市场趋势为中心的被动型策略迅速发展；相反，股价暴跌时，以股价和企业内价值间差异为核心并向市场提供流动性的阿尔法策略的使用有所减少，而且市场流动性降低导致交易成本自然增加，主动型策略投资者更没有理由积极参与交易。在这种流动性不足的环境下发生令众多投资者为之震惊的价格波动时，市场震荡幅度很可能超出预期。2018年秋天开始，这种价格变化在美国市场上出现，那么是进入熊市了吗？如果答案是肯定的，那么是周期性熊市还是结构性熊市呢？

全球创新投资

新的金融创新可能成为激进的抛售者

全球投资趋势发生了变化。根据 1950 年提出的投资组合理论，投资者倾向于追求超越市场平均水平的收益率。但"考虑风险和成本后的收益不高"的指数投资理论逐渐被投资者接纳，投资者关注的焦点转移到降低基金手续费和交易成本方面，这意味着从高收益向低成本的转变。2008 年全球金融危机以后，以 ETF 为代表的被动型投资开始流行，出现了各类指数基金，量化宽松和低利率政策带来的资金增量大量涌向被动型基金。

资金流入增加，流入股市会对股价产生积极影响。但如果情况相反，即资产价格下跌时，就需要另当别论了——被动追踪指数投资的基金可能会在一瞬间变成激进的恐慌性抛售者。

被动型投资在美国等主要发达国家市场的年平均收益率约为 7%，以向追踪指数趋势的基金投资的逻辑吸引着投资者。但如果市场突然发生变化，即便是在被动型投资者看来收益率也无法达到 7% 时，被动型基金就有可能变成非常激进的抛售者，进而出现动量抛售趋势，被动型基金与其说是股市暴跌的导火线，不如说是加剧暴跌的催化剂。[4] 随着被动型投资的推广，纳入标普 500 指数的股票价格走势趋同，换句话说，尽管个别企业的经营情况和业绩不同，股价波动步调却是一致的。如果某一大型企业业绩恶化导致股价下跌，可能会连带其他大型企业的股价下跌，那么分别对各只股票进行价值评估和投资的主动型基金逐渐失去影响力，这种情况在流动性脆弱的市场中是完全可能发生的。

在以 2008 年全球金融危机为题材的影片《大空头》中，故事主角的原型就是大名鼎鼎的迈克尔·巴里和被誉为华尔街新债王的双线资本的杰弗里·冈拉克，他们也警告称被动型投资的泛滥已达到疯狂的状态。

第五章 加仓还是减仓

被动型投资不需要考虑资产的公允价值,如果资金流入,就按照既定的原则买入资产;如果投资者要求赎回资金,就立即抛售资产。标的资产价值被高估时也可以买入,价值被低估时也可以卖出,因此,随着被动型投资者持续增加,可能会给市场带来更大的冲击。利息、制度及政策变化、资金成本等微小的变化对资金流动产生影响时,可能会带来意想不到的蝴蝶效应。

铭记黑色星期一

被动型基金在市场暴跌的瞬间会如何变化呢?通过1987年10月19日的黑色星期一,我们可以尝试做出预测。当时股价跌幅瞬间超过了20%,毫无根据的股价暴跌的背后推手是投资组合保险。投资组合保险的核心是,当股价跌幅超出事先设定的范围时,电脑程序会自动抛售现货和期货。当时,大部分基金设定的自动抛售标准为下跌10%,此种情况下,对投资经理来说,投资组合保险是非常合理的安全措施,但如果很多投资经理都采用自动抛售策略同时处置数百亿乃至数千亿美元的股票,就要另当别论了。1987年10月19日早晨,担忧成为现实。纽约、东京、伦敦等地股市在前一周星期四和星期五出现了明显下跌,达到了触发程序启动抛售的标准。黑色星期一早上天一亮,纽约股市就开始出现大量抛售指令,而投资组合保险的前提是,程序启动抛售后存在足够的对手方,但不幸的是,由于很多机构投资者都采取了投资组合保险策略,黑色星期一当天没有人买入。

命运般的19日开盘后,纽约现货价格暴跌,芝加哥商品交易所期货价格也随之下跌。原本不打算抛售股票的投资者也开始抛售股票,市场陷入了抛售恐慌。投资组合保险策略本身是安全合理的,然而在这一瞬间变身为吞没市场的怪物。一个好的投资策略或装置如果过于流行,反而会对市场造成威胁。

钱到用时方恨少

现代金融行业诞生的原因之一在于借款方与贷款方个体间的流动性错配。也就是说，企业和政府等需要借款的一方希望在需要时可以立即找到资金，这种需求出现了错配，银行、基金等机构长期提供资金，承担随时都可能发生的借款提供方要求偿还的风险，以此为代价而获得盈利。一般来说，各种各样的法规限制可以保障这种商业模式的稳定，如果发生意外，银行发生挤兑，中央银行将充当最后贷款人。

在低利率的环境下，部分资产管理公司为了改善收益率，会选择投资流动性较低的资产，但资产管理公司没有中央银行这样的安全装置，市场承压时可能会出现问题。

H2O 资产管理公司隶属大型金融集团法国外贸银行（Natixis），是运用债券绝对收益/全球宏观策略管理资产的精品资管公司，主要投资发达国家国债及外汇。2019 年 6 月，英国 H2O 基金被发现持有非流动性公司债而发生大规模基金挤兑现象，从 2019 年 6 月 19 日开始，资金外流迅速增加。资金流向检测机构 EPFR 统计，截至 6 月 26 日，H2O 麾下 Adagio、Allegro、Moderato、Multibond、Multistrategy、Vivace 这 6 只基金资金外流规模达到 56.6 亿美元，相当于 6 月 19 日净值的 25%，母公司法国外贸银行的股价 5 天内最大跌幅达 14%。2019 年 6 月初英国的伍德福德和 2018 年瑞士的 GAM（环球基金管理有限公司）也发生了类似的现象，投资者不断要求赎回，伍德福德决定停止兑付，GAM 则在宣布出现问题的基金停止兑付后，清算了基金。

这些基金遭到挤兑的幕后推手是对收益率的追逐。在长期持续的低利率环境中，资产管理公司为了创造高收益，在基金中增加了流动性较低的高风险债券比重，问题在于流动性低的资产比重高，但对基金的赎回没有做出限制，所以存在无法实现兑付的危险。

第五章 加仓还是减仓

前文中提到的 H2O 资产管理公司麾下 6 只基金存在一个共同点——这些基金都持有大量与德国企业家拉尔斯·温德霍斯特有关联的债券，事态发生前，基金中与温德霍斯特有关的债券规模约为 14 亿欧元，Multibond 基金中相关债权所占比例高达 13.7%。温德霍斯特债券的流动性低，花旗和高盛等几家银行都限制了相关交易，因为它们在过去的交易中遭受过损失，花旗银行曾为 4 亿美元的回购协议付出代价，高盛与某中东经纪商之间的回购协议也出现了问题，这些回购协议都与温德霍斯特有关。温德霍斯特之所以受到这样的待遇，是因为创业之路极其坎坷。他对创业充满热情，曾一度被德国前总理赫尔穆特·科尔称为神童，然而，他创建的两家公司接连破产并卷入各种法律问题。据悉，温德霍斯特于 2018 年投资的内衣企业拉佩拉出现亏损，盈利能力受到质疑，但 H2O 投资 3 亿欧元购买了拉佩拉发行的利率为 7.25% 的付息券债券，这占到总发行量的 60%；此外，温德霍斯特公司为了偿还债务和处理诉讼而成立了名为 Chain Finance 的公司，该公司发行的债券中约有 77% 由 H2O 持有。

随着 H2O 和温德霍斯特之间的密切关系以及持有流动性极差的无评级债券被报道后，投资者纷纷要求赎回，流动性不足导致投资者对无法收回资金的担忧加剧。高收益资产大都是以承担流动性风险为代价获得回报，在 H2O 的这场"大屠杀"中，我们可以看到追逐收益率带来的副作用。

在低利率环境尚未结束的情况下，追逐收益率现象还会持续，很可能会有更多像 H2O 这样的基金出现，并且追逐收益率现象并不仅限于公司债，在国债市场中也出现了这种现象。基金的久期变长，却要在固定的风险水平下达成目标收益率，久期较长的债券逐渐受到投资者的追捧，例如，奥地利在 2019 年发行的第二只 100 年债券，虽然收益率只有 1.2%，但在投标过程中却异常受欢迎，甚至阿根廷也于2017年发行了100年期债券。尽管短期内不会有什么问题，但投资者仍要注意追逐收益率带来的副作用。

2019年秋天，发生了令韩国金融当局惊慌失措的事件——韩国私募基金中受托资金规模排名第一的Lime资产管理公司因私募债券流动性问题而宣布暂停赎回，媒体称其原因在于基金中部分资产变现延迟。基金到期无法按照合约兑付是基金公司丧失顾客信任的致命因素。由于上市公司可转换债券场外交易、基金交叉交易等嫌疑，Lime资产管理公司正在接受韩国金融监督院的调查，不公正交易问题和金融监督院调查阻碍了债券资产的出售，从而引发流动性危机。察觉到异常的投资者纷纷要求赎回，进而发生基金挤兑。10月10日，Lime资产管理公司宣布，包括约4亿美元的开放型基金在内，中断约6亿美元规模的资金兑付。

Lime资产管理公司起初中断赎回的是夹层基金，夹层基金投资BW（附认股权证公司债券）和CB（可转换公司债券）等介于债券和股票之间具有一定风险的资产。BW和CB在难以通过普通的公司债融资且需要支付较高利息的情况下是有效的融资手段，而且融资成本低于公司债。但问题在于低利率环境中，可以发行普通公司债的企业没有必要发行BW或CB，信用等级较低或资金状况不充裕的企业这才进入投资者的视野。Lime资产管理公司的夹层基金中也持有部分亏损企业，随着股票价格下跌，将CB转换为股票会导致损失扩大，但不转换就需要持有至到期，Lime资产管理公司不得不中止基金赎回。

夹层融资产品的缺点在于流动性不足，为了弥补这一缺点而设计了直接投资夹层融资产品的母基金，并采用母基金收益共享的方法，即设立投资于母基金的基金，以随时可赎回的开放型基金的方式进行销售。也就是说，将难以随时赎回的产品变成了可以自由赎回的产品。

中止赎回的导火索是与证券公司之间的 TRS（总收益互换）交易。基金公司提交保证金与证券公司签订 TRS 合同，以借入的方式来获得相对易于兑付的资产，因为 BW 和 CB 有可能很难兑付。韩国金融监督院的调查一开始，证券公司纷纷拒绝延长与 Lime 资产管理公司的 TRS 交易期限，结果导致基金挤兑现象发生。在确保流动性迫在眉睫的情况下，不仅无法产生杠杆效应，反而需要去杠杆。

私募基金原本就是少数人的游戏，原则上投资者（49 人以下）和基金公司需要自负盈亏。这是因为相对于公募基金来说，各类限制较少，Lime 资产管理公司的基金产品与一般私募基金不同，结构畸形的母子基金以较高的认购费率吸引了很多银行和券商，就像公募基金一样在营业网点出售，只是一亿韩元的最低投资金额门槛不同而已。这相当于私募基金实现了金融行业几乎不可能的庞氏骗局（没有创造实际利润，以后来投资者的钱作为盈利付给最初投资者）。

第六章

难以控制的风险

2002年，美国国防部长拉姆斯菲尔德曾在新闻发布会上提到了危险的几个类型。

"既有你熟悉的普通危险，也有你以为知道却不了解的危险。"

他所说的危险类型有四种：（1）已知的已知（Known knowns），了解发生的形态或时间，并且知道如何应对的普通危险；（2）已知的未知（Known unknowns），不知道以怎样的形态何时发生，但是知道如何应对的危险；（3）未知的未知（Unknown unknowns），是超越了某种形态，甚至不知道其存在的危险，像罕见的黑天鹅一样是极其特殊的情况，无法预测，更无法应对；（4）未知的已知（Unknown knowns），开始时以为知道，但后来回顾起来才发现是完全不知道的危险。米歇尔·沃克在2013年达沃斯论坛上将概率高且带来的冲击巨大、我们理应察觉到却忽略或者视而不见的危险比作灰犀牛。

如果说2008年的金融危机是黑天鹅，那么从2018年开始持续加剧股市震荡的主犯就是灰犀牛，包括中美贸易摩擦、英国脱欧、政治局势紧张等众所周知的焦点问题。投资的过程中，显而易见的风险并不意味着可以轻易避免，而且会使投资者在很长一段时间内备受煎熬。

未来总是一片茫然，但对不确定性发起挑战可能会带来回报，高风险、高收益是投资中最重要、最本质的原则。

在环境较为确定的情况下，预期收益通常不高。我们精挑细选并买入业绩良好的股票，然而这些股票价格反跌不涨是家常便饭，常听朋友说自己只要买入股票，价格就会下跌，就这种情况来看，朋友所购买的股票通常是所有人都看好的股票，很可能已经有很多人持有了，这意味着在不确定的情况下，先于朋友买入股票的投资者已经实现了高额收益，此时在概率上空头趋势强于多头趋势；如果还存在不确定性，保守型投资者会选择慢慢加仓，股价也逐渐上涨，随着时间的推移，形势越发清晰，价格上涨的空间就越来越小，在众人肯定的意见中股价开始回落。股票市场通常是先发制人，投资者应该提前行动起来。

在存在很多不确定性的情况下进行投资时，切忌盲目行动，如果投资者只把焦点放在期望值这一个标准上，自然很容易遭受亏损，要考虑可能性的程度，即概率。

对普通人来说，在赌场游戏的时间越长，越不可能赢得游戏，因为游戏本身从一开始就是对赌场更有利的，赚钱的唯一方法就是赢时多赚，输时少亏。市场如赌场，不考虑概率只做发财白日梦的投资者一定赚不到钱，要懂得区分盈利和亏损的情况，为此要学会概率思维。

那么如何定义投资决策时的概率思维呢？彼得·伯恩斯坦认为，概率一词来源于拉丁语的"证明"（probare）和"可能"（ilis）合成的词语，意味着"可以证明"。概率思维可以在证明自己的投资决策是否正确的过程中形成，通过概率来避免过于确定的和过于不确定的投资，区分风险和不确定性，不确定性中以概率划分的风险将不再是无法控制的，正如彼得·伯恩斯坦所说的，未来将从危险转变为机会。

金融学教材通常将个别股票风险区分为系统性风险和非系统性风险。系统性风险是指利率波动、通货膨胀、经济环境变化等，即使进行分散投资也无法避免的风险；而非系统风险可以通过分散投资来避免，包括罢工、经营问题、诉讼等。对投资者而言，更重要的是可测定的危险和不可测定的危险。

第六章 难以控制的风险

对于可测定的危险，通常可以找到控制方法，属于风险的范畴；相反，完全无法预期和测定的危险属于不确定性的范畴。常理上无法理解的事情确实会发生，财务作假、庞氏骗局和无从确认真相的传闻等都会使股票价格发生波动，持续走高的股价可能会在某一天毫无征兆地暴跌，意想不到的价格变化可能会使投资者束手无策。不可测定的危险大多存在于企业外部，其结果难以测定，但会带来重大的影响，像这样如果属于不确定性的范畴，最好选择尽快抽身。

伊丽莎白·霍姆斯和泰拉诺斯

2018年9月，美国生物科技创业企业泰拉诺斯宣布倒闭，这家创新企业的主营业务是血液检测，企业价值曾经高达90亿美元。

泰拉诺斯的创新技术是一种仅用少量血液就能诊断260多种疾病的验血仪器，其被命名为"爱迪生"。该公司曾宣称，在任何国家都需要花费数万元的综合体检，使用泰拉诺斯的技术只需要50美元，抽取几滴血就可以诊断200多种疾病。这一成果令全世界都为之疯狂。2013年9月，泰拉诺斯与美国最大的药店沃尔格林携手，在医药超市设立体检中心来为患者提供疾病检测服务。在美国，无法去医院的患者可以轻而易举地在沃尔格林买到所需的药品，而在此基础上增加配置诊断仪器则具有引领医疗服务大众化的意味。

泰拉诺斯的创始人兼CEO就是伊丽莎白·霍姆斯，血液检测是霍姆斯以儿时对长针刺入静脉血管的恐惧构想出来的。比起泰拉诺斯，大众更热衷于霍姆斯的故事。霍姆斯出生于1984年，父母是华盛顿哥伦比亚特区的公务员，她不仅拥有美貌，而且提前进入美国斯坦福大学学习化学工程，能言善辩，拥有可以熟练使用中文的语言天赋，在美国社会中很难找到像她这样的综合型人才。2003年，霍姆斯以"让所有人以低廉的价格享受健康管理服务"为目标，19岁退学开始创业，吸引了众多风险投资公司、投资者、政界和媒体的关注。

她总是身着黑色衣服，在拍摄《财富》杂志封面时身着黑色高领衫，在《福布斯》的新闻照和公司宣传照中也都是相同的衣服。她解释说自己十分尊敬苹果公司的乔布斯，所以每天只穿黑色高领T恤在办公室度过16个小时。这似乎象征着第二个乔布斯出现了，泰拉诺斯成为代表硅谷的创新型企业。

媒体对她的关注与日俱增。从2014年美国著名财经杂志《财富》封面报道开始，美国主要的财经杂志都以封面报道的形式介绍了她，《福布斯》也在2014年特别版中将她排在了400名富豪中的第110位。泰拉诺斯的企业价值暴涨至90亿美元（如图6.1所示），拥有约50%股份的霍姆斯在30岁时已成为拥有45亿美元财产的亿万富翁。

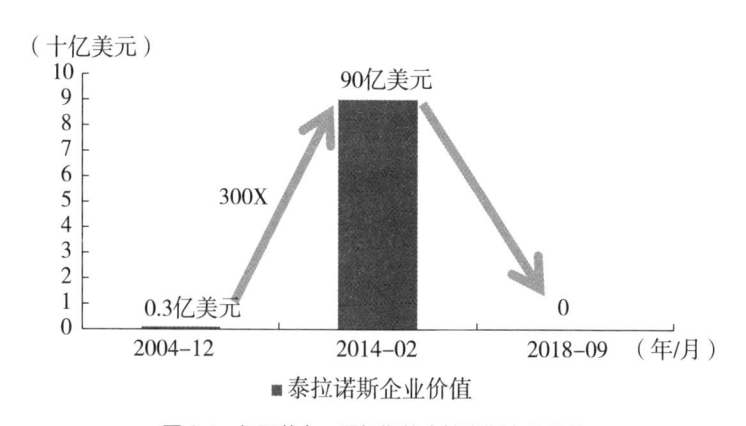

图6.1 伊丽莎白·霍姆斯的泰拉诺斯企业价值

资料来源：《华尔街日报》。

堪称完美的美女CEO拥有众多支持者。被称为20世纪70年代

第六章　难以控制的风险

最具影响力政客的前美国国务卿乔治·舒尔茨、前美国国务卿亨利·基辛格等众多政界人士和投资者都对她表示了高度赞扬，美国副总统乔·拜登还曾到访她的研究室。不仅如此，很多知名人士还出任了泰拉诺斯的董事，包括乔治·舒尔茨、亨利·基辛格、乔·拜登、新闻集团总裁鲁伯特·默多克、甲骨文联合创始人拉里·埃里森等。《华尔街日报》报道，默多克一度是该公司最大的投资者，损失金额超过1亿美元；而埃里森通过风险投资公司参与了早期阶段投资。

但是，乔治·舒尔茨的孙子泰勒·舒尔茨早在泰拉诺斯实习期间，就发现了血液检测系统存在技术问题，他还向《华尔街日报》的记者透露了对于泰拉诺斯的疑虑，这为后来泰拉诺斯的没落提供了线索。乔治·舒尔茨对孙子的这种行为大发雷霆，泰勒·舒尔茨也遭到了泰拉诺斯的起诉，较为讽刺的是，目睹泰拉诺斯倒闭的泰勒·舒尔茨目前正在开发与泰拉诺斯的诊断系统相似的产品。霍姆斯在解释泰拉诺斯的技术时，就像国家机密一样只进行了模糊的说明，《纽约时报》记者肯·奥莱塔对此进行取材的时候满腹疑惑；《华尔街日报》于2015年10月的报道中指出，泰拉诺斯提供的200多项血液检查中，只有12项使用了自主研发技术。随着质疑声不断扩大，泰拉诺斯关闭研究所并遭到了投资者的起诉。泰拉诺斯的创新技术最终被证伪，霍姆斯瞬间从硅谷灰姑娘变成了骗子，泰拉诺斯的企业价值瞬间消失。在2014年6月的《财富》杂志进行封面报道的首席编辑真应该写份检讨书来反省。

《华尔街日报》通过内部告发进行报道之前，学界和医疗界为什么没有对泰拉诺斯的技术提出质疑呢？不，是有过的，尽管没有正式提出质疑，但人们通过多种方式不断提出反问。为什么不能采取更强烈的手段来发出质疑的声音呢？因为泰拉诺斯的董事会是由重量级人士组成的，学术界和医学界人士为了避免卷入无意义的争斗而选择袖

203

手旁观，而且相对于技术实力，大众更热衷于霍姆斯本人。

硅谷创业文化可以用"一直假装直到你真正做到"（Fake It Till Make It）这句话来概括。在达成某种目标之前，要坚信已经达成了这种目标，在面临危险和不确定性的情况下，这种对策可以提高自信。霍姆斯提前进入斯坦福大学，说明她具备超群的智力，但问题在于她是在没有技术的情况下创办医疗公司的，而且很有可能是像"一直假装直到你真正做到"这句话一样自欺欺人。也许她欺骗自己说泰拉诺斯已经开发出了未来可能研发出的技术，很多人也一起被欺骗了。

昨日的朋友是今日的敌人

2018年9月，特朗普总统在西弗吉尼亚州的竞选活动中，把自己和朝鲜最高领导人金正恩的关系比作恋人关系，宣称"我喜欢他，他也喜欢我"。这距离之前互相对骂"小火箭人"和"老糊涂"的口水战不过一年多。昨日的敌人变成今日的朋友，昨日的朋友变成今日的敌人，这在政治、企业和国家关系中是很常见的。在反复无常的环境中，投资并非易事，在错误方向下注定会带来危险，暴露在这些危险之中时减仓才是明智之举。

2018年以来，全球不确定性最重要的变量之一就是中美贸易关系，《经济学人》将中美贸易摩擦的核心解释为"21世纪技术之争"。2019年1月，"嫦娥四号"探测器成功在月球背面着陆，这给曾于1969年向月球发射"阿波罗11号"的美国带来了巨大冲击。航天器集尖端技术于一体，意味着中国科技正在迅速发展；数据量庞大的无人驾驶汽车、人工智能、VR/AR等未来产业需要通过5G来实现，而华为和中兴等中国企业是 5G 技术的领跑者；在人工智能方面，美国对中国有可能超越自己的担忧加剧。2019 年 2 月，特朗普签署了集中重点培养人工智能和 5G 技术的行政命令，以在这两个中美技术之争的核心战地与中国竞争。

中美贸易摩擦中的冲突与合作反复，投资者应该如何看待？

纵观历史，国家间的纷争几乎都与技术革命有关，通常以贸易保护主义为开端，最终以"开放市场、加强知识产权、自由贸易主义"而结束。作为投资者，跟踪这个过程来投资本身并不是什么令人愉快的体验。历次国家间纷争中存在一个事实——无论何种纠纷，都有国家或产业可以从中获得意想不到的利益，所谓"鹬蚌相争,渔翁得利"，寻找可以从中受益的国家和行业是投资者的重要任务。

20 世纪 60 年代，美国和法国、联邦德国之间曾发生一场"鸡肉之战"。随着技术的发展，成功量产的美国鸡肉以低廉的价格进入欧洲市场，欧洲的农场随之陷入危机。于是，法国和德国对美国禽类征收关税，"鸡肉之战"打响。作为报复，美国从 1964 年开始对欧洲进口小型卡车征收 25% 的关税。此后，尽管欧洲免除了对美国禽类征收的关税，但美国的关税政策至今仍然有效，这项始于一只鸡的报复性关税被称为"鸡肉税"。

"鸡肉之战"爆发后，美国开始对欧洲进口小型卡车征收关税，间接受益的是日本产小型卡车，这是丰田等日本汽车产业迅速成长的契机，尽管 20 世纪 80 年代再次受到美国的牵制，但美国和欧洲之间的纷争对日本来说仍是非常重要的契机。

20 世纪八九十年代曾发生美日贸易冲突。起初是汽车领域的冲突，后期引发了半导体之战，贸易冲突的核心实际上是技术霸权。美国总统里根对日本产半导体、电脑、彩电等价值 3 亿美元的家电产品征收关税后，在美国的售价翻了一番，尤其在半导体领域，美日半导体协议中加入了"日本国内进口半导体产品市场占有率为20%"的内容,这一协议达成后贸易战才算结束。

20世纪八九十年代美日贸易战争中,美国对日本半导体产业的牵制成为1985年前后韩国和中国台湾半导体产业迅速成长的契机,最重要的是,美国以半导体设计为中心的产业结构发生了转变。

目前中美贸易摩擦可能会对全球制造业供应链产生影响,越南等部分东南亚国家可能会间接从中获益。贸易争端中通常会有第三方受益,产业也是如此。现在中美贸易摩擦的核心是在哪个产业领域最为激烈呢?答案就是先进技术。

空间距离一衣带水,而两国国民感情相隔天涯海角的国家——韩国和日本之间也存在贸易纷争,两国矛盾始于历史。2018年10月30日,韩国大法院针对强征劳工受害者对新日本制铁公司做出最终判决,受害者胜诉。而之前日本一直主张双方已经通过1965年签订的《日韩请求权协定》解决了包括个人索赔问题在内的所有问题,但韩国大法院的这一判决推翻了2003年日本最高法院判决,对韩日关系产生了较大的影响。

2019年7月1日,日本宣布限制向韩国出口三种半导体核心材料,同时将韩国从安全保障上的友好国家"白名单"中剔除,本质是经济报复。韩国对日本的贸易顺差仅次于美国和中国,这是日本限制向韩国出口的挑衅,被限制的产品是韩国经济的根基,同时也是在出口总额中占比最大的半导体。在出口限制的产品中,光刻胶是三星电子倾注心血的EUV(极紫外光刻)工程所必需的材料,90%以上依赖于日本JSR公司,对三星电子和SK海力士等韩国半导体企业来说是非常重要的材料。日本限制出口的三种半导体材料对韩国年出口总额约为4亿美元,而韩国半导体年出口额为1 000亿美元。简单地说,这是欲以0.5%来遏制韩国半导体产业运转的想法。限制出口的规定使

第六章　难以控制的风险

韩国意识到应该摆脱对日本的依赖，实现材料和零件国产化。对此，三星电子等韩国企业正在尝试"摆脱日本化"，半导体零部件和材料一旦更换，工艺本身也会发生细微的变化，今后也就无法使用日本材料和零部件。2019年年底日韩之间的矛盾仍在持续，可谓醉翁之意不在"历史"，在乎"半导体"也。

2017年年底，韩国SK海力士收购日本企业东芝的内存芯片业务后，日本大幅修改《外汇及外国贸易法》，越来越多的人担心本国技术泄露到海外。不仅仅是日本，拥有技术主导权的美国、欧盟等都在通过加强出口控制来保护技术。特朗普政府在2019年《国防授权法案》（NDAA）中加入了《出口管制改革法案》（ECRA）和《外国投资风险评估现代化法案》（FIRRMA）两则附加法案，通过ECRA加强了对先进基础技术的审查，还通过FIRRMA加强了对美投资审查。这为监管关键技术和基础技术提供了法律依据，防止重要技术泄露。英国也希望以研究机器人、人工智能、核能等八项关键技术领域的留学人员或研究人员为对象，加强监管，即为了有效地控制和保护本国的战略技术，修改法律和制度。贸易冲突的深化表现为"本国优先主义"和保护高附加值产业的"贸易保护主义"。

但是，日本半导体产业已经没落。1990年一度进入世界前10位的松下剥离了半导体业务，这距离1952年与荷兰飞利浦成立合作公司开始半导体事业部已过去了67年。继2012年尔必达破产后，2018年东芝出售半导体事业部门，日本的半导体产业失去了全球技术霸权。直到1990年日本还称霸世界半导体市场，为何如今只剩下了半导体原材料、零件和设备呢？以下是对"日本半导体战败"背景的分析。在生产半导体时，日本把重点放在了质量过剩和性能过剩方面，而韩国则把重点放在良率和成本控制方面。对技术的执着使日本在20世纪80年代超越美国，占据了半导体存储器市场最高份额，然而这种执着并不适合个人电脑时代。韩国以低廉的价格快速推出符合市场要求的产品,进而占据市场支配地位,日本抱着"技术要属日本最强"的想法走自己的路,而韩国则在基于国际分工的生产力中掌握了主导权。现在,日本限制向韩国出口半导体材料,那么主动放弃韩国这个最大客户的日本半导体材料产业真的能够独自生存吗?恐怕很难。

意外事故——波音

2019年3月10日,埃塞俄比亚航空ET302航班坠落,机型为波音B737 MAX 8,这与2018年10月29日印尼狮航的失事机型相同,距离首次坠落事故后不到5个月的时间里再次坠落,造成346人死亡。

事故发生后,美国联邦航空局表示,该机种仍然属于可以安全飞行的范围。但人们对飞机失事的忧虑进一步加深。越是新交付的飞机,驾驶员的失误越多,5个月内同一机型以相似的路径坠落,有人指出机体本身存在缺陷。中国立即做出反应,最先中断了96架飞机的运行,停运措施迅速扩散到了全世界。

事故发生之前,波音公司与空中客车公司瓜分全球民用飞机市场,飞机的新增订单和积压订单呈现出增加趋势。航空运输的二氧化碳排放量仅次于海上运输,随着环境监管力度加强,2000年以来飞机换代加速,波音和空客的积压订单量达到13 000多架,相当于波音和空客7年的生产量,订单量的增加促使股价在2000年以来上升了6倍左右。

埃塞俄比亚航空事故发生后,波音股价连续两天跌幅约为11%,事故发生后第三天的3月13日,股价反弹了0.5%,尽管很多航空公

第六章 难以控制的风险

司决定停飞,但作为廉价航空公司最喜爱的窄体机型,发动机问题解决后很快就可以重新启动生产。预计2019年B737 MAX的销售额将达到320亿美元左右,这占波音总营业收入的29%左右。另外,系统开发等因素会导致约50亿~100亿美元的损失,营业收入降幅超过5%似乎是不可避免的。

在事发后的三天时间里,生产相似机型的竞争对手空客公司的股价上涨5.4%,部分投资者认为空客会间接受益。空客公司原计划2019年将A320的产量增加至每月60架,到制造完成也需要8年的时间,现阶段产量大幅增加的可能性微乎其微。

全球现役B737 MAX飞机约有370架,禁飞后需要替代机种,如果启用老龄飞机来应对,可能会出现维修需求,这对飞机配件企业来说,售后服务收入可能会增加,反而是很有吸引力的投资想法。

然而此后,波音公司的小型机B737 NG被发现有裂纹,在进行全世界范围内的检查后,发现50多架B737 NG飞机都存在裂纹,这些飞机也全部停飞。

2019年11月11日,波音在公司主页上发布了于12月恢复向客户交付B737 MAX飞机的计划。但波音公司的安全性和可靠性已经出现"裂痕",占据多年的世界第一的宝座可能要拱手让给空客了。在常人难以理解的航空工程学和令人心痛的诉讼问题等不确定性存在的情况下,投资者倾向于选择更为安全的策略——在不甚了解的情况中下赌注往往会使自己陷入窘境。很庆幸我的投资组合里有空客公司。

波音和空客公司的股价变化如图6.2所示。

（设2008年1月价格为100）

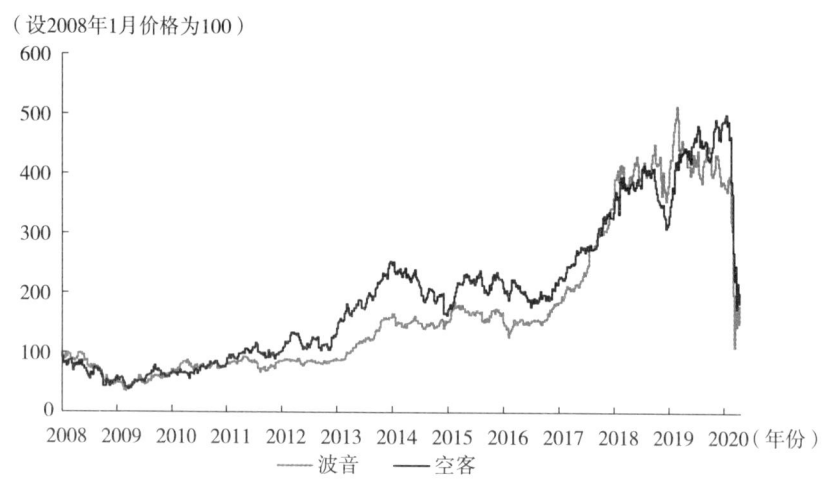

图6.2 波音和空客股价变化

资料来源：彭博社。

突然离去的CEO

美国的企业丑闻比世界上任何地区都要多，比如2000年年初，世界通信公司、安然公司、泰科公司等企业被曝会计舞弊。现在，垄断市场的大型企业丑闻仍然存在，脸书因个人信息使用问题备受非议，美国富国银行发现了350万个幽灵账户，信用评级机构艾可菲约1 460万条个人信息遭到泄露。尽管美国消费者和政界人士对此感到愤怒，对企业造成的财务影响却是有限的。投资者需要考虑政府管制、诉讼等负面因素，然而企业不断进行游说，诉讼至少需要10年时间。尽管如此，很多丑闻还是让我一直很困扰。

最近，美国掀起了CEO"离职潮"，仅在2019年10月，麦当劳、耐克、安德玛等著名企业共 172 名 CEO 离职，创造了历史最高纪录，主要原因是私生活丑闻、追究经营责任等。

美国两大体育品牌耐克和安德玛的首席执行官同时被更换。耐克总裁马克·帕克在耐克工作了 40 年，在任期间将耐克的营业收入从 150 亿美元增加到 390 亿美元，成为超大型公司，然而帕克被曝出在过去几年中默许耐克教练要求选手服用兴奋剂的行为后，引咎辞职。易趣出身的约翰·多纳霍成为接班人，他加入耐克后与帕克一起负责耐克的数字化转型工作。

著名的体育服装品牌安德玛的创始人兼首席执行官凯文·普兰克因涉嫌财务舞弊而接受调查时离开了公司。普兰克曾是橄榄球选手，当时他萌生出了设计生产排汗性能好的运动服装，于 1996 年在祖母家的地下室创立了安德玛。最近三年，安德玛呈现出低增长趋势，曾一度超过 100 美元的股价在过去三年中跌至一半。在这种情况下，首席执行官普兰克没有专注于公司主营业务，而是将精力放在了他的私人公司 Plank Industries、威士忌酿酒厂和酒店等其他领域，这令投资者非常失望。创业 23 年后，普兰克离开，安德玛的股价随之上涨了 7%。

2016 年，史蒂夫·伊斯特布鲁克就任麦当劳首席执行官，他的速度增长计划带动了麦当劳股价上涨，他强调了未来餐厅（EOTF）、外卖和数字这三个概念。发展战略目标是提高顾客体验，除了在餐厅内用餐的顾客，麦当劳还关注外卖和得来速顾客，通过与优食、DoorDash 合作，加强了配送服务便利性；收购了机器学习公司 Dynamic Yield，为所有顾客提供个性化的体验，特别是改善得来速的服务效率；另外，通过引入自助点餐机（Kiosk）和数字菜单，提升了成本效益。过去 10 年中的股息年平均增长率为 8.8%，投资者对此也很满意。尽管如此，史蒂夫·伊斯特布鲁克被指控行为不端而突然被免职。伊斯特布鲁克已经离异，他与下属恋爱不存在法律和道德伦理方面的问题，但包括麦当劳在内的许多美国大企业严格禁止在公司内部与下属谈恋爱，因为办公室恋情稍有不慎就可能演变成性骚扰诉讼。

自美国"Metoo"（我也是）运动以来，部分美国企业内逐渐开始对一直以来被忽视或隐藏的歧视、性骚扰、暴力等职场违法行为进行调查，伊斯特布鲁克因与员工的亲密关系而被解雇可以看作Metoo运动以来企业氛围变化的代表性事件。2018年，英特尔公司首席执行官布莱恩·科兹安尼克因与一名员工发生关系而辞职，这是因为不深交政策（non-fraternization）适用于所有管理层人员。因此，功勋卓越的CEO辞职消息对股价造成了消极影响，当然股价也有可能会因为能力不足的高管离职出现反弹，由此可以看出，突如其来的高管更迭是常见的不确定因素，也是股价波动的原因。

俄罗斯最大的信息技术企业 Yandex 暴跌

2019年10月11日，在美国上市的Yandex股价暴跌15.6%。Yandex是俄罗斯最大的信息技术企业，可以简单地理解为是俄罗斯的谷歌。当时有报道称，俄罗斯政府担心拥有48.41%表决权的创始人阿卡迪·沃罗兹如果死亡，外国股东的表决权将超过80%，因而决定推进限制外国人表决权不超过20%的法案。尽管这一风险在某种程度上已经广为人知，但在法案中包含的具体内容不确定的情况下，投资者只能选择谨慎行事。俄罗斯政府不愿把本国代表性信息技术企业的控制权和所拥有的数据提供给外国人，其他新兴国家也是如此。作

第六章 难以控制的风险

为海外市场投资者，我们应该时刻注意这类风险。

值得庆幸的是，Yandex 的股价在 10 月 11 日触底后重新反弹（如图 6.3 所示）。俄罗斯政府于 10 月 19 日表示，将把外国人表决权限制从此前的 20% 上调到 50%，股价随之上涨了 10%。俄罗斯政府将继续维持对 Yandex 的控制权，这带动了股价的进一步恢复。回想起来，我没有因为一时的不安在低点抛售 Yandex 股票，这实属万幸，随着时间的推移，一切都云开雾散变得明朗起来。为通过该项法案，要经历从众议院到参议院和总统的程序，需要很长时间，而且政府为了维持对技术企业的控制权，会选择折中方案而不是采取极端的方法。然而，股价发生暴跌时投资者的判断力通常会减弱，股价暴跌的时候，所有的一切都变得不确定。

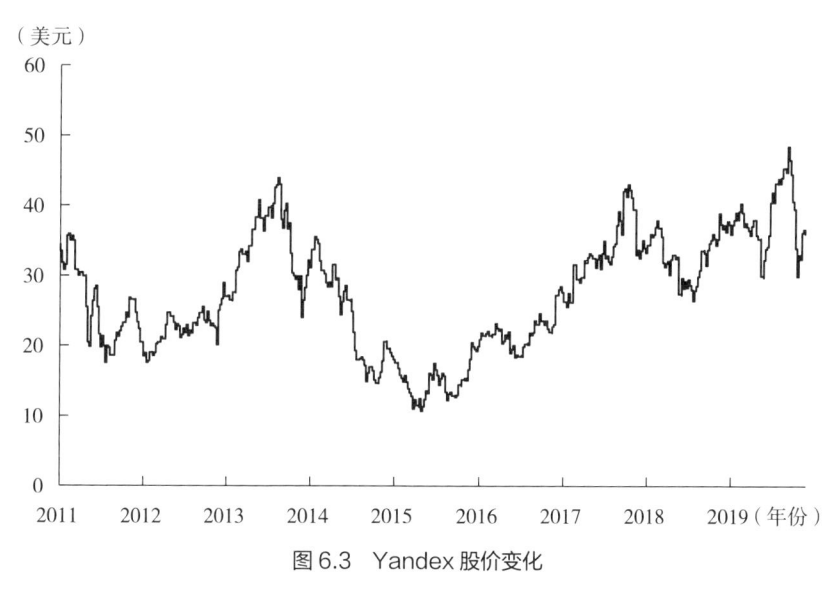

图 6.3 Yandex 股价变化

资料来源：彭博社。

中国教育股因 VIE 架构暴跌

有些股票的上涨与宏观经济形势无关，最具代表性的就是教育产业。中国家长对子女教育的关心程度不亚于韩国，因此投资中国企业时，教育股当然是我首选的考虑对象。在美国证券市场上市的新东方是典型的中国课外辅导机构，2015 年上映的《中国合伙人》这部电影就改编自新东方创始人俞敏洪的故事。新东方覆盖了学前教育至高中教育，特别是在进入美国大学所需要的托福和 SAT（俗称美国高考）领域的知名度非常高。尽管美国投资者无法充分理解中国的特殊情况，他们仍坚信教育股存在结构性成长机会，美国对冲基金最喜爱的股票之一就是新东方。

然而，投资者突然发生了认知变化。美国证券交易委员会于 2012 年 7 月对新东方的 VIE（可变利益实体）架构进行的调查结果报道后，惊慌失措的投资者抛售了新东方股票，股价单日跌幅达 34%。当时我持有新东方的股票，也感到非常惊慌。第二天，专业的做空调查公司浑水调查公司发表了长达 100 页的抛售意见报告，这令投资者更加恐慌。在报告中，浑水公司提出了中国 VIE 结构包含的危险性等问题，股价随之再跌 35%，如图 6.4 所示。

到昨天为止一切似乎还好，然而情况在一瞬间发生了 180 度急转弯。越是这种时候，投资者越要打起精神，认知的变化虽然是危机，但也有可能是机会。最终新东方股价跌了一半后，重新恢复，好像什么事情也没有发生过一样。我在股价跌至最低点后匆忙地处理了所有头寸，没有把危机转变成机会，是我对于无法控制的危险所设定的标准导致了当时的损失。

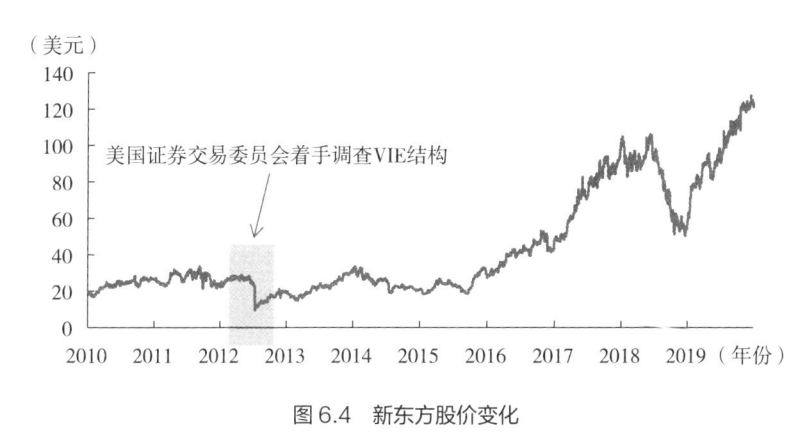

图 6.4　新东方股价变化

资料来源：彭博社。

但新东方的股价下跌提醒投资者，投资时 VIE 架构存在一些风险，目前在美国上市的大部分中国公司都是 VIE 架构。VIE 架构指的是海外上市主体和中国企业分离，海外上市主体通过合同方式支配中国企业。一方面，这一架构有利于中国企业在海外上市；另一方面，也有利于外国企业向中国迂回投资。阿里巴巴也是 VIE 架构，2011 年，马云在没有告知雅虎和软银等大股东的情况下，将核心企业支付宝从阿里巴巴分离成为独立的公司，随着这一事件的发生，VIE 架构的危险性也被投资者了解。

支付宝所有权变化的消息直到 2011 年 5 月才在纽约纳斯达克市场披露，很多投资者得知这一事实后非常惊慌。也就是说，原本投资者认为理所当然属于阿里巴巴的"精华"企业价值突然消失，雅虎和在美国上市的中国企业股价应声暴跌。另外，阿里巴巴有着独特的治理结构，发行两种股票，即使马云及合伙人持有少数股份，也可以维持其控制权，谷歌的控股公司字母表公司（Alphabet）和脸书也属于这种同股不同权的结构。但投资者不想错过"中国的亚马逊",在纽约股市和大部分股东的容许下,阿里巴巴于2014年9月在纽约证券交易所上市,为了能多买些阿里巴巴的股票,那个中秋节我也留在公司加班。

在分析中国经济及中国企业时,韩国投资者更倾向于故事逻辑,比如14亿人口的内需市场、政府政策、"独角兽企业"新秀迭出,有许多令韩国投资者感兴趣的故事。很多投资者在没有分析企业基本面的情况下直接投资,有的韩国分析师甚至连简单的财务比率都没有确认,这是忽略风险只分析故事逻辑和增长假设导致的问题。

第三篇

全球创新投资版图

比创新本身更有趣的是引领创新者和创新投资的成功故事。所有的投资者都想知道他们是如何感知新的变化并通过大胆的投资创造财富的。孙正义率领的软件银行成功投资的故事也是投资者都想了解的故事。

在2017年软银世界大会上,孙正义公开了自1999年以来软银的投资成果,软银投资金额从1999年的110亿美元增加15倍至2017年5月的1 750亿美元。他还表示,在过去的18年里,向阿里巴巴、雅虎等全球创新企业投资的收益率IRR(内部收益率)为44%。如果将阿里巴巴排除在外,则IRR将达到42%。从个别企业的IRR情况来看,阿里巴巴为65%,雅虎为81%,Sprint(一家美国的通信公司)为48%,Supercell(一家芬兰的移动游戏公司)为97%,都获得了很高的投资回报。2000年科技泡沫破灭后,互联网股票暴跌,孙正义的个人投资损失增加到700亿美元,这样的成绩令人震惊。

软银投资中最成功的项目是在2000年对阿里巴巴的投资。孙正义在2000年与英语教师出身的马云仅见面6分钟,就决定投资2 000万美元。当时马云没有事业发展计划,营业收入为零。但孙正义回忆当时的决定说:"马云的眼睛里散发着光芒,看起来非常具有领袖气质和领导能力。"

不仅是孙正义,我们在其他投资者的成功故事中也可以得到很多启示,尤其是从引领投资界的投资者的想法和观点中,可以观察到"资本的流向"。只要能洞悉资本的流向,投资者就可以成为富翁。即便不了解企业,也不理解复杂的方法论,只要理解资金从哪里流向哪里、大方向是什么、意味着什么就足够了,比如互联网改变世界,那么对互联网行业的代表性企业进行投资就足够了,即利用行业代表性企业或ETF进行概念投资。这些资金的流动始于引领创新的投资者。

第七章

全球创新领域投资者图鉴

2006年，传统制造业强国德国为加强本国制造业竞争力，公布了发展科学技术的"高科技战略"。在发达国家中，德国的制造业占比最高，但传统制造业量产在与人工成本低廉的中国等国家的价格竞争中无法取胜，德国需要新的方式。2011年，德国公布了未来高科技战略的重要组成部分"工业4.0"，目标是将制造业和IT系统相结合，使生产设施网络化，并进化成拥有智能生产系统的智能工厂。通过这些政策，德国不仅进一步提升了汽车、工程、电子等主力制造业的竞争力，还试图引领行业的未来。

德国智能工厂的典型代表就是位于德国巴伐利亚州东部的小城市安贝格的西门子工厂，其被欧洲工商管理学院评为欧洲最佳工厂，也经常作为未来工厂案例广为媒体报道。

西门子安贝格工厂的特点之一就是虚拟世界与现实世界的融合。数据不断地传送到生产线，从生产线中产生的信息再次被传回，并用于产品开发或生产工艺优化，这就是信息技术产业中的数字孪生。所谓数字孪生，是指与实体一模一样的数字复制品，数字复制品用数字信息记录各种环境变化和实际产品引起的变化，实时分析数据，并将数据立即反映到产品开发或生产过程中。安贝格工厂建成于1989年，过去的20多年间致力于生产PLC——生产线设计和控制工业自动化生产线的设备，用10 000多种原材料生产出950种产品，规模庞大，工艺复杂。1989年的不良率高达500dpm（即每100万个产品中有500个为缺陷品），但现在只有10dpm左右，通过将现实世界和虚拟世界融合在一起的智能工厂，实现了99.999 9%的良率，即零不良率。

221

很多国家都在积极应对德国的这种产业政策，以确保行业霸权不被夺走。美国以先进制造伙伴计划（AMP）为开端，企业和政府共同推进"智慧美国挑战"（Smart America Challenge）和扶植脑科学研究的"脑计划"（BRAIN Initiative）等多种项目。日本制定了国家战略"新产业结构蓝图"，以期在配件材料及机器人领域发挥优势。中国在通信设备和机械领域已经拥有很高的市场支配能力，在全世界通信设备产业中，中国所占比重为36%，在机械及运输装备方面，中国所占比重达到45%，专利申请数量也高于其他国家。

各个国家为争夺全球霸权展开的竞争总是很激烈。目前，很多国家为了在新的产业结构变化中占据主动，正在以不同的方式命名和制定国家政策，包括"创新""第四次产业革命""数字转型"等，新的变化对引领新变化的一方来说是机会，但对落后的一方来说则是危机。过去处于变化中心的资源和领土是想将其占为己有的国家之间矛盾的根源，严重时甚至演变成国家之间的战争。

胡椒曾是餐饮界的创新，如今，冷藏和冷冻技术可以使我们随时品尝到新鲜的肉类，但中世纪的欧洲人无法享受到这种便利。当时屠宰畜类后用盐腌渍处理后食用，长时间保存会失去原有的新鲜，还会散发出膻味。被称作"黑色黄金"的胡椒就是去除令人不快的气味并且散发出独特香气的创新，这种香料的出现成为与以往不同量级的料理的根基。胡椒原产于印度，欧洲人只能通过与阿拉伯商人贸易获得。从小亚细亚出发的奥斯曼帝国占领了中东地区后，继而占领北非和欧洲巴尔干半岛，将通往印度的陆路和海路全部封闭。在东方贸易中受到排挤的西班牙和葡萄牙冒着生命危险开辟新航线。葡萄牙开辟了新的航线，成为向欧洲大量供应印度胡椒的国家，而西班牙在新大陆并没有发现胡椒，但找到了大量的黄金和白银，成为当时最富有的国家。

第七章　全球创新领域投资者图鉴

在西班牙伊比利亚半岛南部，有一个伸向直布罗陀海峡的小港口城市，长5公里，宽1公里，这就是直布罗陀。直布罗陀位于西班牙与非洲的交界处，连接大西洋与地中海。但直布罗陀并不是西班牙的领地，而是属于英国，享有合法居住权利的居民持有英国护照。直布罗陀曾于8世纪被伊斯兰国家征服，15世纪又纳入到西班牙版图，自1704年起被英国占领为殖民地，在1713年通过《乌得勒支合约》的签订成为英国领土。英国早就意识到直布罗陀作为海上交通要地的战略意义，在地中海附近进行海上贸易的欧洲、亚洲、非洲国家要想进入大西洋，必须经过直布罗陀海峡。在第二次世界大战中，英军能够在北非与隆美尔的坦克军团抗衡也是因为通过直布罗陀控制地中海，德军制订了通过陆路占领直布罗陀的计划，但由于当时西班牙总统弗朗西斯科·佛朗哥的不合作而落空。对于西班牙持续不断的归还要求，英国坚称"不惜发动第二次福克兰岛战争"，坚决拒绝。真正好的东西应该自己拥有，没有理由拱手让给别人。

现在，产业结构变化的动力来自个人、企业以及国家政策展开激烈的霸权争夺战，即创新战争。随着这种变化的潮流，资本采取行动，企业价值也随之改变。对投资者来说，正确观察资本的流向是非常重要的，更重要的是读懂"资本的想法"，也就是理解资本流动的原因。人们愿意支付巨款来聆听伟大的投资人沃伦·巴菲特的想法，2019年，与巴菲特共进午餐的机会拍卖价格达到约457万美元。

那么我们现在观察到的变化意味着什么？这些变化会给运作资本的金融产业带来什么变化？与谁交谈才能了解资本流动的方向和趋势？下面我们一起来了解引领创新或投资创新者的想法。

贝宝家族，将美国创新人际网络化

领 英

2016年6月，微软宣布以262亿美元收购领英。这是云领域领跑者微软和人际关系网络领域领跑者领英的结合，收购对价超过即时通信软件Skype的85亿美元和Yammer的12亿美元，是微软收购史上规模最大的项目。

领英拥有世界最大的商业网络，用户只要在领英中填写自己的简历，就可以通过全球网络交换联系方式，寻找人才或事业伙伴。目前领英的用户数量超过5亿人，以商务目的聚集在一起的用户所生产的招聘和求职、商务合作、企业信息网络数据是领英最宝贵的资产，这对微软来说是最具吸引力的，微软公司为赶超谷歌和脸书，在培养云计算及移动竞争力方面投入了巨额资金。

创始人雷德·霍夫曼出售领英获得了巨大成功，他也是贝宝家族的代表成员。贝宝提供用信用卡实名验证并建立电子邮件账户进行结算的服务，是集金融和技术于一体的金融科技创始者，2002年以15亿美元的对价被易趣收购。贝宝家族是指利用将贝宝出售给易趣时取得的资金进行投资并获得成功的人。霍夫曼曾在贝宝担任副总裁，离开贝宝后创立了自己的公司领英。在贝宝共事的埃隆·马斯克、霍夫曼、彼得·蒂尔和麦克斯·列夫金等都在离开贝宝后再次创业，并互相帮助和投资，坚固的凝聚力和关系网络就像家族一样。

第七章　全球创新领域投资者图鉴

彼得·蒂尔和指环王

彼得·蒂尔也是贝宝家族的一员，是畅销书《从 0 到 1》的作者，在出售贝宝后他创立了名为克莱瑞姆资本管理的宏观对冲基金，由于美元疲软，仅 2003 年一年就获得了 65% 的巨额收益。2004 年 8 月，该基金以 50 万美金的对价收购了脸书 10.2% 的股份，《脸书效应》一书中记录了彼得·蒂尔投资脸书的过程。肖恩·帕克[1]是 P2P 音乐共享平台纳普斯特的创始人，当时他作为脸书的首任总裁在寻找初期投资者。起初，他找到了领英的 CEO 雷德·霍夫曼，霍夫曼很喜欢脸书的构想，但作为领英的 CEO，他担心日后会发生利益冲突，于是霍夫曼把彼得·蒂尔介绍给了肖恩·帕克。彼得·蒂尔在与肖恩·帕克和脸书创始人马克·扎克伯格会见后，便决定参与脸书的种子轮投资。彼得·蒂尔就是这样通过贝宝家族抓住了投资脸书的机会。2012 年 5 月，脸书上市，市场价值达到 1 000 亿美元，这为彼得·蒂尔和风险投资者带来了巨额财富。

彼得·蒂尔创立并投资了很多公司，其中帕兰提尔技术公司就是一家非常独特的公司。2003 年 5 月，彼得·蒂尔创建了帕兰提尔技术公司，目前该公司的估值为 200 亿美元，已经超越"独角兽"成为"超级独角兽"。帕兰提尔公司的名字取自小说《指环王》，意为一个可以看到万物的水晶球，彼得·蒂尔是《指环王》的"铁粉"，他希望像水晶球帕兰提尔一样，自己的公司也能够洞察全世界发生的事情，成为守护人类免遭恐怖袭击的千里眼。

帕兰提尔早期的技术是基于贝宝为预防金融诈骗而开发的反欺诈监测系统（FDS）。2000 年年初，作为新生互联网支付结算企业的贝宝因大规模欺诈交易而经历了巨大的企业危机，此后，贝宝培养了判断诈骗交易的专家，并开发出了能够分析诈骗交易的软件。彼得·蒂尔相信这项技术可以用于反恐和侦察。

以该技术为基础发展起来的代表产品是帕兰提尔 Metropolis 平台和帕兰提尔 Gotham 平台，这两大产品的名字取自超人和蝙蝠侠居住的城市名，都可以收集和分析看似毫无关联的大数据，找出很难用人眼发现的相关性和模式。Metropolis 平台主要用于金融诈骗等多种民用服务的分析，而 Gotham 则用于公共大数据及恐怖等异常征兆的分析。

帕兰提尔成立初期，在寻找投资者方面吃尽了苦头。为了获得初期资本，彼得·蒂尔访问了著名风险投资机构红杉资本，但据说红杉资本董事长迈克尔·莫里茨在聆听帕兰提尔的业务介绍时表示很无聊，甚至另一位风险投资机构凯鹏华盈当场指出了帕兰提尔的商业模式只能以失败告终的原因。

几经周折，帕兰提尔从美国中央情报局风险投资部门 In-Q-Tel 获得了投资，中央情报局自然而然地成为其重要客户。目前，普通顾客约占销售额的 75%，很多美国国家情报及安全部门（美国中央情报局、美国联邦调查局、美国国家安全局）仍然是其重要客户。美国国家情报机关利用帕兰提尔技术独特的公共大数据分析能力，来侦察非法活动和追查资金、走私品及嫌疑人的动向。

YouTube 和 Yelp

YouTube 最近被年轻人称作 GodTube，就是"一切皆有"的平台。通过用户经常使用的检索平台就可以知道该用户的年龄层，比如 YouTube 的用户通常是 10~30 岁，门户网站的用户通常是 30 岁以上，对 10~30 岁的用户来说，检索的概念发生了变化。在中国，短视频被吹到了风口浪尖，韩国也是如此。"有问题问 Naver（韩国搜索引擎），要沟通找脸书"已经成为过去，对于"YouTube 一代"来说，出现任何新奇的事物都会选择通过 YouTube 解决，也可以通过 YouTube 进行沟通，YouTube 才是大势所趋。

谷歌预测影像时代即将到来，于 2006 年 10 月斥资 16.5 亿美元收购了 YouTube。经过 12 年的时间，YouTube 已经成长为企业价值达到 1 600 亿美元的大型企业，是谷歌的重要收入来源之一，YouTube 月活跃用户超过 18 亿。YouTube 是贝宝家族成员查德·赫利与陈士骏、贾维德·卡里姆共同创建的。

2005 年，陈士骏发现无法与朋友共享数码相机拍摄的派对视频，他决定开发出一种视频服务来解决这个痛点。于是，他与贝宝家族成员查德·赫利一起，正式开始创建 YouTube，他们的目标是建立所有人都可以简单使用的视频播放网站，陈士骏仅用 4 个月就完成了 YouTube 的开发。YouTube 这个名字是 You 和 Tube 的结合，Tube 在美国俚语指电视，也就是说，YouTube 的意思是"你（You）随心选择的电视（Tube）"。开始提供服务半年后，YouTube 单日访问量已经达到了 300 万人次。

YouTube 的成功秘诀在于以用户为中心的服务和简便的操作方法。在 YouTube 上，用户可以直接选择想观看的内容，可以上传自己制作的视频，操作方法十分简便。YouTube 采用了 Flash（固态存储器与动画编辑器）技术，视频文件被转换成 Flash 后提供给用户，用户间共享非常顺畅，而其他视频服务网站提供的则是视频源文件，不仅对服务器造成流量负担，用户在个人计算机环境中的用户体验也较差。现在，YouTube 使用 HTML5（超文本 5.0）这一新技术取代 Flash，Flash 和 HTML5 的共同点是，即使不单独安装软件也可以播放视频，YouTube 仍然坚持用户友好这一战略。

另外，贝宝前工程师杰里米·斯托普尔曼和罗素·西蒙斯于 2004 年创建了美食点评网站 Yelp。当时斯托普尔曼患了重感冒，他发现在网上寻找好医生非常困难。通过"真实的人"撰写"真实的评论"打造出客观且可信赖的平台，这就是创建 Yelp 的构想。贝宝家族成员麦克斯·列夫金贡献了 100 万美元的初期资本，Yelp 自此启程。

　　Yelp 最初提供的服务是将"可以推荐下波士顿的儿童医院吗？"这一问题通过电子邮件发送给用户，统计用户的回答后制成表展现出来，却以失败告终，系统自动发送的邮件并不具有吸引力，但他们意外地发现用户也有自己的喜好——写点评。Yelp 的创始人共同就用户数据进行探讨后，更加确信吸引用户的关键在于点评。

　　在选择公司名字的过程中，选择了与"帮助"（Help）或"黄页"（Yellow Page）相似，却很简洁且易于记忆的名字 Yelp。Yelp 最初被戏称为是 Friendster（曾是全球最大的社交网站之一）版电话簿，现在通过提供各城市餐厅和商店的搜索、推荐、评价、共享等服务，影响着消费者的消费行为，尤其是购物和餐厅比重高达 40%，美国消费者可以通过 Yelp 寻找美食餐厅。《哈佛商业评论》估算，一家餐厅在 Yelp 上的评价每增加"一颗星"，营业额将提高 5%~9%。

贝宝家族和美国的创业生态系统

　　从贝宝出发连接起来的人脉网络，使贝宝家族发展为左右美国硅谷的权力集团。在美国，存在着众多类似于贝宝家族的人脉网络，比如谷歌出身的员工在创业或投资创业企业的过程中崭露头角的谷歌离职员工网站 Google Alumni，此外，还有谷歌首席执行官桑达尔·皮查伊、微软首席执行官萨提亚·纳德拉等硅谷企业管理层中印度信息技术人才组成的"印度家族"。

　　以美国硅谷为中心的创业生态系统非常成熟，大规模风险投资和天使投资具备了可以向创业企业提供资金的系统，大学的作用也不可小觑。现在，大学是开发和发现创新的典型窗口，美国政府也在鼓励大学发挥创新孵化器的作用，美国大学的研究成果从1980年的250项增加到2013年的5 163项，专利费用在1996—2013年增加了1 810亿美元，在创新机会和资金支持下，专利申请者持续增加。公众对于专利制度是促进还是阻碍创新存在分歧，但不可否认的是，专利与美国创新历史同在。美国专利局资料显示，2008年以后专利数量已经增加了一倍。

这些不过是美国创新的一个缩影而已，还有许多不畏风险的年轻人在我们意想不到的地方进行创新。以人才为基础的创新多样而广泛，使不断尝试新想法后将成功经验再用于生产成为可能，完善的基础设施和法律法规等都将美国的创新水平推向了一个又一个新高度。而站在这一切中心的就是贝宝家族。

愿景基金，千亿席卷全球创新型企业

过去10年间，在全球投资界，最大的变化之一是软银总裁孙正义的超大型基金——愿景基金的出现，其规模是史无前例的，排名仅在愿景基金之后的风险投资基金规模也只有数十亿美元；投资的执行速度也令人惊讶，在优步、WeWork、ARM（一家英国公司）控股等项目上，仅两年半时间就执行了700亿美元。愿景基金推翻了天使投资的一般假设，改变了投资观点、方式和时间等游戏规则。1号愿景基金的投资决策过程不透明，市场担心愿景基金高估了科技企业的价值，尤其是投入的资金规模高于被投资公司所需，收购大部分股权，缺乏公正的评估机会。愿景基金凭借庞大的资金力量，将许多物联网和共享汽车领域的企业收入囊中，不论上市与否，也不分国家，没有人知道愿景基金会持有所投资的企业多久，比如孙正义从2000年对中国阿里巴巴进行初期投资并持有到现在，投资时间可能远比我们想象中长久。

2016年9月，孙正义与沙特阿拉伯王储穆罕默德·本·萨勒曼会面，在这次会议中，孙正义解释了新技术以及沙特阿拉伯的未来变化。短短的45分钟，孙正义得到了450亿美元的投资，相当于每分钟10亿美元。

2017年5月20日，软银与沙特阿拉伯主权财富基金等一起推出了愿景基金。软银出资280亿美元，沙特阿拉伯主权财富基金出资450亿美元、阿联酋穆巴达拉发展公司出资150亿美元，共同投资了苹果、富士康、高通等跨国企业，初期投资金额约930亿美元，增资后基金规模达到1 000亿美元，[2]这一数字超过2016年全球风险投资总额的640亿美元。

基金取名愿景，孙正义拥有怎样的愿景呢？2016年，记者在美国硅谷见到他时，他说道："人工智能超越人类智慧的奇点即将来临，这对人类来说是莫大的机会。1 000亿美元的基金其实很少，要提前布局。"

技术的发展速度加快，甚至出现结构性断层，即将迎来巨大的飞跃，为了提前进行布局，孙正义给出的答案就是1 000亿美元规模的愿景基金。愿景基金引发了投资界资金规模的较量——"资本之战"。愿景基金投资越激进，对其他投资者来说可以投资的余地就越小，就越容易失去好的投资机会。其他风险投资公司也只能夸大自身实力。

很多机构都采取措施与愿景基金竞争。美国硅谷最大的风险投资公司红杉资本于2018年年初公布了四倍于此前基金规模的80亿美元基金计划，红杉资本以投资谷歌、苹果、爱彼迎等企业而闻名，还投资了阿里巴巴、大疆无人机、美团点评、滴滴出行等企业；中国成立了规模达1 000亿人民币的中国新时代科技基金。

孙正义希望成为技术产业的"沃伦·巴菲特"，他在为愿景基金募资时表示，今后 10 年将投资人工智能、物联网、机器人工学等新技术。在过去的一年里，愿景基金投资了优步、ARM 控股公司、英伟达、WeWork、Flipkart（印度的一家电子商务企业）等全球各国的移动、物联网、电子商务领域的初创公司。在孙正义投资的企业中，我最感兴趣的企业是 ARM 控股公司。

ARM 控股公司退市

软银于 2016 年 7 月以 234 亿英镑收购了 ARM 控股公司，创造了日本兼并史上的最高金额纪录。愿景基金于 2017 年通过向软银收购股份的方式，获得了 ARM 控股公司 25% 的股份。有传闻称，愿景基金投资者阿联酋穆巴达拉发展公司希望通过愿景基金持有 ARM 控股公司的股份。

软银收购 ARM 控股公司的对价为每股 17 英镑，这比前一周的收盘价高出 43%，如图 7.1 所示。在软银宣布收购 ARM 控股公司之前，我就开始投资 ARM 控股公司了，虽然它没有为我带来很高的投资收益率，但我相信，ARM 控股公司在智能手机领域拥有 95% 的市场占有率，这种垄断性的竞争力从长期来看终将得到市场的肯定。我们估算，软银提出的每股收购价格反映了保守估计的未来现金流，当然，软银在买入股票时支付了一定的溢价，即立即实现未来现金流后的价格。令人遗憾的是，如果被软银收购，ARM 控股公司将退市，根据基金投资相关规定，只能投资于上市企业的基金就只能出售 ARM 控股公司的股票，虽然股价较高，可以在短期内实现高收益，但这意味着富有魅力的长期投资对象会突然消失。

据说孙正义为筹集收购 ARM 控股公司的资金，出售了曾无比珍视的阿里巴巴股价。2000 年，孙正义向阿里巴巴投资了 2 000 万美元，在对创新高度关注的中国,这经常被作为实际投资案例,中国的许多风险投资者也对孙正义投资阿里巴巴的眼光赞不绝口。《华尔街日报》称,孙正义在阿里巴巴的投资项目中获得的回报约为2 000倍。

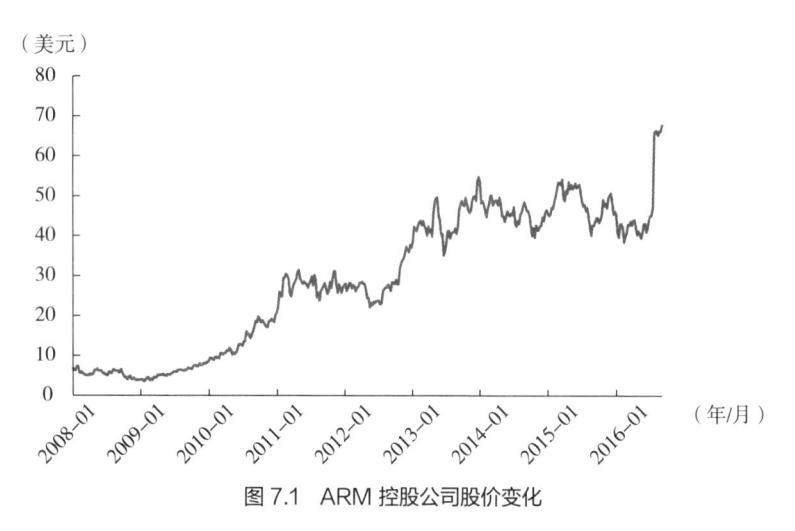

图 7.1 ARM 控股公司股价变化

资料来源:彭博社。

孙正义不惜以出售取得巨大成功的阿里巴巴股份来收购 ARM 控股公司。ARM 控股公司具有怎样的魅力呢?在我看来,ARM 控股公司正是处于孙正义看好的物联网平台的顶端,是应对未来半导体需求的重要布局。正因为如此,面对昂贵的价格,孙正义才毫不犹豫地选择了出售阿里巴巴股份以筹集资金。

ARM 控股公司是制造 Cortex 等系列处理器的英国公司。作为一家半导体公司,ARM 控股公司并不直接生产处理器,而是设计半导体,还可通过专利许可增加收益。ARM 控股公司被称为半导体设计企业或半导体知识产权企业,设计的处理器由三星电子等专门制造商生产。

个人计算机时代的核心企业是微软和英特尔,电脑运算系统使用了微软的 Windows 系统，CPU 使用了英特尔的芯片。现在舞台和主演已经发生了变化，在移动互联网时代，智能手机领域的核心企业之一就是 ARM 控股公司，这是因为智能手机需要耗电量低的低电压处理器——连接小的零部件需要耗电量低的半导体，目前只有 ARM 控股公司具备这种半导体设计能力，ARM 控股公司在智能手机领域的占有率为 95%，进入物联网时代也会继续维持垄断地位。

如果物联网时代正式开启，对半导体的需求将会增加，对 ARM 的需求也将增加。软银通过收购 ARM 控股公司来控制智能手机的核心技术，同时还将主导物联网市场。世界知名网络设备企业思科介绍，到 2020 年和 2030 年，连接网络的物品将分别增至 500 亿个和 5 000 亿个。而物联网的发展将会导致数据爆发式增长。数据量每 18 个月将增加一倍，大数据意味着新的市场。麦肯锡预测，物联网到 2025 年将创造年均 2.7 万亿美元，最多 11 万亿美元规模的新市场；到 2025 年，全体制造企业中 80%~100% 将使用物联网应用程序，物联网对制造业领域产生的经济影响最高将达到 2.3 万亿美元。

产品设计者如果在智能产品上探索使用网络连接的方案，物联网机器种类将会爆发式增加。在软银 2017 年大会上，ARM 控股公司 CEO 就物联网时代的半导体需求发表意见："过去 25 年中，半导体出货量共 1 000 亿只左右，但下一个 1 000 亿只将只需要 4 年。"

构建物联网平台

愿景基金投资的两大核心领域是物联网平台和车辆共享平台。如果我们来管理愿景基金，那么我们会如何构建愿景基金的投资组合呢？首先，让我们一起来尝试构建一个物联网平台的投资组合。物联网平台由两大类组成——微处理器和通信网，这是因为在物联网中，物和物必须通过网络连接。软银已经拥有日本（Softbank Corp）和美国（Sprint）的通信业务，现在又收购了ARM控股公司，解决了微处理器方面的问题。可以说，物联网平台的核心已经构建完成。

地球上还有很多没有开通网络的地区，非洲等最不发达国家或人口密度较低的地区属于互联网死角地带。目前，全球70亿人口中有一半左右没有享受到网络带来的便利，其中一个解决方法就是通过发射人造卫星来覆盖整个地球。软银投资的一网公司（OneWeb）就是提供无缝网络覆盖的企业，一网公司计划在1 200公里高度的低空轨道上发射900颗150公斤以下的小型人造卫星来消除互联网死角，就像科幻电影中出现的一样，需要投入巨额资金，这在过去几乎是天方夜谭，但如今人造卫星和火箭发射成本都随着技术发展而逐渐降低。

2018年1月，美国火箭实验室在自主发射台上发射了搭载小型人造卫星的火箭Electron，并将小型卫星送入轨道。长17米的二级火箭搭载了用3D打印机制作的发动机，成本约为500万美元，仅为传统火箭发射成本的几十分之一。Electron上搭载了三颗由Planet Labs制造的长为30厘米的小型卫星Dove。自主生产的廉价火箭和廉价小型卫星相结合，正在创造新的宇宙航天产业。

除太空探索技术公司（SpaceX）和蓝色起源（Blue Origin，亚马逊创始人杰夫·贝佐斯于2000年成立的商业太空公司）外，商业航天产业还有很多新生企业加入。在短短5年内，企业数量由10家左右增加至现在的100家以上，甚至连谷歌和脸书等大型IT企业也积极参与其中，谷歌的Project Loon和脸书的Internet.org就是典型代表。越来越多的公司发布了向太空发射火箭和卫星的计划。跨国公司为何如此积极呢？仅仅是为了推销太空旅行商品吗？非也！这是为了在将世界融为一体的物联网时代到来前，将消费者和企业吸引到自己构建的平台上。如果说此前是数字平台之战，那么从现在开始就是物联网平台之战。

火箭发射成本下降给市场发展带来了积极的作用,火箭发射成本近5年平均下降幅度约为20%。太空探索技术公司通过循环使用火箭的创新构想,将发射成本降低至阿丽亚娜5型(Ariane 5)火箭的60%,这给传统民用火箭发射市场带来了冲击。火箭发射成本中60%是一级火箭,20%是二级火箭,10%是整流罩,其余10%是火箭试验和组装费用,回收发射过的火箭可以显著降低发射成本。创新的构想带来的影响并不仅限于成本,而且正在创造新的市场。

物联网平台,即基础设施构建完成后,需要设计商业模式。物联网平台商业模式的核心是什么?如何盈利呢?从物联网收集的数据就是大数据,可以满足大数据的体量、多样性和速度等特点,最重要的是这些数据本身是有价值的,通过网络将物和物连接起来会产生大量丰富的数据,数据就是核心,正如从3G(第三代移动通信技术)过渡到LTE(长期演进技术)的过程中流媒体服务行业蓬勃发展一样,5G时代的到来将带来新的变化。通过构建超低时延、超大连接、超高速率的5G环境,可以实现各种机器的连接和数据的收集及传送,将为众多领域带来前所未有的变化,包括以智能工厂为中心的制造业、随远距离通信(Telematics)价值增加而有望实现增长的汽车和VR/AR传媒行业等。尤其在智能工厂方面,随着在5G中机器视觉或协作机器人实现实时控制并共享作业发展,效率将逐渐提高。2019年5G商用化步伐加快,投资者也越来越关注5G相关跨国企业(例如爱立信、台积电、Qorvo、Skyworks等企业)。

下一个问题是如何实时或者在规定的时间内收集、加工、分析大量数据,并迅速处理好这一系列的过程。愿景基金投资的OSIsoft便具有这种实时数据分析能力。OSIsoft拥有将数据收集、分类、分析过程简化并进行视觉化处理的软件技术,开发出了在石油、天然气、公共事业、矿业、造纸等许多产业中收集并管理物联网数据的软件。

收集到的数据本身没有价值，只有加以分析并利用这些数据来进行营销，才能创造价值并形成独特的商业模式。通常数据被比喻成数字时代的"原油"，我们需要对"原油"进行精炼，提取出"汽油"后进行销售，未来的利润就来源于创造出这种提取和销售"未来汽油"的商业模式。这是一场对通过物联网实时传送的各种形态的庞大数据进行分析，并以最快速度将其转化为有价值的信息的战斗，是大数据之战，左右着物联网平台之战的成败。在大数据分析方面，人工智能是核心，最终会成为物联网平台之战的终极武器。物联网、大数据、人工智能是第四次工业革命的核心，而人工智能将第四次工业革命与第三次工业革命区分开来。

从投资者的角度来看，愿景基金的资产组合已经包罗物联网、大数据、人工智能领域的核心企业（如图 7.2 所示）。数据收集和处理由 ARM 负责，数据通信网由软银和一网公司负责，分析大数据并视觉化后创造价值的软件由 OSIsoft 负责。

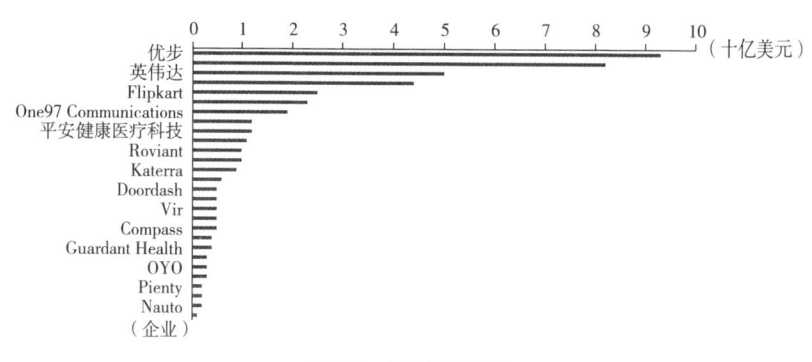

图 7.2　愿景基金投资

资料来源：《经济学人》。

掌握全球共享车辆平台

在《零边际成本社会》一书中，作者杰里米·里夫金指出："未来，基于合作和相辅相成的共享经济将代替资本主义。随着移动技术的发展，传统的资本主义市场结构将迅速向其他市场结构转型，将以合作、开放和共享为基础，形成与共享经济相似的模式。"

那么，愿景基金投资的第二个领域——汽车共享平台要如何构建呢？对投资者来说，如果能够以中国和美国为中心率先构建垄断性的车辆共享平台，那么游戏就变得容易起来。中国和美国是典型的市场，规模庞大，优步是美国汽车共享平台的代表企业，愿景基金于2017年12月向优步投资90亿美元，成为其最大股东。此外，软银还投资了几家打车软件公司，例如中国的滴滴出行、印度的Ola、新加坡的Grab，将活跃在汽车共享市场的亚洲企业收入囊中。"愿景基金＋软银"控制着中国、美国和主要亚洲国家的所有最具代表性的车辆共享企业，相当于已经控制了全球汽车共享市场。虽然软银没有成立任何车辆共享公司，也没有任何相关技术，但"愿景基金＋软银"以庞大的资本掌控着全球汽车共享平台。那么在拥有全球汽车共享平台的情况下，如何最大限度地提高收益呢？孙正义给出的答案如下。

美国科技类博客TechCrunch预测，到2025年，东南亚汽车共享汽车市场规模将扩大4倍，至200亿美元。市场飞速成长，规模庞大，市场占有率最重要，企业不惜一切代价也要确保用户。优步和Grab这两家公司在印度尼西亚、菲律宾、越南等人口达6.4亿的庞大的东南亚市场展开了激烈的角逐，为了获得更多的司机和市场占有率，这两家企业向司机支付补贴，降低手续费，同时给乘客提供优惠。

2018年3月，Grab宣布收购优步东南亚业务，而优步则持有Grab 27.5%的股份，实际上这是优步决定撤出东南亚市场的结果。在围绕市场份额展开的角逐中，只要有一方离场，剩余一方的市场支配地位自然会得到加强，市场支配地位是平台服务企业最为重视的竞争力。总部位于新加坡的 Grab 于 2012 年成立，收购了优步的东南亚业务后，将在新加坡、马来西亚、菲律宾、越南市场中超越竞争对手 Gojek（一家位于印尼的共享出行服务商），成为市场份额最高的企业。孙正义从 2014 年年底开始投资 Grab，同时是优步的主要股东。据悉孙正义说服 Grab 向优步出售股权，他希望在东南亚市场上出现一家具有强大市场支配地位的平台企业。

但 Gojek 也是不可小觑的竞争对手，Gojek 吸引了很多希望投资于美国以外的车辆呼叫服务企业的投资者，并取得了长足的发展。现在两家公司的商业模式和目标市场逐渐接近并发生冲突，Grab 和 Gojek 都以移动出行为基础，发展成在同一平台提供金融、餐饮配送、新闻、游戏等一站式服务的"超级应用"，这与阿里巴巴和微信的成长模式类似。按照地区来看，Gojek 与 Grab 在印度尼西亚展开激烈的竞争，为了掌握地区数字霸权，人口达 2.6 亿的印度尼西亚市场非常重要。在东南亚，Grap 的市场占有率很高，但 Gojek 的业务还拓展到移动出行市场以外的领域，从这一点上来看，Gojek 在印度尼西亚领先于 Grap。

孙正义在 2017 年底接受《华尔街日报》采访时说道："人类的出行方式将在 30~50 年内完全改变，我们必须建立一个汽车共享平台，以应对无人驾驶时代的到来。"

《华尔街日报》报道，共享汽车市场终将取代年均超过 1 000 亿美元规模的全球出租车市场。在车辆共享企业关注的无人驾驶汽车开发项目中，苹果、谷歌、特斯拉等公司和传统汽车企业已经开始进行投资。无人驾驶领域技术壁垒相当高，但共享车辆平台的技术壁垒并不高。更重要的是，即使无人驾驶车辆占据更高的比例，乘客叫车也需要通过车辆共享平台进行，这意味着平台更为重要。

无人驾驶车辆实现普及后，车辆所有权的概念终将消失，必要时人们可以使用无人驾驶汽车，车辆共享平台将成为其根基，此外，控制车辆共享平台就可以垄断无人驾驶车辆移动过程中产生的庞大数据。面对高技术壁垒，孙正义选择了"支配技术的技术"，软银和愿景基金——即孙正义控制着全球车辆共享平台。

2018年10月，日本丰田汽车和软银宣布成立合资公司MONET Technologies。在记者发布会上，丰田章男表示："技术创新使汽车的概念和竞争对手也在发生变化。"软银占据了合资公司50.25%的股份，拥有更多的股权意味着拥有主导权，百年历史的汽车产业霸权转移到了信息技术企业，车辆共享平台比丰田的品牌和技术更具优势。

是点金神手还是亏损之手

孙正义的每场演讲都座无虚席，然而2019年10月29日到31日在沙特阿拉伯首都利雅得举行的未来投资倡议峰会，观众席却空无一人，这与两年前和沙特阿拉伯王储穆罕默德·本·萨勒曼共同出席类似活动时受到的关注形成了鲜明对比。

未来投资倡议峰会是由多个国家的国际投资界和金融界人士参与的会议，被称为沙漠达沃斯论坛。但随着孙正义的愿景基金所投资的创业企业上市失败和裁员等情况的出现，投资者的热情逐渐消退。

2019年11月6日，软银发生了自1981年公司成立以来的最大规模的亏损。2019年第三季度亏损7 001亿日元，而2018年同期净利润为5 264亿日元，这是自2014年以来首次出现季度业绩亏损，其原因是最近几年对软银业绩做出巨大贡献的愿景基金发生巨额损失。

软银是世界第一大车辆共享服务企业优步的最大股东，11月优步的股价与5月上市时45美元的发行价格相比下跌了40%。一方面，自优步上市以来行业竞争加剧，投资者对于公司盈利能力的疑虑增加；另一方面，优步的三季度业绩亏损金额达到12亿美元。

2019年所有IPO（首次公开募股）项目中最受期待的共享办公空间企业WeWork上市失败，对孙正义名誉造成极大影响。2019年WeWork提交了IPO申请，然而出于对未来盈利能力的担忧，IPO被无限延期，WeWork年初的估值为470亿美元，然而提交IPO相关文件后，企业治理结构等问题暴露，11月估值已经跌至78亿美元，仅为年初的1/6。WeWork失败的最大原因是创始人亚当·诺依曼管理不善，他所持有股份的表决权曾一度超过普通股的20倍，软银在10月取得了公司的控制权。路透社等主要外媒报道，WeWork估值下降导致软银损失金额达4 977亿日元。

孙正义被称为"日本的沃伦·巴菲特"，被誉为投资鬼才，24岁时创建软件银行，基于软银取得的成功，通过向创业企业投资积累了巨额财富。孙正义本人非常有魄力，1995年，他与27岁的雅虎首席执行官杨致远会面，两个人边吃比萨边喝可乐边交谈，餐后孙正义就以1.5亿美元的对价取得了雅虎35%的股权。当时雅虎创业仅半年，员工也只有15人，孙正义果断决定投资这家营业收入为200万美元，亏损金额达100万美元的新生企业；在与阿里巴巴前董事长马云会面6分钟后，孙正义就决定成为阿里巴巴最大的股东，这也显示出了他富有挑战的投资偏好，而当时以2 000万美元购买的34.4%股权，在14年后阿里巴巴登陆美股市场时价值已经达到了578亿美元。

在愿景基金业绩低迷的情况下，孙正义承认自己最近的投资项目失败。对于同样需要应对投资者的我来说，承认这样的错误之前需要经历的精神痛苦是常人无法想象的。

"WeWork陷入破产危机对软银产生了严重影响，我不想为这个事实做任何辩解。WeWork导致软银第三季度出现亏损，是我们做出的投资判断不够慎重，我很后悔。"即便如此，孙正义还是表示不会改变现有的投资方针，"很多人可能不愿意相信，但软银的股东价值实际上有所增加。在不尽如人意的业绩和创造新高的股东价值这两个指标中，哪一个更为重要还需要各位来判断。愿景基金投资的88家企业将长期获得巨大的收益，我们的策略不会改变"。

孙正义没有屈服于愿景基金的亏损，将2号愿景基金的规模确定为1 080亿美元，并着手募集资金，然而目前正面临资金筹措的困难，对于愿景基金高度评价的投资对象企业账面价值存在泡沫的担忧也在加剧。1号和2号愿景基金所管理的资产总额占全球风险投资基金总额（8 030亿美元）的27%，孙正义试图在危机中扩大版图，他真的会成功吗？

孙正义计划在2020年3月之前，将愿景基金和此前投资的五六家企业上市，到2021年实现10家公司上市，但在最近股市停滞和科技股低迷的背景下，连上市日程都无法确定。沙特主权财富基金PIF等中东系资本更加难以收回投资资金，而且愿景基金1 000亿美元中400亿美元以优先股的形式募集，这笔资金承诺的股息收益率达到7%，这意味着平均每年还需要向投资者支付28亿美元的利息。愿景基金和《华尔街日报》称，愿景基金自2017年成立以来，截至2019年6月末共创造了64亿美元的利润，其中25亿美元返还给了投资者，16亿美元用于支付优先股股息。这意味着愿景基金目前还不具备此前承诺的收益结构。

阿里巴巴和腾讯，投资中国创新

根据世界知识产权组织的报告，2001年以来亚洲地区的专利申请量增加了足足三倍，目前已超过美国，其中中国占比最高。2016年中国专利申请数量为134万件，超过美国（59万件）的两倍以上。除了专利申请外，中国掀起了创业热潮，很多青年加入创业大潮，新生企业迅速成长为"独角兽企业"（即企业价值超过10亿美元的初创企业）。2018年上半年，每3.5天就有一家"独角兽企业"诞生。2017年，全球226家"独角兽企业"中有61家来自中国。风险投资金额也在增加，2013—2017年，中国的风险投资总额（包括风投、天使、私募、战略投资等）已经达到8 840亿美元。

造纸术、火药、指南针和印刷术并称为中国古代四大发明。2018年年初，中国的新四大发明广为流传——高铁、网购、移动支付和共享单车。移动支付的确非常便利，改变了人们的生活方式，只要有支付宝或微信，人们就可以不用随身携带现金，不用担心找零，在便利店、餐厅、出租车等几乎所有的消费场所都可以使用。新四大发明中，阿里巴巴和腾讯控制着移动支付、网购和共享单车。

很多国际投资者和跨国企业对中国的"独角兽企业"和初创企业很感兴趣并参与投资，实际上阿里巴巴和腾讯的投资活动更加活跃。阿里巴巴是中国第一大电子商务企业，腾讯是中国第一大游戏及通信服务企业；支付宝和微信的日活跃用户均超过了2亿人次。根据麦肯锡的统计数据，中国本土风险投资总额中40%~50%来自阿里巴巴和腾讯，这与美国形成了鲜明对比，美国主要的信息技术企业在本国市场风险投资总额中所占比重不到5%。在中国，阿里巴巴和腾讯超越机构投资者、主权财富基金、私募股权基金等传统投资者，成为初创企业投资大户；在亚洲地区，阿里巴巴和腾讯也以丰富的资金和长期的投资视角，与软银一起改变了传统私募基金和风险投资等机构引领的投资潮流。它们的资金实力和投资与否决定着中国乃至亚洲初创企业的命运。

阿里巴巴和腾讯的投资通过多种渠道进行——阿里巴巴和腾讯直

接参与投资,或通过风险投资子公司进行投资,或马云和马化腾个人直接进行投资。我们无从确认投资规模,腾讯公开的投资标的价值已经超过 330 亿美元。

阿里巴巴和腾讯的投资方式存在差异。阿里巴巴主要收购对象是适合阿里生态系统的企业,并通常会取得目标企业的控股权,而腾讯则通过投资数百家企业的少数股份来获得目标企业所拥有的技术。2011 年起,腾讯公司启动初创企业支援政策开放平台,其中最具代表性的是位于深圳的能够容纳约 1 200 人的创业孵化器"众创空间"。腾讯在中国 25 个城市设立了"众创空间",目前大约有 500 个大大小小的初创企业都在腾讯的资助项目中获得了帮助。

阿里巴巴和腾讯的资金对于年轻的创业者来说颇具吸引力。微信拥有超过 10 亿用户,支付宝的月活跃用户达到 7.85 亿人次(2019 年 9 月),超过了美国总人口数,两者掌握了中国移动支付市场,如果能得到它们的支持,创业很有可能取得成功。阿里巴巴和腾讯提供的资金充足,短期业绩压力也不大。

阿里巴巴和腾讯已经成长为科技企业巨头,摆脱了电子商务和游戏运营业务的束缚,业务领域不断实现多元化,双方不可避免地侵犯对方的领土,在众多领域展开激烈的角逐。在这样的竞争格局中,中国的新生企业和年轻的创业者不得不面临是进入阿里巴巴还是腾讯阵营的选择。阿里巴巴和腾讯的竞争格局对全球投资银行也产生了影响。《金融时报》报道,两家企业在与投资银行签约时,常以排他性地为自己公司提供服务作为合同条款,全球投资银行也被分为腾讯和阿里巴巴阵营。

目前,阿里巴巴和腾讯在餐饮配送、零售流通、咖啡、二手交易、人工智能、云计算、电动车等诸多领域展开竞争。在中国街头很容易看到身穿蓝色和黄色制服的外卖配送人员,黄色是美团,蓝色是饿了么。目前，美团点评的市场份额为59%，在餐饮配送领域位居首位，其大股东就是腾讯；2019年4月，阿里巴巴通过增持股份收购了送餐平台饿了么，市场占有率为30%~40%。为了获得更多的用户，美团和饿了么为用户提供补贴，双方竞争十分激烈，这既是为了抢先占领快速成长的餐饮配送服务市场份额的竞争，也有可能是两家企业看不见的心理之争。在共享单车领域的投资竞争也非常激烈，以腾讯为大股东的美团于2018年4月收购摩拜单车，而摩拜单车的竞争企业ofo则接受了阿里巴巴的支援。

零售流通领域是阿里巴巴和腾讯竞争最为激烈的战场。2017年年初以来，两者向零售行业相关企业投资了100多亿美元来进行业务扩张。腾讯与其持有18%股份的京东一起，增加了对唯品会、永辉超市等企业的股权投资。2016年10月，阿里巴巴提出线上线下相结合的未来型零售流通概念——"新零售"，目的是构建新零售生态系统，加大对生鲜和超市、便利店、百货商店、数码家电、餐饮事业相关企业（联华超市、银泰商业、苏宁云商、高鑫零售等）的投资力度。阿里巴巴的新零售模式在盒马鲜生体现得淋漓尽致，盒马鲜生以3公里内30分钟送达而闻名，这种O2O（线上到线下）模式100%依赖手机以降低成本，另外又改善了在线购物的缺点。对于阿里巴巴新零售成功与否，投资者莫衷一是。

如果说在中国本土是阿里巴巴和腾讯的龙争虎斗，那么在亚洲就是阿里巴巴、腾讯和"软银+愿景基金"的争霸。在资本基础薄弱的印度竞争尤为激烈，最近崭露头角的印度高科技企业背后都可以看到阿里巴巴、腾讯、"软银+愿景基金"的身影。比如，印度"独角兽"移动支付企业Paytm 40%的股份由阿里巴巴持有，电商Flipkart 21%的股份由"软银+愿景基金"持有（这部分股份于2018年5月全部出售给了美国沃尔玛）。

欧洲也需要欧洲愿景基金

忌妒之心人皆有之。面对美国、日本、中国竞相投资改变未来的科学技术，欧洲当然也不甘示弱。2019年8月22日，欧洲计划推出一只规模为1 000亿欧元（相当于1 100亿美元）的基金，用于对具备战略重要性产业的欧洲公司提供资金，规模超过愿景基金，将为与谷歌、苹果和阿里巴巴抗衡的欧洲科技巨头提供支持，这就是欧洲未来基金。

然而，过去欧洲类似的政策并没有取得成功。1970年欧洲实行了国家领军企业（National Champions）项目，原本希望通过经济民族主义形态的政策，从需要培养竞争力的战略性产业中筛选出核心企业，为其提供垄断市场的机会，在追求利润的同时增进国家利益，然而结果却不尽如人意。2000年，出于对谷歌的忧虑，法国和德国向欧洲企业多媒体搜索引擎（Quaero，拉丁文，表示寻找我）提供了数千万欧元的资金，但几年后不了了之。

在技术投资方面，欧洲足以吸引投资者的企业寥寥无几，欧洲政界人士也深知这一事实，他们将对于欧洲缺乏谷歌、亚马逊、阿里巴巴这样优秀企业的挫败感，转变为培育欧洲领军企业的动力。

欧洲证券市场中有很多工业时代的企业，却鲜有可以引领数字时代的企业。新兴企业数量较少，19世纪已经深深扎根于市场的雀巢和大众汽车两家公司形成鲜明对比，通过比较可以看出欧洲市场的特点。如图7.3所示，拥有悠久历史和良好口碑的雀巢被归类为稳定性较高的优质股票，市盈率（2019年年底为23倍）较高，而被归类为价值型股票的大众汽车市盈率却很低（2019年年底为6.3倍）。2019年年底，价值型股票价格有所反弹，两家公司的市盈率差距有所缩小，但绝对差值仍然很大。价值型股票包括很多如汽车制造业和银行业等已经过了上行周期的行业中的企业。欧洲的价值型股票比美国便宜，这是因为在欧洲，作为贷款利率参考标准的国债收益率为负值的情况下，银行的境况更为艰难，而欧洲汽车企业在无人驾驶领域的竞争力较弱。在缺乏成长型股票的欧洲，投资者没有选择价值型股票，拥有稳定收益和坚实的财务结构的优质股票更受投资者青睐，比如瑞士雀巢、法国LVMH等拥有强大品牌的消费品企业等。随着市场氛围的变化，欧洲价值型股票和优质股票之间的差距可能会缩小，但缺乏增长可能会作为欧洲市场对美国市场折价的原因而继续存在。[3]

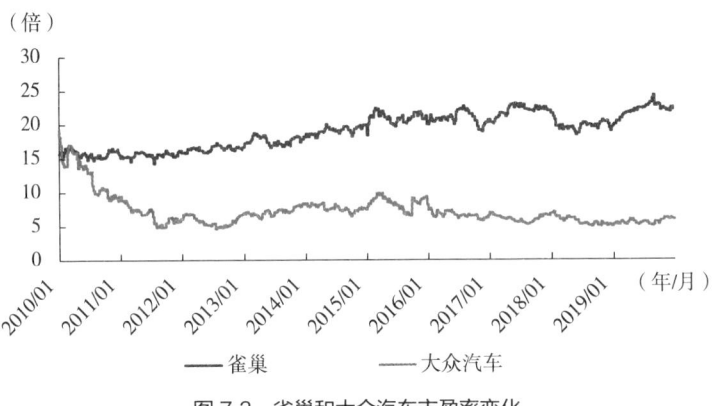

图 7.3 雀巢和大众汽车市盈率变化

资料来源：彭博社。

意识到欧洲缺乏成长型企业的并非只有投资者。倡导欧洲产业升级的乌尔苏拉·冯德莱恩于 2019 年 11 月 1 日正式成为欧盟委员会主席，她是否会推出欧洲未来基金并实施培养成长型企业的政策，还有待观察。尽管存在各种可能性，但从投资者的立场上看，可以获得政府资金支援的高科技企业名单尚不明确。

2019年9月11日,欧洲仅次于思爱普的第二大科技公司悄然在阿姆斯特丹交易所上市,这就是南非报业集团Naspers旗下的科技投资公司Prosus。欧洲用户经常使用互联网,却没有提供线上服务的大型企业,随着这次上市,欧洲地区也终于诞生了一家科技巨头。实际上,Prosus的业务与欧洲或欧洲的消费者相去甚远,占据企业价值中较大部分的是南非报业于2001年投资的腾讯股票的价值。南非报业集团主要投资于新兴国家的创业企业,对于投资腾讯取得成功而一跃成为鲸鱼的南非报业来说,南非共和国约翰内斯堡交易所的"池塘"太小,南非报业需要获得外国投资者来谋求发展,但南非的货币和政治风险令投资者望而却步,拆分集团并将其中一部分在欧洲上市,将有助于缩小所持有的腾讯股票市值和总市值的差距。但在出售腾讯股票后向投资者分配利润时需要支付股息预扣税,所以南非报业集团或Prosus当然要比腾讯公司的股票便宜。而且腾讯已经在香港地区上市,没有必要通过南非报业和Prosus进行间接投资,投资者可以直接在香港证券市场上购买腾讯的股票。尽管可以对相对于腾讯股票价值的下跌幅度下赌注,我仍对投资南非报业集团和Prosus的股票的动机有些怀疑。

硅谷的泡沫是否正在破灭

2019年是硅谷首家创业企业成立80周年,然而迎来80周年的硅谷正在失去活力。过去,在硅谷的投资由位于沙山路的几名风险投资人士负责,他们拥有以相对低廉的价格大规模收购创业企业股权的实力。现在,主权财富基金和大型企业等新的科技企业投资者对存在不确定性的企业进行投资,交易价格水涨船高,传统风险投资者的投资收益率不仅会因此恶化，创业成功率也会降低。

2019年的一个月内，470亿美元的企业价值蒸发了，这就是美国"独角兽企业"WeWork和JUUL Labs的企业价值的跌幅总和。世界最大的共享办公空间企业WeWork和有着"电子烟界的iPhone"之称的JUUL Labs企业价值暴跌。随着被创新的招牌所掩盖的营利性和企业伦理问题浮出水面，硅谷的泡沫正在破灭。

WeWork和JUUL Labs

原计划于2019年在美国证券市场上市的WeWork曾是万众瞩目的企业，企业估值曾飙升至470亿美元。但是在2019年8月上市文件公开之后，泡沫开始破裂。在WeWork 2019年上半年交出的成绩单中，营业收入为15.3亿美元，营业损失为13.7亿美元，营业成本和营销管理费用实际近乎营业收入的两倍，根本无法实现盈利。

尽管WeWork标榜的是平台商业模式，但其局限性暴露无遗。大多数平台在产生强大的网络效应之前，都需要在通过低廉的价格和较低的营销支出取得市场控制权后，再提高价格来创造利润。而WeWork是租赁办公空间后再出租的商业模式，将办公室重新装修，以短租的形式提供给没有能力负担长期租赁费用的创业企业，问题是，办公室租赁很难像搜索或社交网络服务一样，在未来某个时点占据吸引所有用户使用的市场支配地位。在中国和韩国也出现了很多共享空间，此外WeWork还需要与全世界的许多小型建筑企业进行竞争，即使占据了市场，大部分收入都要作为租赁费交给房屋所有人，这样的结构难以盈利。对于以年营业收入的10倍来推算WeWork企业价值的逻辑，投资者只能一笑置之。

创始人亚当·诺伊曼散漫且有违道德的经营方式也是WeWork的

问题所在。最近，诺依曼于2019年7月通过出售股份套现7亿美元这一事实被曝光，他还拥有最高级的私人喷气式飞机、奔驰顶级轿车迈巴赫，而且经常吸食大麻。诺依曼被逐出董事会后，WeWork宣布取消上市计划，企业价值随之跌破100亿美元。

掀起烟草行业创新热潮的JUUL Labs因青少年吸烟和有害性争议而深陷泥潭。JUUL Labs在美国液态香烟市场占据绝对优势，公司于2015年在硅谷成立后迅速发展，并于2018年取得了美国电子香烟市场72%的份额，估值达到380亿美元，持续发展的可能性得到了市场的认可。2018年12月20日，JUUL Labs获得了香烟品牌万宝路的母公司奥驰亚集团128亿美元的投资。

JUUL Labs的封闭式系统雾化器采用USB（通用串行总线）充电，设计简洁，消费者使用时产生的烟雾很少，而且会有甜甜的水果香气，深受美国年轻人的喜爱。烟民热衷于这种没有异味、便于携带的电子香烟，但美国纽约州、密歇根州等州政府陆续发布电子烟销售禁令，沃尔玛和开市客等主要流通渠道也停止了JUUL Labs的流通。JUUL Labs的首席执行官凯文·伯恩斯也因青少年吸烟问题引咎辞职，公司估值从500亿美元跌至400亿美元。

中国"独角兽企业"之战

中国已超过美国成为"独角兽企业"最多的国家。然而成为"独角兽企业"并不意味着所向披靡，在位于硅谷的美国企业陷入苦战的情况下，中国企业也未能逃避相似命运。

中国最大的网约车企业滴滴出行原计划2019年上市，然而进军海外市场失败，加之2018年发生的乘客遇害案件引发的安全问题和大规模亏损，严重影响了企业的发展，上市计划被无限期推迟。

世界最大的共享单车企业 ofo 投资数十亿美元用于拓展海外市场，也因面临破产危机而从不得不从各国市场撤出。

2019 年年初，人脸识别企业商汤科技准备新一轮融资，计划筹集 20 亿美元资金，然而投资者反应冷淡，商汤科技未能达成这一计划。

以估值 760 亿美元排名世界第一的"独角兽企业"、社交媒体公司字节跳动受到美国政府的牵制。字节跳动运营的视频共享应用程序抖音涉嫌非法收集美国青少年的个人信息，被美国联邦贸易委员会处以 570 万美元罚款。

英国市场调查机构普瑞奇调查，中国企业在 2019 年第二季度获得的投资金额为 94 亿美元，仅约为上年同期（413 亿美元）的 1/5。专门投资中国的风险投资基金数量也从 2015 年的 487 家减少到 2019 年的 45 家。依靠全球资本成长起来的中国"独角兽们"正在艰苦奋战。

一切都是骗局？

2001—2002 年美国互联网泡沫破裂，当时还是大学生的我天真地认为，大部分初创企业都是骗局。当时很重要的事实都被我忽略了，即把危机变为机会成长起来的企业。首先是谷歌，当时使用谷歌代替雅虎搜索功能的用户人数逐渐增加，搜索增量怎么可能变现呢？我完全没有料到谷歌的成长潜力。在美国发生"9·11"恐怖事件的第二个月，乔布斯发布了首款音乐播放器 iPod，当时恐怖袭击带来的冲击尚未平息，我完全不知道 iPod 产品的存在，时隔很久才了解到这一全新产品的诞生。当时在美国还出现了叫作奈飞的邮寄 DVD（数字通用光盘）电影服务，在美韩国留学生经常使用，我对此也一无所知，奈飞公司于 2002 年 5 月在纳斯达克上市，这也是我很久之后才知道的事实。

市场上的资金过多很容易引发泡沫,一些创业者受到傲慢和虚荣心的驱使,泡沫膨胀的幅度增加。但无论环境有多艰难,世界持续变化和发展的脚步却不会停歇。随着技术的进步,挑战新机会的创业者层出不穷,他们终将改变世界。那段被我看作骗局的黑暗时期,谷歌和奈飞在硅谷诞生,苹果东山再起,现在都发展成拥有庞大企业价值的科技巨头。

让我们一起关注在危机中寻找机会并成长的创业者,泡沫消退的过程中,金子的光芒也会被遮盖,避免鼠目寸光地放弃本质性变化和机会的愚蠢错误,泡沫破灭的时候,真正的机会反而会出现。

风险投资回报率如何

美国 IT 企业创始人需要融资时,都会不约而同地奔向硅谷的沙山路,这里聚集了诸如红杉资本、标杆资本、Accel 等业界最优秀的风险投资基金。其中,红杉资本参与了谷歌、雅虎、贝宝、YouTube 等企业的早期投资,在业界被称为"点金神手"。风险投资基金以广撒网的形式向创业企业投资,通常大部分项目失败,通过少数几个作品获得巨额收益,谷歌、脸书、雅虎、易趣等企业可谓是风险投资公司的本垒打。

那么风险投资的回报率又是怎样的呢?考夫曼基金会 2012 年的报告显示,大部分风险投资基金只为投资者带来了相当于股市平均水平的回报,这与一般人的认知不同。风险投资获得巨额收益的巅峰时期是 1997 年,从拥有数十亿美元的考夫曼基金会以后的案例来看,从投资过的基金中扣除 62% 的手续费后,收益率甚至可能低于股市。[4]

上市企业的平均投资回报率也同样令人失望。盛名之下其实难副,越是热门的股票,投资收益率就越低。就 1980 年以后美国股市上市企业来说,上市首日平均上涨 17.9%,但在此后的三年里,收益率均未达到预期目标。

曾接受风险投资的企业情况也很糟糕，2015年以后，上市企业受科技股强势上涨的市场氛围影响，绝对收益率良好，但相对收益率却在恶化，观察历史数据可以发现，投资者最好在美国股市上市的第一天抛售股票。

2019年5月10日，世界最大的车辆共享企业优步上市，上市第一天股价较发行价格45美元下跌了7.6%，令投资者大失所望。当天，3月上市的来福车也下跌了20%。在上市前年金基金和对冲基金等大型私募基金通过大规模投资已经赚得盆满钵满，对曾经对"独角兽企业"充满期待的普通投资者来说，上涨空间已经所剩无几。

第八章

全球投资霸权转移

对冲基金，受 ETF 重创

自 2008 年 1 月 1 日开始持续了 10 年的赌局终于在 2017 年纽约股市的最后一个交易日结束了，这就是沃伦·巴菲特和对冲基金 Protege Partners 的赌约，巴菲特获胜，222 万美元奖金也已全部捐献。

巴菲特曾批判对冲基金的手续费过高。2007 年，他与对冲基金 Protege Partners 立下赌约——10 年以后指数基金收益率将跑赢对冲基金。巴菲特选择了标普 500 指数基金，而 Protege Partner 选择了 5 只对冲基金。

赌局开始于 2008 年，当时美国股市从高位暴跌了 50%，时至今日巴菲特获胜的结果令人震惊。这 10 年间，指数基金的年平均收益率为 7.1%，而 Protege Partners 的对冲基金年平均收益率仅为 2.2%。一方面，仅 2017 年一年内，标普 500 指数就比年初上涨了 19.5%，这也为巴菲特的胜利助攻；另一方面，Protege Partners 选择的投资经理不够出色也可能是其失败的原因。

这种收益率竞争对投资经理来说一点儿也不令人愉快，特别是当收益率较差时，更会使人感到莫大的压力，压力之下有的投资经理会出现误判而走错棋子。我从 2010 年开始管理机构投资者的资金，也被迫参与了收益率竞争，持续不断的比较让我很不快乐，幸好竞争对手的失误拯救了我。

总而言之，对冲基金被认为是主动型资产管理的终极武器。在巴菲特和对冲基金的对决中，终极武器的收益率竟然低于单纯复制指数的 ETF，对于支持主动型资金管理的投资者来说，这绝非是个好消息。就连巴菲特也说："个人投资者如果有自己的工作，很难抽出足够时间钻研投资，则可以持续购买低成本的标普 500 指数基金。"尽管巴菲特师从现代主动型资产管理的元老级人物本杰明·格雷厄姆，通过投资低估值股票的主动型投资积累了今日的财富。

2014 年，美国最大的公共养老金加州公共雇员退休基金（CalPERS）宣称要从所有对冲基金中撤回资金，这是因为管理费率很高而业绩却不尽如人意。加州公共雇员退休基金是典型的公共养老基金，最先开始进行另类投资，投资标的有房地产、对冲基金和私募基金等，考虑到较低的收益率，这些机构投资者不愿继续向对冲基金支付高昂的手续费。实际上，自 2009 年以来，对冲基金收益率与标普 500 指数基金收益率相比持续表现低迷，资金也在不断外流，不少对冲基金因此而陷入困境。

主动型基金的生存之路？

全球金融危机爆发后，被动型基金更受投资者的青睐。除了常见的指数以外，还出现了利用企业内在价值、股息收益率、波动性等非价格要素加权后编制的指数并进行追踪的智慧贝塔策略，来代替传统的主动型基金管理方式。追求超额收益的主动型基金是否已经面临着生存危机呢？

这个问题的本质在于是否可以创造阿尔法收益，这与有效市场假说有关。在有效市场中，所有可以利用的信息都会及时反映在金融资产的价格上，因而不可能获得超出市场平均水平的收益。有效市场假说分为弱式、半强式、强式三种形态，实际出现的证据证明市场不具备强式有效性，大部分的实证分析都以弱式、半强式假说为主。

第八章　全球投资霸权转移

1988年,《华尔街日报》的实验结果为有效市场假说提供了强有力的证据。《华尔街日报》将通过"蒙住双眼的猴子掷飞镖"来随机构成的有价证券组合与四名专业分析师构建的有价证券组合进行比较,结果显示,"猴子"和分析师在14年里分别获得2.3%和1.2%的收益率,实验结果最终以分析师的失败告终。这一实验有力地证明了"在有效市场中,资产价格是不可预测的,即便是再聪明的投资者,也不可能创造超额收益"这一观点。

另外,行为金融学者对有效市场假说提出质疑,即无效市场假说,即使投资者的投资是理智的,实现套利交易的机会可能也是有限的。另外,人们在统计上有将个别案例普遍化的倾向,可能会导致过度反应(羊群效应、从众效应)。

结果导致相对于资产的实际价值,股价反映更多的是投资者的心理因素,呈现更强烈的波动。如果在市场上形成过于乐观的心理,资产价格就会大幅脱离实际价值,形成泡沫,市场心理不稳定,资产价格就会暴跌。凯恩斯就是通过分析市场心理从股市赚取了巨额财富,最重要的是,像沃伦·巴菲特这样伟大的投资者存在的本身,就已经成为创造阿尔法收益的最好证明。

学术界将有效市场假说和无效市场理论视为互补关系。有效市场假说在一般情况下具有解释能力,然而在比较特殊的情况下,各种无效率市场理论的解释能力更为突出。2013年诺贝尔经济学奖获得者包括芝加哥大学的尤金·法玛、拉尔斯·彼得·汉森、耶鲁大学的罗伯特·希勒。尤金·法玛是主张有效市场假说的代表性学者,希勒是主张市场无效的行为金融学代表学者,从这一点来看,他们获得共同奖项对投资者来说有很多启示。

拥护有效市场假说的学者和持反对意见的行为金融学者之间的论战仍在持续,这也可以看作被动型基金和主动型基金之间的论战。值得关注的是，这两种理论是可以并存的，因为桑福德·格罗斯曼和约瑟夫·斯蒂格利茨曾提出不存在完全信息市场（1980年），如果市场100%有效，就没有理由进行主动型投资，然而如果没有主动型投资，市场就不会100%有效，从而在两者之间的某个点上达到平衡。

诺贝尔经济学奖得主威廉·夏普在1991年发表的论文《主动投资的加减乘除》（The Arithmetic of Active Management）中指出，主动型投资者的平均收益率与被动型投资者的平均收益率（即市场收益率）相同。但是夏普明确主张："少数优秀的主动型投资者是完全可能存在的。"这意味着主动型基金创造阿尔法收益是可能的，只不过非常困难而已。

然而，在指数基金备受关注的情况下，只要市场存在无效性，就可以创造阿尔法收益。希勒以对房地产市场研究著称，房地产市场是典型的可以获得超额收益的低效市场；股票市场中，根据地区、类型不同，在效率相对较低之处也存在超过指数表现的机会。

晨星在《主动/被动晴雨表》（Active/Passive Barometer）报告中，将主动型基金的平均收益率高于同期间同类型被动型基金的情况定义为存活，以此来计算主动型基金存活率，存活率低的主要原因在于主动型基金的管理费相对较高。

值得关注的是，新兴国家市场中的主动型基金存活率高于美国市场，小型股票高于大型股票，价值型股票高于混合型/成长型股票。这可能是因为后者与前者相比市场效率相对较低，进而创造出阿尔法收益。也就是说，新兴国家相对于成熟的美国市场、小型股票相对于公开信息更多的大型股票、被市场忽略的所谓价值型股票相对于增长可能性较高的成长型股票来说，效率更低，从一般常识的角度也可以理解这一点。

凯恩斯说过这样一句话："市场延续非理性状态的时间比你能坚

持的时间更久。"无论学界围绕有效市场假说展开怎样的论战,真正的投资者应该以超额利润为目标,继续挖掘有潜力的股票,因为投资者如果停止对股票的分析和研究,市场就无法有效运作。

资产管理公司的生存大战

受全球资产价格上涨的影响,2011—2016年,美国资产管理行业的资产管理规模(AUM)年平均增长率为6%。2017年,随着股市利好,资产管理规模增加了13%。资产管理规模增加通常对资产管理公司是个好消息,但是,诸多结构性变化导致资产管理公司备受煎熬。[1]

几个结构性变化

第一个结构性变化是全球投资资金从主动型投资转向ETF和指数基金等被动型投资。流入被动型基金的资金在过去两年里增加了20%,流入主动型基金的资金则有所减少。尽管2017年美国股市出现利好,主动型股票基金与管理的资产规模相比减少1%,而被动型基金资金增加了9%。目前,被动策略在股票型基金中占39%,债券中占19%。业界预测,今后被动型债券基金将以更快的速度增长。

这种资金流向变化对贝莱德集团等资产管理公司的影响是积极的,对被动型占管理资产总额70%的先锋集团也是如此。但与预期相反的是,贝莱德的股价并不理想,这是由于被动型资金增加而管理费率在持续下降,被动型基金的管理费率在2016—2017年下降了16%,这影响了整体收益;大型资产管理公司之间的市场份额之争非常激烈,营销费用也在不断增加。投资者都知道资金规模增加而没有盈利的事实，在这种情况下，股价也没有理由持续上涨。

不同规模的资产管理公司所受影响的程度也有明显差异，与中小型资产管理公司相比，大型资产管理公司的主动型资金外流损失较小。在过去的三年中，美国资产管理公司中管理资产规模低于1 000亿美元的小型公司取得了相对优秀的成果，但每年的管理资产规模缩小幅度都高达6%以上；相反，规模在5 000亿美元以上的大型公司的缩小幅度仅为2%。可见，在资产管理服务行业，规模经济也在发挥作用。

第二个结构性变化是复杂的监管等导致成本增加。从2018年起，欧盟《金融工具市场指令》第2版（MiFID II）生效，欧洲的资产管理公司不得不将研究费用和交易佣金分开。该法规实施之前，他们可以通过支付交易佣金来换取研究服务，而法规实施以后，资产管理公司需要额外支付研究费用，这将导致投资欧洲的跨国资产管理公司和同等规模仅投资美国的资产管理公司相比，需要多支付10%~20%的费用。该制度旨在提高资产管理行业的透明度，资产管理公司不得不减少合作的投资银行和券商数量，同时降低研究成本。截至目前，这一规定还没有明确的影响，但我们可以肯定的是，应对政府规定产生的费用和研究成本的增加，对中小型资产管理公司的影响更为严重。

第三个结构性变化是基金销售的亚马逊化。韩国也出现了像基金超市一样的亚马逊式市场，资产管理公司可以直接向消费者销售基金，但不提供基金推荐等咨询服务。这与过去通过银行等渠道销售基金是不同的模式。亚马逊式市场的出现，提高了基金商品的价格透明性。

基金销售渠道的变化导致资产管理公司站在了十字路口。大型资产管理公司拥有向消费者直接销售商品的渠道，收购独立投资咨询顾问平台，同时增加直接对客户营销；相反，小型资产管理公司为了生存下来，正在考虑转向先锋集团这样具有价格竞争力的商业模式。在顾客管理方面，也向需要专门复杂服务的高净值客户和不需要额外服务且管理费率低廉的客户两个方向分层。奥纬咨询估算，从长期来看，流通渠道的变化将导致管理费收入减少 50%。

第四个结构性变化是另类投资的发展和商业模式的多元化，这是由大型资产管理公司主导的。目前，另类投资仅占管理资产总额的 10%，但在管理费收入方面的贡献度正在上升，是可以为资产管理公司带来收入的业务。在资金流入方面，2012—2017 年投资标的多元化的公司与没有变化的公司相比，吸引到的资金更多，比如黑石等公司在另类投资中颇具竞争能力。

第五个结构性变化是信息技术的影响力逐渐扩大。下文将进一步对信息技术给资产管理行业带来的影响进行分析。

信息技术和另类数据的发展

信息技术的发展主要从三个方面影响资产管理行业。短期来看，将会产生降低成本的积极作用；中长期来看，可以基于不同于以往的投资方式开发新的商品，但同时也会带来就业岗位减少的问题。

一般来说，在全球资产管理公司的所有成本中，约有 10%~20% 用于数据的维护和管理。随着信息技术的发展，很多公司引进了将数据汇总后由中央管理的软件，以降低数据管理成本。尽管资产管理行业的自动化程度较高，管理费中人力成本仍高达 40%，考虑到较高的数据管理成本和人力成本，更多的资产管理公司选择将其外包给专门的信息企业，通过自动化和外包可以节省 30% 以上的成本。但如果公司规模较小，费用降低的效果一般会降低。

信息技术的投入也有助于资产管理公司开发出与从前截然不同的新商品。最具代表性的信息技术就是人工智能。对"落后就是灭亡"

的恐惧导致很多公司纷纷引进人工智能技术，比如，华尔街的数据科学家招聘人数从 2010 年的 45 人增加到 2017 年的 340 人，数据科学家也成为 2018 年华尔街最受欢迎的职业。

可以通过另类数据服务企业增加的情况来判断新投资方式和商品出现的可能性。另类数据是指经济指标或企业报告等传统财务信息以外的投资信息，主要包括人造卫星影像、信用卡消费习惯、偏好分析等，航空公司、与酒店相关的应用程序下载次数、用户点评、提供旅游信息的应用亿客行和旅游服务网站 Priceline 的预订统计等也属于另类数据。此外，还出现了利用贸易数据预测苹果手机销量或利用谷歌搜索趋势分析博柏利销量的方法。

超越财务报表及传统数据库的另类数据服务商越来越多。摩根大通统计，资产管理公司每年用于获取另类数据支付的费用最高达到 30 亿美元。投资者不必再询问特斯拉的销量，数据提供商 Quandl 公司表示："购买汽车就需要购买保险。"Quandl 通过保险公司数据库，就能判断特斯拉汽车销量。随着竞争的加剧，传统数据提供企业彭博目前为投资者提供特斯拉生产量历史记录，彭博是以所有在美国生产的汽车固有的车辆识别号码（VIN）为标准来推测产量。向顾客提供调查信息的投资银行也在进行类似的研究。2014 年，瑞银证券成立了证据实验室，该研究所拆解了特斯拉 Model 3、雪佛兰博尔特以及宝马 i3 三款车型，并比较了零部件，发现特斯拉的电池的性能优越，但生产质量较差，而且生产成本要高于预期。

现在有超过 100 家的另类数据服务商，提供的数据种类也更加丰富。一些对冲基金为了垄断有价值的另类数据，与数据提供商签订排他性合同。但大部分另类数据都属于大数据，因此对人工智能技术的依赖程度更高。另类数据提供商将分析结果出售给资产管理公司。例如，Obital Insight 向加拿大皇家银行资本市场提供消费者及能源信息，与传统数据的不同之处在于以人造卫星拍摄的照片为基础,分析油罐内的油量,从而分析库存并预测价格动向;此外,还提供沃尔玛停车场的车辆统计数据,如果停车场的车辆数较多,则说明顾客多,营业收入也会增加。

数据分析公司 Prattle 利用人工智能对各国央行行长的演讲、企业业绩发布公告等进行分析后,将其转换成具有商业价值的信息并提供给对冲基金。例如,通过面部识别软件捕捉美国联邦储备委员会主席杰罗姆·鲍威尔在记者发布会上的细微表情,判断出今后上调利率的可能性,也可以对企业业绩发布内容进行语音分析来判断股价的走向。2017 年 11 月,美国制药公司迈兰制药宣布下调业绩预期,Prattle 软件分析了业绩发布的内容后,提出了股价上升的可能性,业绩公布后股价果然上升了 4.7%。

另类数据最初的消费者主要是量化和对冲基金,随着更多信息的出现,其他投资者也开始产生兴趣。这种变化改善了企业与股东之间的信息不对称,在上市公司拒绝公开信息等情况下,另类数据就可以满足投资者的需求。例如,投资者可以通过企业的招聘公告来判断公司经营情况,因为人才招聘计划能够更好地反映管理层的真实想法。

信息技术不仅适用于股市,如今在债券市场中,得益于计算技术的发展、长时间累积的交易数据以及对债券市场的诸多研究,系统性债券投资也迎来了转折点。一方面,债券交易量远远低于股票,交易成本也较高,这意味着即使有望获得高收益的策略,也很难通过实际交易创造收益。另一方面,在于企业负债的结构,企业发行的股票分为一种或两种类型,而债券根据法律保护、货币、期限及付息等不同的形态可以达到数十种或数百种类型。

量化投资在债券市场中得到应用。英仕曼集团在 2018 年年底推出了基于量化策略的债券型基金,初期目标是投资美国垃圾债券,计划逐渐扩大至投资级公司债券，英仕曼掌握的重要数据包括信用卡消费明细、收据发票、航运数据等非传统数据，这些信息将被用来分析未定期公布财务报表的非上市公司，判断竞争企业与客户之间的关系，并分析债券价格如何变化。

截至目前，债券市场中只能实现小规模交易。规模较大的交易仍需要通过短信和电话进行，尽管速度很慢，债券市场对机器的依赖程度也在提高。英仕曼信贷业务联席代表罗伯特·林也表示，虽然目前基于量化策略的债券投资还处于初期阶段，但信用市场正在发生结构性变化。

从资产管理公司的角度来看，技术是节约成本和开发新商品的工具，但技术的长期发展对金融从业人员构成威胁，这是因为自动化和外包增加意味着所需人力的减少。引入更多的数据和有效的分析工具，导致对数据、数据科学家以及技术的支出不断增加，基金经理和管理人员的用武之地逐渐缩小。

如上所述，在这些结构性变化中，资产管理公司推出的很多商品推广可能性很高。正如亚马逊的出现使图书和唱片市场普及一样，"低端市场的破坏策略"十分具有威胁性，最终，主动型资产管理也不得不为了生存而探索其他领域。这显然是一场危机，但创新也需要时间，我们还有准备的时间。

被动型投资的逆袭之路

2008年全球金融危机爆发以后，主动型投资在创造超额收益方面遭遇瓶颈，投资者逐渐失去了兴趣。相反，其他金融产品的人气则有所提高，包括 ETF、智慧贝塔、机器人投顾等。

ETF、智慧贝塔、机器人投顾和肯硕

ETF 以低廉的成本结构优势飞速发展，自 1993 年世界首只 ETF（道富环球投资管理公司推出的 SPY，以标准普尔 500 为追踪标的）推出以来，ETF 以年均 21% 的速度快速发展。目前，ETF 资产规模约占美国股市总市值的 11%、共同基金的 18%。在今后的 3~5 年里，将以平均每年 15% 的速度增长，预计到 2020 年将达到 7.6 万亿美元。[2] 安永分析，ETF 的主要竞争力在于手续费低廉、交易简便、透明度高，尤其管理费用低是其魅力所在。

美国 ETF 资产管理规模和市场占有率如图 8.1 所示。

图 8.1 ETF 飞速发展

资料来源：瑞信、Simfund。

毕马威全球资产管理部门负责人汤姆·布朗认为，今后 ETF 将给资产管理行业带来创新并改变游戏规则。正如智慧贝塔呈现出来的一样，非常易于与数字技术相结合，投资者的关注度有望进一步增加。

正如他预测的，目前全球 ETF 资产规模已经突破了 5 万亿美元，并且需求会继续增加，很有可能在近期超过传统的主动型基金，成为美国共同基金市场的主流。

2000 年，智慧贝塔正式出现。在主动型基金管理方面，智慧贝塔将投资经理使用的选股及投资组合构建方法等量化，同时降低手续费，从而提高成本结构效率，从这一点来看，智慧贝塔将加速主动型资产管理的商业化。既有的 ETF 通过流通市值加权方式或单纯平均来构建资产组合，而智慧贝塔则利用营业收入、营业利润、股价波动等主动型基金中使用的诸多变量，创造出多种产品结构。随着智慧贝塔对策的发展，与主动型投资相似的管理结构正逐渐被构建起来。

机器人投顾也是最近出现的金融产品之一。机器人投顾通常使用人工智能技术为低净值顾客提供定制型投资组合。利用基于算法和大数据分析的电脑程序，自动制定资产组合配置方案，并据此进行商品交易，高净值客户专享的资产管理服务门槛也随之逐渐降低。美国机器人投顾市场于 2010 年首次形成，年平均增长率达 20%，2017 年市场规模为 3 000 亿美元，2020 年有望增至 2.2 万亿美元。

截至目前，机器人投顾的投资标的主要是 ETF 等被动型产品，随着时间的推移，将逐渐扩展到房地产、税务、继承等多种资产管理服务领域。如果谷歌等大型信息技术企业涉足财富管理和资产管理行业，则很有可能基于大数据分析，在很大程度上代替传统的资产管理服务。为了应对这样的时代潮流，贝莱德集团于 2015 年收购了机器人投顾企业未来顾问。

在新的金融产品中，肯硕被称作金融界的阿尔法狗，利用收集并分析金融市场和媒体报道等数据的人工智能技术，对股票研究员的工作构成了威胁。高盛、摩根大通、谷歌等全球代表性金融及信息技术企业对肯硕进行了投资。肯硕在英国宣布脱欧后，对英镑汇率变动、特朗普当选美国总统后汇率波动等全球大型事件都表现出了准确的预测能力。2018年下半年,美国CNBC电视台在节目中询问有关全球宏观变量的意见时,肯硕的回答十分令人震惊。以下是肯硕基于历史数据分析的内容做出的明确回答。

> 主持人:"如果10年期利率在30天内涨幅超过25bp(基点),最佳投资对象是什么?"
> 肯硕:"原油ETF。"
> 主持人:"中国上证指数跌幅超过10%,美国股市会怎么样?"
> 肯硕:"美国市场下跌的概率为70%。"

免费基金和正在消失的投资经理

2018年该来的终于来了,零费率基金登场。管理费率持续下降,最终出现了免费基金。这意味着我将免费为投资者工作,基金公司无法依靠管理费收入盈利,未来应该使用所募集的资金,通过其他领域创造收益。现在资产管理行业也转换成平台商业模式。2018年8月,国际资产管理公司富达国际推出两只面向普通投资者的零费率指数基金,即富达零费率全市场指数基金(FZROX)和富达零费率国际指数基金(FZILX)。上市不到一个月,两只基金的资金流入规模已经超过了10亿美元。这两只基金不面向机构投资者,而是将其他股票和债券基金的手续费下调35%。

被称为"华尔街英雄"的彼得·林奇在管理基金期间(1963—1977年),富达基金的麦哲伦基金在13年间取得了年均近30%的收益率。麦哲伦基金是美国排名第一的共同基金,过去20年里,麦哲伦基金收益率平平，管理的资产规模急剧减少。尽管如此，富达基金仍然以主动型基金为主，目前管理的2.6万亿美元资产中，只有17%使用被动策略。但是，由于手续费收入持续下降，资金也不断流失，富达才推出了零费率基金，低廉的管理费已经不再是竞争优势，低价策略的效果也大不如以往。

如上所述，全球资产管理行业的营利性逐渐降低，主要原因在于与接近零费率的被动型基金之间的费率战、对合规经营和信息技术安全等方面的投资增加。资产管理行业正在发生颠覆性的变化，强者更强，在这场生存竞争中，大型化是必然的。机构投资者、主权财富基金以及商业银行也在减少合作公司的数量，这再次证明了资产管理公司大型化的必要性。

美国大型资产管理公司景顺于2019年5月收购了资产规模达2 290亿美元的奥本海默基金，总资产规模达到了1.2万亿美元，与贝莱德集团、资本集团、富达国际、摩根大通资产管理公司等一起迈入资产规模万亿美元俱乐部。景顺首席执行官马丁·弗拉纳根说："在减薪和成本压力下，未来5年内将有1/3的资产管理公司消失，好时光一去不复返，我们现在要投资的是从未见过的事物。"

同时，全球资产管理公司贝莱德集团已于2017年3月解雇了7名管理主动型基金的投资经理，如果是因为业绩不好，几位投资经理无话可说，然而事实是他们管理的主动型基金被交给了算法——人工智能。贝莱德通过分析消费者购买数据来预测沃尔玛的业绩，或利用投资经理的搜索模式变化掌握有用的交易信号等，通过各种大数据分析，改善了主动型基金的表现。贝莱德计划今后继续投资机器人投顾、人工智能等技术，而投资经理继续被机器排挤。从前对大型股下注的方式已经很难与机器展开竞争，那么投资经理要如何生存呢？

第八章　全球投资霸权转移

零费率，尽情交易吧

2019年10月，美国最大的在线证券公司嘉信理财宣布取消交易佣金，这意味着每笔交易佣金从4.95美元降为零。佣金收入在总营业收入中占比7%，出于对盈利能力的担忧，嘉信理财的股价一度下跌了12%。其他两家在线证券公司亚美利交易和亿创理财的股价也分别暴跌26%和20%，作为嘉信理财的竞争对手，这是不可避免的（如图8.2所示）。一家公司做出选择之后，另外一家公司不得不采取同样的行动，或者采取更为激进的措施。实际上，在嘉信理财发表公告一天后，亿创理财就将佣金从原来的6.95美元调整至零。

嘉信理财于1987年上市，在此后的10年间，亿创理财和亚美利交易也接连上市，日内交易始于20世纪90年代科技泡沫时期，参与日内交易的投资者首次在互联网上直接进行股票交易，当时每笔手续费为40美元，在今天看来是很高的水平，但是与当时华尔街要求的佣金相比还是比较低廉的。

最近几年，在线券商在没有受到华尔街制约的情况下取得了长足的发展，它们吸引着对传统券商所看重的服务没什么兴趣的客户，就像零售行业的折扣店一样，通过低廉的交易、投资咨询手续费积累了高达数万亿美元的客户资产。最近的资料显示，美国美林银行的资产管理部门资产为2.9万亿美元，摩根士丹利的证券业务部门资产为2.6万亿美元，而嘉信理财、亚美利交易和亿创理财的客户资产规模共6万亿美元。那么嘉信理财为什么宣布进入零佣金时代呢？为了生存。

全球创新投资

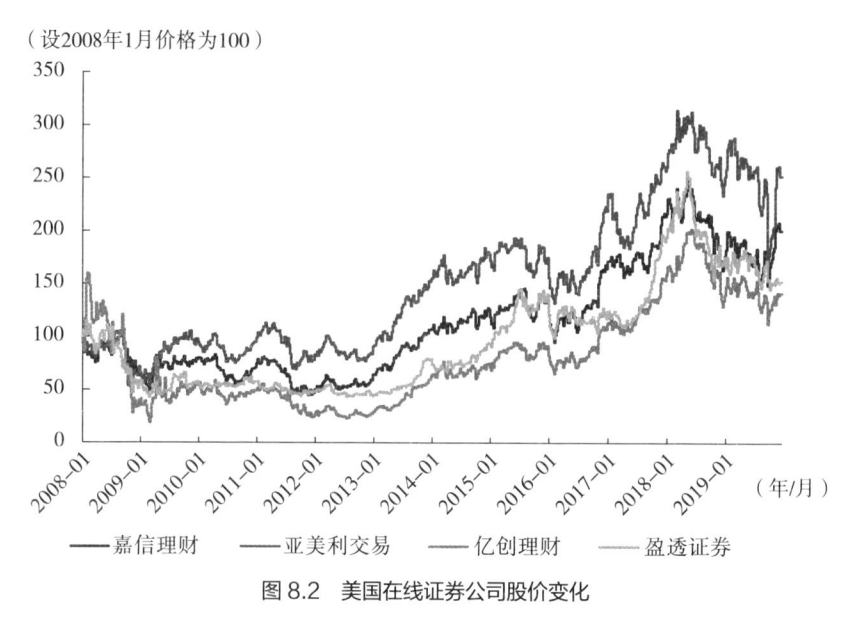

（设2008年1月价格为100）

图8.2 美国在线证券公司股价变化

图例：嘉信理财　亚美利交易　亿创理财　盈透证券

资料来源：彭博社。

嘉信理财以低廉的手续费和以顾客为中心的服务理念，可以称得上是美国证券行业非常具有颠覆性的创新型企业，但无法忽略标榜零佣金的罗宾侠。2011年，在目睹"占领华尔街"运动之后，弗拉基米尔·特涅夫和拜朱·巴特出于对资本大鳄的愤怒决定创建罗宾侠。早期的罗宾侠是微不足道的，但随着以"千禧一代"为中心的用户人数增加至600万，罗宾侠成为不可忽视的存在。

传统券商的年轻顾客开始流失，盈利能力出现恶化，嘉信理财已经宣布裁员600人，相当于全体员工数的3%，华丽的登场并不能避免被瓦解的命运，世上没有任何一个行业是安全的，现在证券行业通过收取佣金创造收益的传统商业模式将不可避免地发生改变。

对于此前为了降低佣金而进行裁员的在线券商来说，零佣金时代的到来将促进行业内整合。亚美利交易于2017年收购了史考特证券，2019年11月嘉信理财收购了亚美利交易，而亿创理财则收购了

OptionsHouse 的母公司等，行业整合的帷幕已经拉开。

现在，在线券商的命运取决于是否有能力吸引为新形式商品和服务支付费用的新顾客，从而使业务升级。在线券商填补佣金收入的方法之一是发展银行业务，即利用从证券账户流入的客户资金进行投资、提供贷款以获取利息等银行业务。在低利率时代，利息收入减少的情况下，这些在线券商可以提供更多的贷款，为客户提供可以取代大型商业银行的服务，从而进一步扩大其银行类业务。

费率战的另外一个战场在于投资咨询服务。如果在线券商和资产管理公司放弃手续费，投资咨询服务必然会变得更加重要。嘉信理财于 2019 年 7 月收购了保险公司 USAA 的资产管理业务部门后，进一步强化了收益较高的投资咨询业务，竞争企业也已经认识到这一大方向，积极参与到竞争的战场中。亿创理财于 2018 年收购了美国信托公司，建立了独立的咨询业务部门，正式向嘉信理财和亚美利宣战。

零佣金交易将为普通投资者打开投资的大门，在不久的未来，消费者将取得最终的胜利。

人工智能与投资经理

小孩子可以轻而易举地分辨出照片里的狗和猫，但这对电脑来说是一件极其困难的事情。2012 年发生了令人工智能开发人员大吃一惊的事件，在电脑能够识别照片中物体的"形象网"比赛中，多伦多大学取得了压倒性胜利。此前人工智能的正确率为 74%，而多伦多大学的正确率为 84.7%，计算机突然变聪明了，这意味着多伦多大学的深度学习技术造就了聪明的电脑。

深度学习技术出现以后，人工智能迅速进化，这令投资经理和分析师非常苦恼，因为人工智能今后在一定程度上可以取代人类。客观来说，人工智能似乎比人类优越，可以在庞大的数据中比人类更快地找到稀有的资源，可以迅速处理以几何级数增加的信息，降低非理性判断的可能性。因此，在数据和投资对象相对较多、定性判断的重要性较低的短线投资领域，人工智能的应用将会迅速扩大。在以价格动量为基础或快速应对的短线投资领域，人类很难战胜人工智能，因为人类的固有观念和恐惧往往会导致失误。但人工智能在数据不一致或经常变化时，会表现出脆弱的一面，就像在李世石和阿尔法狗的第四轮对决中，李世石的一招妙手使阿尔法狗出现了反常失误。

有人指出人工智能在商业化医疗领域的局限性。IBM的沃森是最为卓越的医疗人工智能技术，在印度马尼帕尔医院诊断直肠癌时与医生的一致性达到了85%，而肺癌一致性仅为17.8%，非转移性乳腺癌的一致性为80%，但转移性乳腺癌一致性仅为45%。一致性数据在不同人中间也存在差异，进而影响沃森的可信度。IBM在2018年中断或削减了沃森癌症治疗方案和新药开发计划人工智能平台。

无人驾驶汽车领域也是如此。2018年3月，优步的一辆无人驾驶汽车在美国亚利桑那州坦普地区撞死行人，这是第一起无人驾驶汽车撞死行人的交通事故，是逆光条件下传感器识别效率下降导致的。无人驾驶汽车大多使用激光雷达来识别周围事物和道路状况，由人工智能技术操作驾驶的方式，工作原理看似很简单，但传感器对周围事物的错误判断或移动预判局限等可能引发交通事故。另外，人工智能对雪、雨、雾等无规则变量的应对能力还未达到预期。无人驾驶汽车导致的死亡事故使零事故构想被打破，市场也反映了这一点。2019年9月，摩根士丹利以技术延迟为由，将谷歌母公司字母表公司旗下的无人驾驶汽车公司Waymo的企业价值从原来的1 750亿美元下调40%至1 050亿美元。

第八章 全球投资霸权转移

由于机器学习系统只能从已存在的数据中学习，难以应对未曾出现的情况，而人类则可以通过合理的推论应对新情况。尽管大部分情况都是微不足道的，处理不当也有可能成为事故发生的原因，然而这样的问题难度太高，像中国一样将整个城市重建成完全适合无人驾驶汽车的城市会更容易。

另外，在事故发生时，可能会出现优先保护驾驶者还是行人的两难境地，根据判断的结果来决定由哪一方承担法律责任等非技术性问题也是需要解决的课题。对此，人工智能专家多使用最大奖励强化学习，或类似于人类发挥集体智慧一样，各种人工智能算法寻找共同结论的"集成方法"等来解决问题。

股市上很多噪声会使价格突然发生不规则的变化，在遇到这类价格剧烈波动的情况时，人工智能会如何决定呢？错误判断并下达交易指令时，人类如何阻止人工智能呢？也许要拔掉电脑的电源线吧。

尽管存在各种争议，人工智能热潮仍在不断高涨，投资也在持续，美国市场调查机构 PitchBook 称，2019 年对人工智能的投资规模达到了 310 亿美元。伦敦的风险投资企业 MMC Ventures 对全球 2 830 个科技创业企业进行了分析，结果显示拥有人工智能技术的创业企业融资规模比其他企业高出 15%~50%。

如果将人工智能应用到资产管理领域，用于机器学习的金融数据的特性（数据量少，动态变化）导致人工智能很容易被过度优化，数据和学习方法的不同也会导致不同的结果。此外，人工智能只能通过数字形式对定量数据进行分析，在定性分析方面尚存在局限，人工智能技术在数学、统计等方面表现优秀，但政治、社会、经济等人文领域仍是人工智能的弱项。目前我主要对人口老龄化、消费增长、创新技术等未来可能会发生的结构性变化趋势进行投资，在这种结构性趋势投资中，人类比起人工智能可以更深入地研究结构性变化，更出色地进行长期投资。

最重要的是，人工智能仅仅掌握了数据的表面关系，却无法分析这些关系的本质原因和原理，无法解释做出这种选择的原因。对于人工智能找出的模式是今后可以持续使用的策略还是单纯的噪声，还需要人类的判断来加以确认，人工智能绝对不是可以从庞大的数据中独立找出最佳战略的魔法工具，最终还是需要基于相关领域专家的洞察力来选择数据并进行设计和学习。

人类只能在有限的范围内进行分析，速度慢，并且易受到感情的影响，但是即使没有充分的数据，也可以进行直观的思考，在人类 1.4 公斤的大脑内没有数学式的结构，人类所具有的灵活性使逆数据思考成为可能，即批判性思维，人类具备怀疑数据和颠覆数据的思维。就像莫拉维克悖论说的那样，对人类来说很简单的事情对于人工智能可能会很复杂，人工智能善于解决问题，但人类善于寻找问题。

设计出优秀的人工智能与人类合作的结构使同时具备广度和深度的分析成为可能，分析速度更快且更客观。我追求的投资方式是向人工智能进化的量化分析和人类智慧相结合的基本面量化方式（即量化＋基本面）。

著名对冲投资经理人保罗·都铎·琼斯曾说：

"人类并不优于机器，但任何机器也比不上会灵活应用机器的人。"

资产管理的未来和新的投资方式

在改编自真实故事的影片《点球成金》（2011 年）中，资金严重不足的奥克兰棒球队的新任团长比利·比恩打破传统观念，创立了赛

第八章　全球投资霸权转移

博计量学（通过数学方法分析积累多年的棒球统计数据，进而评估选手实力的方法）。摆脱依靠直觉选拔球员的方式，以基于统计数据的科学方式，由年薪低、上垒率高的选手重新组成球队，并取得了骄人的成绩，从 2002 年 8 月 13 日到 9 月 4 日取得 20 连胜，这是美国职业棒球 140 年历史中唯一的纪录。目前，比利·比恩仍然担任奥克兰运动家队的副总经理，受到很多人嘲笑的魔球理论已经被美国棒球联盟大部分球队采用。

在资产管理行业中，数据分析并不陌生。资产管理公司之间进行激烈地角逐以从庞大的数据中抢夺先机。投资经理如果希望战胜对手，不仅要有传统的财务数据等信息来源，还要从种类繁多的信息海洋中寻找信号。随着工作量不断增加，难度和所需的熟练程度也不断提高，投资经理职业本身的魅力逐渐减少。AlternativeData.org 预计，到 2020 年，资产管理公司每年在数据购买和分析师方面的支出将超过 10 亿美元，这与两年前相比增加了 3 倍。

新的数据固然重要，更重要的是从这些数据中提取有用的信息，通过组合和过滤数据来从噪声中寻找信号。人工智能可以阅读每天新发行的数千份材料，不存在任何偏见，能够客观地予以评价，但人工智能的弱点在于无法预测结构性原因和效果，对于毫无头绪的未来，人工智能的想象能力和长期思考能力是有限的。将人工智能与人类优点结合可以为我们带来更好的结果。

吉姆·西蒙斯带领的文艺复兴科技公司麾下的大奖章基金就是将人工智能和人类的优点相结合的典范，创造了金融市场长期最高收益率。1988—2018 年大奖章基金的年平均收益率为 39.1%，远在沃伦·巴菲特的伯克尔-哈撒韦公司的 20.5%（1965—2018 年）和乔治·索罗斯量子基金的 32%（1969—2000 年）之上。文艺复兴科技的算法虽然被作为商业秘密保护起来，但是在公司组织内部，所有的程序代

275

码都被公开，成为相互讨论的对象，并持续得到改善。

这并非通常认为的那种毫无人为干涉的纯算法交易。在日常投资过程中，通常由系统决定投资标的、时间以及仓位等，但在重大行情下，会人为地进行调整，比如伊拉克侵略科威特时，西蒙斯否定了系统的判断，做出了提高原油和黄金衍生品仓位的决定。人工智能时代不是机器人控制世界，而是开发并应用卓越知识的"人才"控制世界。

基本面量化方式

2019 年年底，美国股市标普 500 指数突破了 3 000 点大关，连续 11 年保持上涨趋势。尽管如此，美国资产管理公司的主动型基金仍免不了一场恶战，只有 23% 的美国股票型基金超过了被动型基金的年平均收益率，这与在长期上升的市场中主动型基金通常会表现卓越的认知完全不同。在过去的 10 年里，美国股市中主动型基金的比重不断减少，市场份额逐渐被被动型基金蚕食，韩国股市情况整体上与美国相似。为了在这种艰难的环境下生存，很多美国主动型基金管理公司标榜基本面量化的概念，不断寻求变化。

基本面量化方式是由量化与基本面两个单词合成的。顾名思义，这是既使用量化分析（量化投资）又使用基本面分析（主动投资）的一种投资方法论。2008 年美国金融危机爆发时，基本面量化方式经常被作为业绩低迷的量化基金应对方案提及，而最近也经常被资金流出且业绩不佳的美国和欧洲主动型基金称作新一代投资方法论。基本面量化投资的典范就是美国最大的资产管理公司贝莱德集团。2017 年 3 月，贝莱德集团宣布，将相当于主动型基金 11% 的 300 亿美元资金注入 SAE（系统性主动股权）部门。SAE 部门是贝莱德集团内应用基本面量化方式进行投资的部门，是通过算法将投资经理的经验和技术进行系统化，并在科学的数据分析、投资模拟、风险管理等方面融合量化技术的部门。

基本面量化方式投资备受关注的原因多种多样，主要有传统主动型基金业绩不理想、近几年各类数据量爆发式增加、数据收集及加工成本下降、机器学习分析技术发展和流行等。除贝莱德集团以外，美国和全世界在最近 10 年中使用基本面量化方法的基金规模不断增加。由于缺乏对基本面量化的严格定义，概念变得模糊。对此，可以参考几年前初期阶段的基本面量化方法论和近期的外国案例。在早期提出的基本面量化方法论中，很多是通过量化分析进行第一轮筛选（量化选股），其后在第二轮筛选中，由投资经理的直觉和定性分析最终确定投资组合。最近基本面量化投资还在适用于把所有的投资决策都编制成算法，并在另类数据的使用和分析、风险管理等方面积极应用量化分析（包括机器学习数据）等。此外，正如前文提到的，另类数据是与传统数据相对的概念，包括首席执行官、首席财务官等声音信息、人造卫星照片、消费者信用卡记录等数据，而非此前投资中主要使用的以 3 个月为周期的财务数据、经济数据或券商分析报告。这是最近随着大数据分析领域的发展而逐渐开始被广泛使用的数据。

在基本面量化方式中使用的另类数据和机器学习算法并不是万能的，依然存在执行困难和解释的局限性。对特定类型的另类数据进行分析后，转换成适当的数值信息，可能会耗费很多时间和成本，还可能需要对极数值进行额外加工。机器学习算法存在着对于录入的数据过于敏感、难以解释因果关系等瓶颈。

投入使用基本面量化概念在资产管理行业不是选择问题，而是理所当然，因为不仅是金融领域，大部分行业中都在以数据科学、人工智能、机器学习等名义展开流程创新。美国甚至出现了专注于基本面量化转型的人事咨询公司或猎头公司，而且向证券公司或资产管理公司提供量化基础设施或软件解决方案的公司也不断增加，理想的基本面量化投资的方向是将量化投资和基本面投资的优点最大化。

ESG（环境、社会和治理）投资

随着"千禧一代"（1980年初期至2000年初期出生的一代）和"Z世代"（1990年中期至2000年初期出生的一代）等越来越多的投资者对环境、社会和治理的关注，以ESG为焦点的投资策略备受关注，现在逐渐成为主流的投资方法。

晨星统计，最近ESG基金的表现优于美国市场平均水平，保持了连续3年资金净流入的纪录，在美国证券市场中，类似于2017年的强势市场中表现不佳，但在2018年这类弱势市场中却取得了优异的业绩。此外，贝莱德集团还表示，ESG评分较高的公司可以提供高质量的产品，股票波动性低，在市场下行期间可以起到支撑作用。

2019年年底，纽约梅隆银行投资管理公司和Create-Research共同发布了有关全球资产配置趋势的研究资料。全球16个国家的机构投资者指出，今后气候变化和人工智能将改变投资的未来。目前，考虑到气候变化的ESG投资还缺乏具体的方法，投资者难以获得有关管理层等公司治理结构也是其局限性所在。但正如很多机构投资者指出的那样，ESG相关投资将会进一步扩大。

机构投资者投资时投入ESG的规模也在增加。机构投资者ESG投资在最近两年（以2018年年底为准）增幅超过10%，例如，挪威主权财富基金GPFG就进行了基于ESG的投资，实现了6%的年化收益率；看似与ESG毫无关系的全球对冲基金也在增加ESG策略；截至2019年8月末，基金规模达708万亿韩元的韩国国民年金公团也开始引进ESG策略。在投资标的的选择和管理方面，除了财务数据外，还综合考虑环境（E）、社会（S）和治理结构（G）要素，另外，如果发生意想不到的企业价值受损或股东权益受到侵害等，将积极行使股东权力的方针。

市场对于ESG这一新投资方式的关注度正在提高，资金流入逐渐增加，另外年轻投资者也很感兴趣，ESG今后将拥有更大的影响力。

家族办公室

在机构投资者对环境、社会和治理的关注度不断提高的背景下，资金实力雄厚的超级富豪正在将目光转向更为个人化和专业化的服务，家族办公室代表了他们的投资方式。过去，超级富豪通过位于日内瓦或伦敦的高档私人银行进行投资，但在经历全球金融危机的过程中，对更为严格的监管规定和昂贵的手续费的不满使他们踏上了寻找新投资方式之路。

家族办公室是直接为多个家族管理资金或提供咨询服务的公司，主要由洛克菲勒家族等富裕的家族来管理家族办公室，仅在美国就有3 000~5 000家家族办公室，与慈善基金会相结合的形式也较为常见。管理费为所管理资产总额的0.1%~0.5%，比委托外部公司管理更为经济，除了资产管理以外，还处理继承、赠予和税务等问题，管理对象包括风险管理、战略性慈善事业、家族永久性支配结构等在内，影响每一代人财富管理的所有要素。微软创始人比尔·盖茨就同时管理比尔和梅琳达·盖茨基金会和个人投资公司卡斯凯德投资公司，也在向环保等行业的企业投资。

根据全球金融危机爆发后颁布的《多德-弗兰克法案》，资金管理规模超过1.5亿美元的对冲基金必须向美国证券交易委员会提交管理资产和投资者清单，但管理个人资产的家族办公室可以摆脱这一限制。随着监管规定的加强，乔治·索罗斯于 2011 年归还全部外部资金，转型为家族办公室。赛克资本创始人史蒂夫·科恩也于 2014 年将赛克资本更名为 Point72 Asset Management 家族办公室，也就是在受到联邦检察院有关内幕交易的指控后，将外部资金全部归还之后。

从初期的个人投资公司概念出发的对冲基金，在金融监管规定加强后正逐渐回归到原来的形态。在加强金融管制的背景下，对家族办公室的需求必然会增加。仅 2019 年一年就产生了 199 名新亿万富翁。在实现财富结构重组的过程中，提供隐秘而私人化服务的家族办公室不仅在美国，还有可能扩散到世界其他地区。

对于初创企业或需要长期投资资金的一方来说，相对于传统的资产管理公司，他们更欢迎来自家族办公室的资金。传统的资产管理公司倾向于集中资金进行投资，而家族办公室向多种投资标的进行分散投资以降低风险，因而投资周期更长，资金也更为宽裕，更容易接近普通投资者很难接触到的非上市公司股票。

BBC 纪录片和塑料

2017 年下半年英国广播公司 BBC 纪录片《蓝色星球 2》中，母信天翁误将塑料牙签当作食物喂食小信天翁的画面令人心痛。该纪录片中很多动物误食塑料碎片，并通过食物链最终返还给人类，这些场景令人不寒而栗。

在发达国家选民强烈要求政界人士禁止使用塑料吸管等一次性塑料的情况下，很多国家掀起了"限制塑料"的热潮。根据联合国数据，截至 2018 年已经有 127 个国家实行塑料袋使用规定。全球"限塑"行动从环保方面来看是值得提倡的，但对 3 750 亿美元规模的塑料包装产业将产生连锁式负面影响。

第八章　全球投资霸权转移

对于使用塑料容器的可口可乐等大型消费者企业来说，这并不是问题。在计算成本与收入的情况下随时都可以将塑料更换为可再生材料容器，没有必要冒着消费者的反对或违反政府规定的风险继续使用塑料容器。

但这对塑料包装制造商以及石油化工企业的营业收入和营利性来说却是致命的打击。例如，德国大型化工企业巴斯夫和美国杜邦公司的营业收入中约有 1/4 来自塑料。如果塑料需求持续下降，则营业收入及利润降幅可能致命。部分企业期待亚洲新兴国家消费者对塑料需求增加，但企业要适应新的环境。自 2018 年开始，巴斯夫创立了针对破坏环境的"主犯"废旧塑料进行再生利用的化学循环项目，这是将废旧塑料熔化并提取石油、天然气等原料后，再将其制成新塑料的工艺。

塑料的主要原料是聚合物，典型的聚合物聚乙烯价格自 2018 年年初以后下降了 30%。如果环境监管持续加强，对塑料的需求可能会不断减少。考虑到目前的生产设备情况，塑料的需求下降可能导致供给过剩，石油化工企业的营业利润也会减少。这类企业需要像巴斯夫一样培育塑料回收利用的能力才有可能继续生存下去。

有些初创企业通过收集废弃物并循环利用废弃物来解决环境问题，泰瑞环保就是这样的企业，其在《福布斯》发布的"2019 年改变世界的企业"榜单中排名第 10 位。泰瑞环保成立于 2001 年，企业的目标是清除垃圾，开发出了对没有被循环利用而被丢弃的原材料进行回收利用的工艺，从饼干袋、香烟蒂到工业废弃物，可以回收多种废弃物并进行循环利用。泰瑞环保在全世界的办公室都是其设计部门使用回收利用的垃圾进行装修的，会议室的墙壁由饮料瓶制作，办公桌是用旧门制成的，而办公桌上的隔断屏风则是用 LP 板（楔形钢板）制成的。纪录片《垃圾大王》（Garbage Moguls）展示了泰瑞环保是如何利用废弃物开发和生产独创产品，并销售给美国零售企业沃尔玛的。

第四篇

下一个新常态时代的投资趋势

第九章

下一个新常态时代的到来

2008年全球金融危机造成的全球经济动荡不亚于1929年经济大萧条,这给许多人留下了创伤。以2008年为分界点,此前和此后的情况已然不同。金融资产减值,出现了被投资者称作"新常态"的新经济秩序。

新常态一词被全球最大的债券基金美国太平洋投资管理公司前首席执行官穆罕默德·埃尔埃利安提及后广为人知。他在2008年全球金融危机时出版的著作《碰撞》中指出,金融危机以后,世界经济将进入新时代,这是与以往截然不同的经济秩序,是低增长、低利率、低物价、高失业率、政府负债增加、监管加强的时代,是新常态时代。与金融危机前发达国家经济增速超过3%的旧常态完全不同。我们曾生活在作为新经济秩序的新常态时代。

2020年以来,引发呼吸系统疾病的新型冠状病毒在全世界蔓延。世界各国封闭国境,禁止人员流动,经济活动停摆,大规模失业发生,"社交距离"这一词成了我们日常生活的一部分。

现在,2008年以来作为新经济秩序的新常态还在继续,低增长、低利率、低物价、高失业率、政府负债增加、监管加强的趋势仍然存在。但新常态一词已经不足以说明新冠肺炎暴发以来我们所经历的急剧变化,我们需要一个新词来说明不同于新常态的后疫情时代。在这种情况下,全球著名战略咨询公司麦肯锡将新冠疫情以后出现的新经济秩序命名为"下一个新常态"(Next Normal)。

纵观历史,传染病以多种方式改变了人们的生活。14世纪,席卷欧洲的黑死病导致人口骤减,加速了东罗马帝国的崩溃。而始于1918

年的西班牙流感是第一次世界大战提前结束的原因之一。那么，新冠疫情将如何改变我们的生活呢？

生活必然与从前不同。《纽约时报》专栏作家托马斯·弗里德曼预测，今后的历史将被划分为"新冠之前"（BC, Before Corona）和"新冠之后"（AC, After Corona）。他在谈论新冠疫情后新的历史转折点时使用意为公元前的BC和公元后的AC这个概念，意味着新冠疫情以后的世界将发生翻天覆地的变化。负责领导美国政府应对新冠疫情的美国国家过敏症与传染病研究所主任安东尼·福奇也认为，我们很有可能无法回到疫情以前的世界。

一方面，在社会、经济、政治等领域，新冠疫情触发的下一个新常态时代初见端倪。上班族不得不开始居家办公，学生通过网络视频进行学习；全球居民不断抢购囤积物资，甚至出现了卫生纸紧缺的现象；电子商务本已是大势所趋，而其增长势头将进一步加快；口罩和防护服在真正需要的时候供给不足；汽车零部件和智能手机的生产出现问题，管理层对海外工厂和全球供应链的疑虑进一步加深，在全球供应链发生变化的同时，工厂远程管理的必要性越发明显，企业开始更加积极地探讨引进智能工厂方案，同时提出以区块链为基础加强供应链管理。现在，制造业的未来是人工智能，是大数据，是机器人。

工厂停摆导致工作岗位减少，发生大规模失业现象。政府为维持消费者的购买力，研究并出台了紧急灾难补助金等多种对策。此外，为应对疫情的第二次暴发，企业正在储备核心医药品和医疗设备。

另一方面，新冠疫情使人类的活动停止，地球变得更为清洁，威尼斯运河上漂浮起了水母，印度孟买湿地出现了15万只火烈鸟。我们在与病毒抗争的同时，也在思考如何将清洁的环境维持下去。

历史总是重复的，戏剧性的变化催生出新的投资创意和龙头股，像提供视频会议服务的Zoom视频通讯有限公司等非接触经济概念股就是典型的受益股。目前，视频会议等第四次工业革命相关领域正在发生技术变革，而新冠疫情加快了人们接受并使用新技术的进程。新冠疫情可以说是加速行业版图变化和新强者诞生的契机。

2020年夏天，我们都希望可以回到无须佩戴令人难以呼吸的口罩的日子，回到可以自由活动的疫情前的世界，而现实却是与疫情发生前截然不同的、非接触的下一个新常态的世界，其持续时间可能比预期还要长。

比尔·盖茨的预言和疫情全球大流行

2015年，微软创始人比尔·盖茨在知识分享大会TED（技术、娱乐、设计）上讲述了以下内容。

"儿时的我最担心的灾难是核战争。但未来的几十年内，最可能导致死亡人数超过一千万的就是传染性强于战争的病毒。我们为应对核武器投入了巨额资金，但对预防传染病的系统几乎没有进行任何投资。我们并没有做好应对下一次流行性传染病的准备。"

现在看来，当时的这则预言十分令人吃惊。因新冠疫情而再次被人们提及的这次演讲，发表于以非洲为中心夺走一万多人生命的埃博拉病毒被控制之后。

"埃博拉病毒并未在城市地区扩散，只不过是人类运气好罢了。如果在许多城市地区蔓延，那么波及的人数将更多。下次我们可能就没这么好的运气了。如果自我感觉很健康，但实际上已经感染病毒的患者乘坐飞机或者去超市购物，那么病毒将会被传染给更多的人，这种情况很可能发生。"

2020年，我们的运气的确没有那么好，2015年比尔·盖茨的警告成了现实。也许传染病再次暴发的预言可能并不算什么，从2002—2003年的"非典"、2009—2010年的甲型H1N1流感病毒、2015年的中东呼吸综合征暴发时期来看，传染病几乎每隔几年就会出现。但正如比尔·盖茨所说，新型冠状病毒可能是一种百年一遇的致命性病毒，这种担忧让我们非常痛苦。

现在来看，传染病已经不再是"变量"，而是"常量"，是经常存在的。从对1995年以后历次传染病的扩散频率进行追踪的结果来看，截至2010年，疫情呈递减趋势，但自2010年起又开始逐渐加强。旅游及贸易量增加、城镇化加速、环境问题等是主要原因。即便不是新冠病毒，也会有其他的疾病找上门来，过去"非典"、甲型流感病毒、中东呼吸综合征等都属于这类疾病。如今，传染病频繁出现可能不再是"一时流行"，而是"结构的变化"，如图9.1所示。

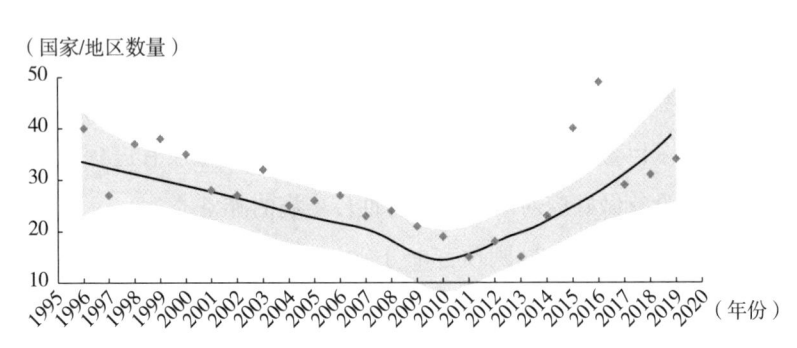

图9.1 1995年以后各国（地区）主要疾病（传染病）发生件数趋势：
以2010年为起点呈扩散趋势

资料来源：世界经济论坛、HGHI、世界卫生组织。
注：2020年的数值包括发生新冠疫情的210个国家（地区）在内共210件。

历史上也出现过一些由传染病引发的极端变化（如图9.2所示），新冠疫情最终可能会带来戏剧性的变化。就像14世纪黑死病成为文艺复兴的起点一样，在经历新冠疫情发生的今天，我们有可能已经站在了新文艺复兴的起点，更重要的是今后我们如何迎接挑战。

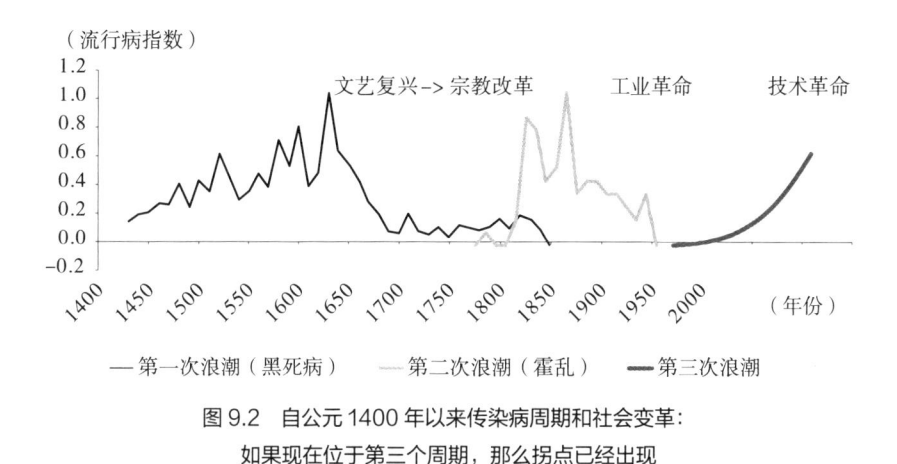

图 9.2 自公元 1400 年以来传染病周期和社会变革：
如果现在位于第三个周期，那么拐点已经出现

资料来源：Peter Turchin, *Modeling Periodic Waves of Integration in the Afro-Eurasian World-System,Globalization as an Evolutionary Process: Modelling Global Change,* Routledge, 2007。

注：流行病指数为统计历次疾病发生频率（件数）的量化数值。

传染病史上最具戏剧性的案例非 14 世纪的黑死病莫属。

黑死病如此"有名"的原因有两个。第一是高死亡率，当时欧洲约 1/3 的人口死于黑死病，史无前例的死亡人数剧增导致社会陷入了巨大的动荡。学者推测，死亡人数从 7 500 万人激增到 2 亿人。第二，高死亡率导致中世纪崩溃和文艺复兴，改变了维持千年的中世纪秩序。

死亡人数剧增导致劳动力薪酬水平大幅上涨，这也促进了有利于效率提高和技术研发的社会环境的转变。人口锐减动摇了封建经济秩序，农奴数量减少，土地随之被闲置起来，人力成本涨幅最高达到十倍。地主破产，自耕农数量增加。以威尼斯为中心,通过商业积累财富，为文艺复兴奠定了基础。政治方面，国王和政府的力量增强，在防止黑死病扩散的过程中开始实施检疫和旅行证发放，行政能力得到强化，

税收增加。加之较低的能源（煤炭）价格加快了技术发展速度，以宗教为中心的价值观逐渐转向以科学为中心。可见，无论是过去还是现在，成长的欲望都始于痛苦。

黑死病还改变了制药产业的历史。黑死病肆虐时，人们认为其传播途径是气味，所以香辛料肉豆蔻的价格一度飙升，甚至比黄金还要昂贵。鉴于对香料的需求激增，冒险家纷纷开启了寻找肉豆蔻的旅程，开启了大航海时代。到了近代，人类才了解到黑死病的致病因素在于细菌，然而尽管知道病因，但却没有找到合适的治疗方法，直到英国医生亚历山大·弗莱明成功地从霉菌中提取出杀死细菌的成分青霉素。此后，人们开始大量生产抗生素来防止受伤者发生二次感染，从而挽救了很多人的性命。

16世纪，中南美因欧洲的侵略而一落千丈。贾雷德·戴蒙德在《枪炮、病菌与钢铁》一书中提道："欧洲人带来的天花，导致中南美土著中死亡人数高达90%。"在印加帝国，皇帝和其接班人都因天花而丧命。西班牙劳动力开始出现不足，于是将1 500万黑人从西非运往南美种植园，这成了扩张至中南美和东南亚的种植园的开端。欧洲征服南美也对近代贸易关系产生了巨大影响。南美生产的大量黄金和白银流入欧洲，货币价值下降，商品价格也水涨船高，因而通过工业生产积累财富变得更加容易。

在第一次世界大战结束后的1918年，西班牙流感曾在全世界范围内扩散，导致5 000万人死亡，这是病毒大流行的典型案例。1918年3月，西班牙流感在美国芝加哥肆虐，尽管各机构的统计结果不尽相同，但死亡人数均超过了第一次世界大战的5 000万人。尤其是较为年轻的20~30岁人群的死亡人口相对集中，劳动人口急剧减少。资本密集度较高的产业和整体生产效率的提高，使劳动人口减少的影响被抵消，20世纪20年代美国经济实现飞跃。在第一次世界大战爆发之前，亨利·福特成功引入流水线实现汽车大批量生产，即汽车工业革命，20 世纪 20 年代在美国旅行变得更为普及，美国经济迅速发展。

西班牙流感导致许多人死亡，但其原因却鲜为人知。因为在电子显微镜发明之前，无法观察到比细菌更小的病毒的实体。直到 2005 年才发现西班牙流感病毒是人类已经产生群体免疫的禽流感。

截至目前，新冠病毒是自 1918 年导致 67.5 万多名美国人死亡的西班牙流感以来最严重的公共卫生灾难。

巴菲特的失败与马斯克的成功

2020 年 5 月 2 日，伯克希尔－哈撒韦公司举行股东年例会。

"投资航空股是我做的错误决策，航空产业的未来并不明朗。"

巴菲特在股东大会上甚是难堪，他已在 2020 年 4 月抛售了美国四大航空公司的股票。伯克希尔－哈撒韦自 2016 年投资达美航空、美国联合航空公司等美国四大航空公司，分别持股 7%~10%，不料受新冠病毒影响，航空股价值平均暴跌 52%，损失惨重。但令人匪夷所思的是，在巴菲特抛售航空股后，股价竟然开始恢复，截至 2020 年 5 月末，航空股价格不断攀升。

我在挑选股票时，首先会把航空股这类敏感度较高的周期股从备选项中排除，原因在于我没有信心准确预测经济周期，并且我认为周期股的特征决定了其不适合长期投资。鉴于股神巴菲特也会出现失误，未来我也会长期坚持这一原则。

全球航空产业在 2001 年的"9·11"事件、2008 年全球金融危机、2009 年甲型 H1N1 流感等历次利空因素的作用下仍然享尽繁荣，这得益于全球化经济增长、低油价的持续，以及廉价航空公司的发展。近十年，国际航空载客增长率高达世界经济增长率的3倍之多（年平均增速为6.5%）。2016年，全球航空公司营业利润率达9.2%，飙至历史最高点。美国航空的首席执行官曾放出豪言，"无论年景好坏，我们都会创造出利润"。

但是，新冠疫情的暴发使全球航空公司在一瞬间跌入地狱。曾经有29 000架客机在空中穿梭，每年为航空公司带来7 500亿美元的营业收入，如今此景不复存在，仅2020年上半年就面临超过1 000亿美元的亏损。国际航空运输协会预测，2020年全球将会有一半以上的航空公司陷入破产危机，2 500万名航空从业人员面临失业。

如果新冠疫情逐步趋向好转，航空需求是否也会随之恢复呢？很多人预测日后会出现类似要求提前4小时到机场接受检测，或是"免疫护照"义务化等情况，出境程序将更加烦琐。也有人预测，航班减少和"保持座位间安全距离"，所有座位都变为商务舱，将导致机票价格大幅上涨，人们也许会因此放弃海外旅行，选择在家中利用虚拟现实技术享受虚拟旅行，或者用国内旅行来代替。另外，也存在乐观主义观点，认为一旦新冠疫苗研发成功，人们会选择海外旅行等进行报复性消费。

巴菲特在进行投资决策时一定也进行过充分的情景分析，但他似乎更倾向于消极的观点。巴菲特提到了新冠疫情二次暴发的可能性，预测未来会发生剧变，尤其强调了1929—1951年这一时间段，股市耗时22年才恢复到大萧条前的水准。就连曾留下"市场被恐惧包围时，你应该更贪婪"这句名言的巴菲特都选择了砍仓，这是否意味着航空产业将持续恶化呢？下一个新常态时代是否会持续更长的时间呢？他抛售航空股从结果上来看是不是一个明智的决定呢？答案可能在很久以后才会揭晓。

第九章　下一个新常态时代的到来

2020年3月18日，德国总理安格拉·默克尔通过电视向国民发表演讲。她称："现在是德国统一以来，不，是第二次世界大战以来，国家所面临的最大挑战。"

全球汽车生产厂商因新冠疫情停工。新冠疫情造成经济持续低迷，汽车需求量锐减。汽车是经济不景气时期消费者最先减少支出的典型商品，问题在于汽车产业恰恰是德国经济的核心，汽车产业的萧条会给德国经济带来致命的重创。美国也别无二致，通用、福特、菲亚特克莱斯勒等底特律三大巨头也在奋力苦战。另外，旅游需求的减少、租车公司倒闭、二手车数量增加等都构成了不利于营业收入的因素。

新冠疫情毫无疑问是一个危机，但是纵观历史会发现，"危机"还有另一个名字——"机会"。欧洲曾因世界大战化为焦土，即便如此，也为飞机及汽车产业提供了戏剧性的腾飞契机。第一次世界大战爆发后，飞机在侦察和观测方面起到重要作用，接下来又在轰炸和空战当中表现不俗。每当战争局面改变，要求更加迅速的机动性时，飞机发动机的气缸个数就会增加，性能也随之大幅增强，不仅摆脱了初期的一字形直列式发动机，发展成V形、水平交叉形、圆形等，日趋精巧，性能也大幅提高，第二次世界大战后期，甚至出现了超过2 000马力的发动机。

汽车也同样通过战争实现了飞跃发展。"一战"期间，日本生产军用汽车和战争物资，积蓄汽车技术。战争这一特殊背景迫使其潜心研发更加坚固无故障的产品。这样的技术和匠人精神一直到今天，仍是日本汽车技术的核心。

对于与航空和汽车相关的企业来说，因新冠疫情而改变的经营环境无疑是一个危机，世界整车企业都在工厂开工率下降、汽车销量不振中苦战。但对于马斯克的特斯拉来说，眼下却似乎是一个机会。长期来看，整车企业不得不考虑电动汽车和无人驾驶汽车转型过程中所需的大规模投资，而特斯拉只要专注于电动汽车，这是十分有利的。特斯拉连续两个季度达成生产目标，通过位于上海的超级工厂和竣工在即的德国工厂，大批量生产变为可能。2020年公开的Model Y也引起了广泛关注，即使在估值过高的质疑声中，特斯拉股价依然力抗新冠疫情冲击，迅速回升。

众多整车企业处在短期销售不振和长期投资问题的夹缝中，为了保持平衡而孤军奋战，与之相反，特斯拉在销售结构方面也占据着更为有利的地位。新冠疫情使消费者开始回避面对面接触，汽车销售结构改革势在必行，而特斯拉早在2019年3月就已经转换为100%线上销售的模式了。

为了迎合新冠疫情暴发后消费者回避面对面接触的趋势，整车企业纷纷扩张销售渠道，像实体店这种面对面销售的形式必然将转变为线上销售。咨询机构Frost & Sulliva称，预计2025年全球线上新车销售量将从2019年的82万台增加至600万台。整车企业扩张线上销售渠道的理由在于"收益性"和"效率性"。

通过线上进行车辆销售，从"收益性"层面上看，制造商可以缩减实体店数量，从而节省租赁费、人工费等固定费用的支出；并且可以通过减少代理店和直营店的销售提成，将这部分支出用于给部分车辆降价，从而创造出更多的利润，发掘出潜在的需求。特斯拉的销售战略就是范例。特斯拉预测，通过线上销售渠道可以将平均销售价格降低6%。考虑到汽车是一种相对高价的消费品，这绝对是不可忽视的"价格优势"。再来看"效率性"，生产商可以直接存储客户数据，对售后客户管理也大有裨益。

线上销售对传统流通渠道体系、直营店和代理店构成了威胁，它意味着传统流通环节的消失。到目前为止，整车生产商考虑到线下直营和代理店的反对，不敢轻易扩大线上销售。在现有的流通渠道体系中，经销商会为消费者推荐合适的型号，提供试驾和新车登记等服务，因此，线下店铺的扩充就曾代表着销售量的增加。但是，随着网络的发展，担任"提供信息"这一角色的经销商能发挥的作用越来越小，因为消费者已经通过网络事先掌握了关于车辆的信息。"线上销售"已成定局，因为消费者已经熟悉了线上购物的形式。

为了使现有的线下流通渠道体系的抵制最小化的同时扩大线上销售的规模，整车企业采取了开发线上专用品牌或开辟新的线上销售市场的方式。吉利汽车为了避免和现有的线下流通渠道发生冲突，开发了"领克"和"极星"等电动车新品牌来实现线上销售；韩国现代汽车也开始在新加坡和澳大利亚等地开展线上渠道；菲亚特克莱斯勒也在未建立营业网点的地区通过亚马逊销售汽车。整车生产商都在积极扩大线上销售网络。

自 2019 年末开始，特斯拉股价大幅上涨，然而我并没有建立仓位，也许是因为想等待更低的价格买入而犹豫不决，因此错过了买入特斯拉股票的最佳时机。特斯拉股价居高不下，在等待其价格回调期间，我责怪自己判断力不足。新冠疫情暴发后，几乎所有的股票价格暴跌，等待股价调整的我面临着一个抉择：是应该买入类似于航空股这类低估值的周期性股票呢？还是应该投资特斯拉这种虽然有些昂贵但会长期发展的创新型企业呢？

我选择了在以发展为贵的市场中投资成长型创新企业。时代已经改变，我决定投资于创新的速度本身。在新冠疫情带来的股价调整过程中，我以低价买入了包括特斯拉在内的诸多成长股，这对我来说是绝佳的机会。股市陷入谷底又重新反弹，而巴菲特投资的航空股和马斯克的特斯拉股价展现出了截然不同的恢复速度（如图 9.3 所示）。

（十亿美元）　　　　　　　　　　　　　　　　（十亿美元）

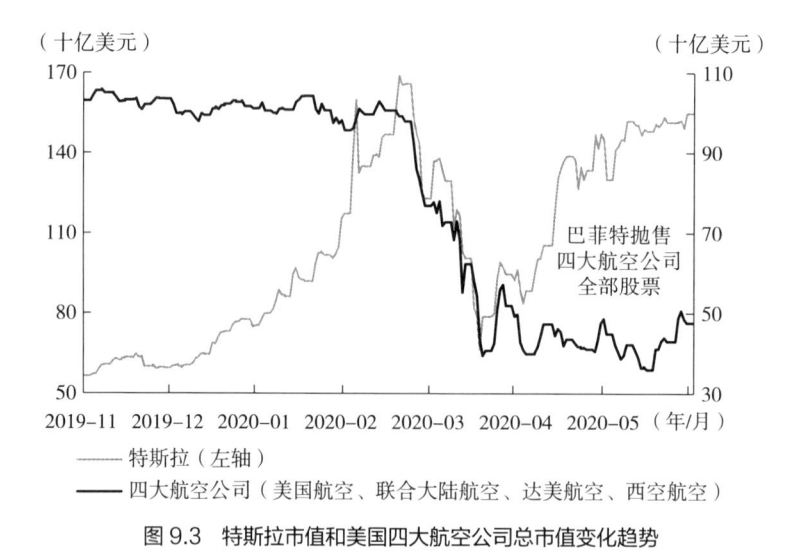

巴菲特抛售四大航空公司全部股票

2019-11　2019-12　2020-01　2020-02　2020-03　2020-04　2020-05（年/月）

―― 特斯拉（左轴）
―― 四大航空公司（美国航空、联合大陆航空、达美航空、西空航空）

图9.3　特斯拉市值和美国四大航空公司总市值变化趋势

资料来源：彭博社。

全球邮轮业也是将危机变成机遇的产业之一，这个行业的历史本身就是一部克服危机的历史。1900年，世界第一艘豪华邮轮——维多利亚·路易丝公主号建造完成后，邮轮业界大大小小的事故接连不断。1912年，豪华客轮泰坦尼克号在北大西洋与冰山相撞，沉没海底。接下来随着航空旅行开始普及，邮轮业又再次陷入危机，但是行业通过开发大型客机难以运航的航线才得以存续至今。

邮轮业的优点在于通过寡占垄断市场来创造稳定的现金流。其主要顾客群体是经济条件较为富足的退休老年群体或富裕阶层，大型邮轮内设的赌场营业收入非常可观。邮轮之旅是很多旅客憧憬的梦想，邮轮业更是旅游观光产业的宠儿。

然而，2020年在日本横滨港进行海上隔离过程中暴发新冠疫情集体感染的钻石公主号事件以后，豪华邮轮又败落成人人避讳的对象，一些国家甚至禁止运送患者或是供应物资的大型邮轮进港。航运中断带来的巨大损失显而易见，投资者自然手疾眼快，从2020年2月开始，邮轮业内三大巨头——嘉年华邮轮、皇家加勒比邮轮、诺唯真邮轮的股价跌幅达到70%~80%。

近年来，邮轮产业在亚洲市场飞速发展。国际邮轮协会统计，亚洲邮轮旅客人数在2013年仅为120万，而2018年就激增至420万，其中中国旅客占半数以上。但受新冠疫情影响，市场规模达到450亿美元的全球邮轮业正陷入生死搏斗，亚洲市场也无疑会受到致命冲击。

遗憾的是，人们对于邮轮的认识很难恢复，年轻的"80后"和"90后"热衷的旅行方式也并不是邮轮之旅，该群体更乐于选择环保的交通运输方式，并且相比于困在某一个地方，他们更喜欢活跃地游走于各处的旅行。若邮轮观光无法受到他们的青睐，那么行业复苏之路必然步履维艰。

百年巨头的谢幕和数码新贵的登场

尽管新冠疫情造成经济萧条，消费者的奢侈品购买欲依然如故，韩语中一个新造词"Cha-Tech"就说明了这一现象。奢侈品品牌香奈儿CHANEL的Cha，与强调技术重要性的词缀tech结合在一起，产生的这个新词意指购买香奈儿产品，待其价值上涨后便可赚取差价的理财技术。因香奈儿每年都会将人气商品提价，所以这一方法具备可行性。香奈儿宣布从2020年5月14日起将上调全球产品价格，2019年以来仅7个月之内其提价幅度便达到了10%左右。"Cha-Tech"族料定"买即获利"，纷纷涌向商场。为了购得人气款，消费者在韩国知名的几家百货商店开门之前就来排队，一开门就飞奔而入。可见至少在韩国，奢侈品企业似乎幸免于新冠带来的市场低迷的影响。

香奈儿以公司政策改变、欧元汇率波动、成本增加等为由，每年提高商品价格。奢侈品的涨价总是如此，仅凭官方的理论说辞，实则并不透明。有分析称，此次香奈儿的提价举措是为了填补新冠疫情影响导致的第一季度亏损。但是奢侈品消费行为是消费者出于自我满足或炫耀的欲望而进行的，所以，价格越上涨反而购买行为越疯狂，由此产生了即使价格升高，需求却不降反增的凡勃伦效应。新冠疫情压抑了消费，香奈儿价格上调的消息使被压抑的消费欲望喷涌释放。

实际上自20世纪90年代以来，世界奢侈品市场不断成长，每年平均增长6%，截至2019年已发展成3 800亿美元的大规模产业，这要得益于新兴国家的中产阶级壮大和发达国家的收入两极化加剧。近几年来，中国消费者带动了其发展。2019年，全世界奢侈品消费人口为3.9亿人，业内预计到2025年将增长到4.5亿人。

然而，一片乐观的奢侈品市场前景也免不了受新冠疫情影响而产生一定的修正，2020年，世界奢侈品市场的萎缩不可避免。标普全球高端消费品指数（由80家主要奢侈品企业组成）反映了这一环境变化，在新冠疫情暴发后，该指数跌幅超过40%。贝恩咨询预测，2020年全球奢侈品市场规模在最坏的情况下将萎缩1/3以上，倒退回至6年前的水平。尽管目前中国呈现出复苏的趋势，但是业内认为，截止到2022年，仍然不可能恢复到2019年的水平。恢复周期越长，消费趋势发生改变的可能性也就越大，因此全球奢侈品产业实际上也岌岌可危。

新冠疫情令众多跨国企业经受着不曾想象的危机。航空及旅游观光行业受疫情影响，旅客人数锐减，深陷危机。随着出行需求的减少，车辆租借行业营业收入及预约量都受到了致命的冲击。就连成立于1918年、有着超过100年傲人历史、美国市场排名第二的汽车租赁公司赫兹也终于无力支撑，申请了破产保护。赫兹的营业收入大部分来自机场车辆租赁业务。然而自2020年3月以来，美国和欧洲实施大规模经济封锁政策，导致旅行及出差需求骤减，租车客户销声匿迹。赫兹公司虽尝试裁员、缩减开支等多种自救手段，却仍然无力回天。问题的关键在于根本无法预测营业收入何时才能恢复。早在新冠疫情之前，赫兹就因为优步等共享车辆业务的出现而举步维艰，勉强维持。但是这次，它只好举手投降。

包括赫兹在内，许多美国企业都受到新冠疫情摧残而申请了破产保护。原本在和亚马逊的竞争中早已身负重伤的美国零售企业中，中低端百货商店连锁店杰西潘妮、拥有113年历史的传统高端百货内曼·马库斯、中低价服装品牌J.Crew等接连申请破产。疫情放出绝招，实体店惨遭封锁，时装及奢侈品企业正遭受着营业收入猛跌80%以上的生死劫。页岩油钻探企业怀汀石油、海上钻井企业戴蒙德海底钻探等也无力承受疫情带来的营业收入剧减，接连申请破产。还有一些企业为了逃过破产一劫，正强行实施大规模裁员和降薪。企业叫苦不迭，可经济恢复看起来遥遥无期。在第四次产业革命时代超出预期坚挺下来的百年老字号，最后却因新冠疫情黯然走下历史舞台，而它们身后留下的空位，已经开始由新兴数字企业填补。

数字新秀的登场

投资者应该关注"产业结构的变化"。2020年上半年，股票、债券、大宗商品等所有金融资产价格都急剧下跌。尽管如此，DRAM（动态随机存储储存器）的价格反而上涨了，这一趋势有违常理，因为半导体价值也对全球经济的影响较为敏感。但是，新冠疫情衍生的线上需求增长，云服务器等需求不降反增，再加上疫情引发的国境封锁和全球供应链的不确定性增加，这进一步促进了需求增加，因此其价格上涨。

正如半导体的价格走势一样,病毒引发的大流行也曾刺激线上市场的发展,这是投资者应该关注的,此次也不例外。2003 年"非典"催生了如今的阿里巴巴,虽说其是有别于现今业务的 B2B 电子商务,但却就此成了中国线上市场成长的契机。

韩国的情况也类似。线上购物网站 Coupang 在 2015 年中东呼吸综合征暴发后,营业收入增加到新的量级。Coupang 的营业收入在 2013 年不过 478 亿韩元,但却创下了 2014 年 3 485 亿韩元、2015 年 11 338 亿韩元的飞速增长的纪录。高速的发展源于多种因素的共同作用,但是引爆线上消费增长的正是伴随中东呼吸综合征席卷而来的恐惧心理。补充一句,中东呼吸综合征在韩国扩散的时期是 2015 年 5 月,而软银集团的会长孙正义投资 Coupang 的时间是在同年 6 月。

现在,在线教育、在线购物、在线内容、支付等市场中具有市场支配力的企业将会获利,将会有很多新面孔登上金融市场的舞台。投资者应该关注到这一变化。

新冠疫情使许多大学开始了网上授课来取代面对面教学,韩国也是如此。某私立大学电器电子工程系的资深教授因准备网上教学而吃尽了苦头。这位教授从 20 世纪 80 年代以来的几十年教学生涯中,从未在线上授课。而现在准备网络课程对老教授来说是一个痛苦却又不可避免的过程,因为需要重新学习很多内容,如内容结构、摄影和编辑、系统管理等,与 60 分钟线下授课相比,制作 10 分钟线上课程需要付出更多的努力。然而,幸好他的第一次线上课程成功开讲,现在,充满自信的他正在游刃有余地准备直播授课。

事实上,在线教育已经在不知不觉中迅速渗透到我们的生活中。美国是在线教育领域最先进的国家。以 19 世纪末和邮件授课一起开始的远程教育为基础,以 1989 年成立的凤凰城网络大学为开端,20 世纪 90 年代以来在线教育迅速发展起来。进入 21 世纪后,哈佛大学、麻省理工学院、斯坦福大学等开始提供网络公开课——慕课（MOOC，大规模开放的在线课程）。于2010年在旧金山成立的密涅瓦大学没有传统的校园，是一所通过视频授课系统分散在世界多个地区进行授课的未来型大学，入学难度甚至超过哈佛大学。

另外，新冠疫情使网上购物需求增加，云技术电子商务平台Shopify的企业价值大幅上涨。该公司的服务高度适配于移动设备，不需要另外下载应用程序，只需支付小额费用即可马上使用，关联贝宝支付也很便捷。除了搭建网店以外，还提供包括库存管理、支付、物流管理等网店应用所需的综合配套服务。

除美国以外的地区，电子商务企业的股价也出现了暴涨。东南亚地区的Sea Limited、南美地区的MercadoLibre就是典型的例子。Sea Limited是一家总部设在新加坡的电子商务及游戏平台公司。可以理解为是阿里巴巴和腾讯商业模式的整合，实际上腾讯持有其30%的股份。以2020年成交总额为基准，受新冠疫情的影响，该公司旗下名为Shopee的电子商务交易平台在东南亚主要国家中迅速跃升至前两名。MercadoLibre是南美地区的亚马逊，在阿根廷和巴西市场占有率居首位。南美地区的电子商务渗透率目前还很低，仅为4%（在整体零售销售额中，线上销售所占比重），因此今后的成长潜力巨大。新冠疫情下，电子商务企业已经在供给生活必需品和救灾物品，亚马逊代替了红十字会曾经担当的角色。

线上视频服务公司奈飞在新冠疫情后2020年第一季度的注册会员数大幅上涨，用户人数同比增加22.8%。奈飞的商业模式是以网络为依托的，因此新冠疫情带来的消极影响极小。而且用户在家中停留的时间越久，对视频资源的消费量就越多。提供线上收付款解决方案的公司贝宝也借由新冠疫情提升了发展潜力，因为已经熟悉电子支付的用户使用频率必将进一步增加。

开始兴起的非接触经济已经在教育、购物、资讯内容、支付乃至更多的领域迅速渗透。2019年，美国上市公司Zoom视频通讯有限公司的股价借势飞涨。该公司基于云计算提供视频会议、语音通话、群组聊天、网络研讨会等多项服务。随着疫情的扩散，"非接触"和"保持社会距离"对策强化，视频会议的需求大增。2020年3月起，Zoom手机应用下载次数呈爆发式增长。Zoom视频通话软件的全球下载次数从2020年1月的250万激增到3月的2 700万（以3月26日数据为基准），备受世人瞩目。

其他提供非接触办公服务的企业也得到了广泛的关注，如铃盛、DocuSign、思杰、CrowdStrike等。铃盛公司类似于Zoom，是一家企业通信软件服务商，DocuSign是电子签名和文件自动化管理软件的第一大公司，思杰是一家致力于虚拟化解决方案的企业，而CrowdStrike则是云计算终端安全服务企业。一般来说，软件市场属于赢者通吃的结构，但是企业通信软件市场可以根据专业服务的类型以及主打市场的不同，实现客户细分化，有充分的发展空间。

以数字签名为例，由于新冠疫情的出现，人与人之间的接触减少，合同签署方式出现了变化。基于数字签名的合同备受欢迎。实际上与2019年相比，数字合同服务公司的新用户增加了50%，营业收入也实现了增长。

预计今后数字合同服务市场将会急速增长，MarketsandMarkets公司研究，市场规模有望从2018年的11亿美元增加到2023年的55亿美元。数字合同是通过即时聊天工具来实时确认合同通知、合同确认及签名等信息，十分便捷。此外，还能为用户节省时间和费用，具备经济优势。DocuSign公司在数字合同市场的占有率达57%，居全球首位，提供SaaS（服务即软件）服务，可节省签约成本、发送和管理费用，节省的费用将会有一部分转化为收益。传统的纸质合同在数字化进程中正逐渐消失。

脸书创始人马克·扎克伯格说："未来的五到十年将有50%的员工实现远程办公。"不仅仅是IT企业，金融行业也积极响应居家办公这一趋势。万事达卡公司允许全球两万名员工中的90%居家办公，并且构建了名为"工作的未来"特别小组。在企业的位置策略被重新探讨之际，家庭办公室化以及居家办公环境所必需的信息技术基础设施改善进程势必加快。

在下一个新常态时代里，消费者正在从原有的"模拟"（Analog）世界向更加安全的"数字"（Digital）世界移动，各企业的商业模式也正在发生数字化转型，因此产业结构也正在从数字视角发生重组。已经适应数字技术的消费者是很难再回到过去的，如今"数字化转型"不可避免。

传统的技术创新主要集中在工厂生产线、营销、会计等领域，以自上而下的方式进行。即某个特定技术部门或诸如战略小组等，以企业运营效率、产品改善、降低成本等明确的目标来推进技术创新。与此相反，数字化转型是在企业经营中全面广泛地展开，相互且多元化的联动至关重要。即数字化思维和观点贯穿并作用于所有业务部门和一线现场，其特征在于，在技术并不完善的前提下，快速地反复执行和修正这一过程，进而决定技术的应用对象和范围。

投资者需要关注的并不是寻找受新冠疫情影响小的企业，而是要寻找那些已经准备好迎接"产业结构变化"的企业。为应对线上教育、购物、资讯内容、视频会议等下一个新常态时代的需求而做好准备，并设计好商业模式的诸多企业，它们的营业收入和盈利已经开始飞速成长。新冠疫情使新技术以超预期的速度被更多人接受，从而使这些企业的业绩得到改善，股价自然会上涨。

所有的变化都不是一蹴而就的，可能要经过很长一段时间。非接触经济早在40年前就被未来学家阿尔文·托夫勒在《第三次浪潮》一书中预言了。变化的种子早已被播种下，只是等到这一次才全面浮出水面。就像前面提到的韩国大学教授的故事一样，消费者必须比预想更快地适应新的数字环境，这和本人的意志无关，而且一旦适应就难以回头。如今数字化已经是大势所趋。

下一个新常态时代的医疗健康

当下人类正在与病毒殊死搏斗。在公共卫生健康受到新冠病毒威胁的情况下，无论是社会还是传统的医疗体系都在发生着剧烈的变化。新冠药品和疫苗研制并非易事，即便研发出来，新冠病毒也可能像季节性流感一样成为常客，时不时地卷土重来，谁也无法保证不会再出现大流行。在这种变化中，医疗健康行业也不得不随之改变。

在下一个新常态时代，医疗健康行业的关键词是"非接触"、"扩张性"、"性价比"。首先，传染病是通过人与人之间的接触传播的，所以医疗健康中尽可能减少接触的非接触形式必然受到瞩目。不仅仅是远程诊疗和患者远程监护等远程医疗，广泛来看，应用到聊天机器人、人工智能音箱、智能可穿戴设备等技术的健康管理全都可以归类到这个范畴，医药品配送也应包括在其中。

其次，"扩张性"很重要。因为害怕感染病毒而感到焦虑和抑郁，又无法去医院及时接受妥善治疗的慢性疾病患者是广泛存在的。因此，解决对策必须能够覆盖到全部人口。在这里，边际成本接近于零的"数位疗法"（digital therapeutics）等基于软件的解决方案将会备受瞩目。

"性价比"也很重要。效果要好，价格也要划算。为了尽可能给更多人提供非接触式的医疗服务，性价比至关重要。以非接触的形式提供服务的过程中一般会产生附加费用，企业要想得到诸如美国的

第九章 下一个新常态时代的到来

Medicare/Medicaid（医疗保险/公费医疗补助制度）、英国的 NSH（英国国家医疗服务体系）、韩国的国民健康保险等国营医疗保险的支援，就必须要具备优秀的性价比。

数字技术已经被广泛应用于医疗健康等多个领域。疫情引发的非接触医疗健康领域中最受瞩目的绝对是"远程诊疗"。病人不必去医院，利用电脑或智能手机就可以接受医生的诊断，这种远程诊断已经在美国、中国、日本等国家迅速发展。通过减少医患之间、患者之间的接触从而大大降低感染的危险。

美国弗雷斯特研究公司称，2020 年美国远程诊疗次数将达到 10 亿次，新冠疫情之前的预测结果仅为 3 600 万次，并且 2020 年的远程诊疗次数超过医院诊疗的逆袭现象也有可能发生。Teladoc Health 是一家远程医疗平台服务企业，其美国市场占有率达到 70%，优势在于"10 分钟"——使用智能手机或电脑注册后，十分钟不到就可以和医生连线进行视频通话，处方直接被发送至药店，病人在家中接收药品快递即可。据估计，目前美国国民中至少有 1/4 在使用 Teladoc 这种远程诊疗服务。

中国的远程诊疗企业平安好医生注册用户超过 3 亿人，2020 年累计用户已突破 11 亿人。其优势就是低廉的价格，病人将病症照片发给医生接受诊断服务仅需一元人民币，耗时 20 分钟。其他一些大型信息技术企业也在纷纷提供远程诊疗服务，如微医和阿里健康等。

英国则出现了应用人工智能技术的远程诊疗平台巴比伦健康公司。人工智能和医生分工明确，人工智能可以代替医生诊断轻症患者，而正式诊断或开处方时再由医生进行。平台已经吸引了超过 500 万名用户。

日后传染病流行将会不断反复，若应对失败，世界经济将付出相当高的费用代价，可能会进入低速增长期。个人也是如此，一旦患上传染病，在精神和物质上遭受的损失超乎想象，因此自觉守护自己的健康并预防传染病非常重要。

  2011年上映的电影《传染病》仿佛是对此次新冠疫情的预言。人类破坏丛林，导致蝙蝠失去栖息地，原本井水不犯河水的人类和蝙蝠接触，加上日常生活中人与人之间接触，病毒便迅速蔓延。大量人口死亡，城市被封锁，人员被禁止移动。

  《传染病》是2001年凭借电影《毒品网络》荣获奥斯卡金像奖最佳导演奖的史蒂文·索德伯格的作品。史蒂文·索德伯格导演曾说，拍摄《传染病》的目的是唤起人们对潜在危机的警觉。遗憾的是，我们并没有接受他的警告。

  无论何时都存在一些人利用危机状况和人们的恐惧心理趁机谋取私利。电影《传染病》中有一位记者在网络上宣称自己服用连翘治愈了传染病。这是毫无科学依据的消息，人们还是在一片混沌之中为了抢购连翘拼死一搏，连翘每天限购50份的消息还引发了暴动。

  实际上为了帮助新冠患者的治疗，有的医生给患者服用了超过每日参考摄入量的维生素C。但是到现在为止，还没有证据可以证明维生素C对治疗新冠肺炎有效。在疫情初期防控不力的英国人心惶惶，英国市民为了自保而开始购买维生素C。尽管英国饮食学会已经声明维生素C并不能治疗新冠肺炎，但仍然无济于事。英国保健食品企业营业收入暴增，其中，Healthspan销售额增幅超过三倍，零售企业Superdrug也不例外。网上推荐摄取维生素C的文章铺天盖地，还有很多推荐超过参考量服用的建议。新冠疫情会使保健食品受到越来越多的关注。

  在没有治疗药物和疫苗的情况下，患者的痊愈速度取决于自身免疫力，增强免疫力的方法尤为关键。受此影响，韩国的投资者也对保健食品抱着极高的期待。保健食品类股价在受到新冠疫情冲击后，以超过韩国综合股价指数的速度迅速恢复。

  在2009年的新型流感、2015年的中东呼吸综合征疫情期间，同样是因为人们对于传染性疾病的警觉性加强,韩国的保健食品销量大幅增加。即便是新冠疫情过后,随着平均寿命延长,人们对健康生活的关注度提高,保健食品行业日益成长。韩国有一款有助于改善免疫机能的保健食品叫作"焕力饮"(Hemohim),由艾多美公司负责销售,Kolmar BNH公司负责生产。它是一种富含多酚等抗氧化成分,以及可以直接帮助强化免疫机能的多醣体的功能性产品,在韩国累计销量已超过1万亿韩元。因此,在人们对保健食品的关注居高不下的情况下,需求群体还会继续扩大。

再次袭来的恐慌

当人们无法预知未来的时候,会感受到一种恐慌,新冠病毒正是如此。初期它被看作单纯的流感,接着确诊人数急剧增多,开始有人死亡,疾病迅速蔓延,它成为名副其实的传染病。传染病的特征是很难准确推断疫情稳定期。人们对不确定的未来开始感到恐慌,尽管新冠的关键在于"传染"而非"致死率",严加管控与否导致疫情控制所需的时间多少存在差异,但纵观历史,所有的传染病最终都可以被控制下来。

股市投资者也在感受着恐慌。未来的不可预测性令投资者惴惴不安,为了减少不确定性而采取的行动体现为股票的抛售。当股票因不明原因暴跌的时候,投资者会更加不安和恐慌,并且这份恐慌会快速蔓延。

2020年3月9日,标普500指数跌幅高达7.60%。开盘后随即下跌7%,触发了交易暂停15分钟的"熔断机制"。而上一次触发熔断机制是在1997年10月的"黑色星期一"。人们对于新冠疫情造成的经济萧条的担忧加剧,导致美国股市指数暴跌。恐慌快速蔓延,此后又数次触发熔断机制。芝加哥期权交易所用来测定投资者"恐慌"程度的波动性指数——VIX指数上升至80以上。截至3月中旬，不到3周的时间美国股市跌幅超过30%。恐慌还扩散到了其他市场，就连向来被认为是安全资产的美国债券也开始遭到抛售。单从价格下跌来看，股票市场已经反映了经济衰退的情况，并且已经接近市场底部，但如果这场混乱不尽快稳定的话，就会成为朝着其他方向二次扩散的起点。

"在我们确信新冠疫情的危机不会再次袭来之前，经济不可能恢复。"

4月7日，布鲁金斯学会主办的视频研讨会上，本·伯南克推翻了自己曾在两周前对经济快速恢复的展望，因为与预期截然不同的世界已悄然开启。

对于现在的状况，就连在2008年全球金融危机时担任美联储主席、救世人于水火的本·伯南克也备感困扰。但纵观历史，股市即便受到重大事件冲击而被击溃，也总是会重新恢复。全球股市的底部是在政府的积极介入后开始形成的，这次也不例外，以美国联邦储备银行为中心的政策性措施最终会抚平恐惧。也许是得益于2008年金融危机的经验，这次美联储的应对速度超出预期，时机也恰到好处。美联储的无限量化宽松政策和政府的财政政策，迅速缩小了股票和债券的波动，被称为债务危机触发器的高收益债券利率和杠杆贷款利率也在平均飙升至12%和13%后重新回落。

不要被从众心理驱使

2020年2月12日，美国道琼斯指数与特朗普当选当日相比上涨了61%。然而2020年3月23日，道琼斯指数较前一高位下跌了37%，特朗普总统当选以来股价的上涨全部化为泡影。他曾引以为豪的最大功绩就是股市上涨，如今却灰飞烟灭，尽管他想用尽办法防止股价的下跌，形势却不容乐观。美联储已经使用了下调利率这一张牌，不经议会表决就无法购买公司债券等存在损失风险的资产，财政支出需要众议院通过。带着对新冠疫情引发的经济衰退和企业盈利减少的担忧，全球各投资银行的策略分析师纷纷对市场前景表示出悲观的预期。股市尚不明晰，深不见底。

当时我正压抑着股价下跌带来的恐惧，管理着全球股票型基金。令我勉强得到一点安慰的是，美股在2020年2月到达高点后开始出现开盘暴跌的那天起，我调低了风险资产的比重。2月末新冠疫情开始在意大利全面扩散，我平掉了所有的欧洲仓位，然而却未能从美国股市暴跌中幸免。

市场发生动荡时，切莫被从众心理牵着鼻子走，只有保持清醒才是生存下去的唯一出路，但是做出与众不同的决定会让自己的内心不安。总而言之，我在2020年3月20日和23日大幅上调了风险资产的比重，并且购入了跌幅过大的成长股。做出这个投资决定的根据有以下三点。

第一，与以往相比股市跌幅大。缘于"全球大流行病"这类大事件的历史性股市跌幅平均为30%。此次美国股市的跌幅已超过历史平均水平，不过是调整速度快而已。

第二，股价暴跌已经在很大程度上反映了对经济衰退的担忧，此外，2020年标普500指数成分股公司的盈利预测被下调约10%，这也被反映在了股价中。当然盈利预测有可能进一步下调，但在利率水平已经足够低的情况下，美国政府的政策响应动作非常快。美联储必然在为拯救金融市场而东奔西走，只要去寻找，就一定会有办法。在超低利率环境下，随着流动性供给变化，标普500指数的目标估值倍数存在充分的上升可能性。

全球创新投资

第三，投资者的风险偏好指数进入了极端恐慌的局面。我在测定投资者风险偏好指数时，会考虑无风险资产（债券）及风险资产（股票）的历史收益率和波动性。这对于判断风险资产——尤其是股票市场低点是非常有效的指标。实际上2020年3月风险偏好指数如同2008年全球金融危机和2011年欧洲债务危机一样，处于极端的风险回避区间。当风险偏好度位于极端风险回避区间内时，风险资产（股票）的魅力就水涨船高了。

当投资者情绪普遍极度贪婪时，赚钱的机会反而会消失，而当恐惧占据顶峰的时候，新的投资机会就出现了。因为恐慌情绪终将会平复下来，而企业的内在价值不会消失。若买入股票这类风险资产，在6~12个月后，投资收益率就会创下历史新高，这是对承受风险而获得的充分回报（如图9.4所示）。于是我开始以低价买入"市场恐慌"，集中建立了大量股市回调前因价格过高而没能买入的成长股仓位，尤其是创新型企业。对我来说，2020年的股市暴跌是投资的绝佳机会。

—— 风险偏好指数　—— 兴奋（+5 STD）　—— 恐慌（-3 STD）

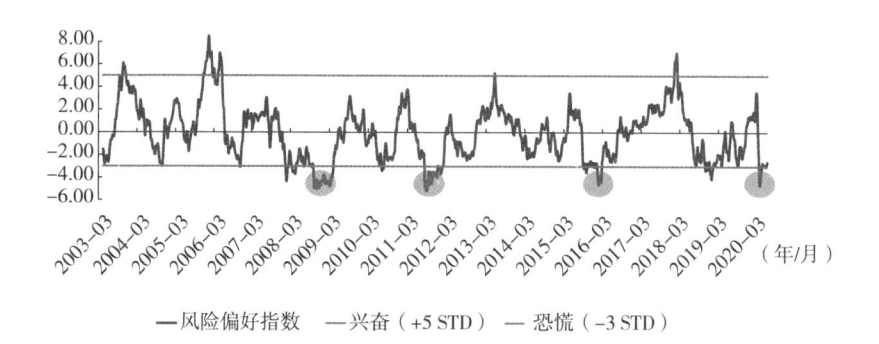

图9.4　投资者风险偏好意味着股票买入时机

资料来源：彭博社、未来资产环球投资公司环球投资管理本部。

股市在人们的忧虑中顺势而上。在对经济萧条的担忧、悲观的股市前景、新冠疫情再度暴发的可能性等多重忧虑之中，美国股市依旧急速强势回升。股市复苏了,但是与其说是反映了"景气回升",倒不如说是反映了"新冠后结构性转变"的层面更多。电子商务、云计算、生物技术等典型的美股成长股势头强劲。截至2020年5月末,以技术股为主的纳斯达克指数降幅回升,继而比2020年初飙涨6%。国际股市随着各国的疫情管控能力和不同政策展现出了截然不同的区别。中国率先稳住疫情,欧洲股市和新兴国家则市面惨淡。截至2020年5月末,巴西仍没有从2020年初开始的暴跌42%泥沼中走出。

第十章

下一个新常态时代的投资策略

下一个新常态时代的投资策略：自下而上的观点

变化之中会诞生新的财富机遇。在我们迎来的下一个新常态时代里，新冠疫情将给个人、企业乃至政府的架构都带来前所未有的改变。我们在投资时必须留意这些变化。

首先，个人生活会发生变化。为了尽可能减少新冠病毒感染，"保持社交距离"意味着"个人主义""孤立主义"，线上需求的增加就是明显的例子。广义地说，可以联系到"对于生活的认知变化"。

新冠疫情使健身中心倒闭，外出限制政策使出门慢跑成为奢望。在家锻炼不仅无聊，而且无法知道动作是否到位，反而平添不安，根本不能取代和许多人一起在健身中心运动时收获的满足感。在这样的情况下，可以随时在家中运动的服务正在受到青睐。美国互动健康平台 Peloton 公司推出了单车（硬件）和使用联动触摸屏即可参与的动感单车在线课程（软件）。购买 Peloton 室内单车，就可以通过与单车联动的触摸屏在家中舒服地享受实时课程，还可以自由选择不同教练的课程内容。不仅如此，在便利的基础上还增添了与许多人一同运动的生动感，用户沉浸在 Peloton 的服务中无法自拔。以奈飞为代表的 SaaS 商业模式通过 Peloton 又向前迈进了一大步。

随着新冠肺炎累计确诊人数的增加，很多患者正在默默准备着"孤独地死去"。遗憾的是，考虑到感染的风险，就连家属也不可以接近患者。2020 年 4 月，美国媒体报道了一则令人心痛的故事，一位感染新冠肺炎的 40 多岁单亲妈妈，临终前在病房内通过对讲机与隔在门外的六名子女做最后的道别。现实就是这样，人们不得不忍受不同于以往的孤独。

从目前的情况来看，一方面，我们似乎很可能无法回归到从前的生活，无法一辈子都极端地"保持社交距离"生活下去，因为人类是社会性动物。另一方面，人类同时也是适应性动物，会一如既往地找到答案，终将在下一个新常态的新环境下，寻找到新的日常生活，并把新的日常生活看作理所当然而生存下去。

那么以国家和企业为中心的投资策略应该如何变化呢？首先，我们来分析以企业为中心的下一个新常态时代的投资策略。

企业的策略重点转移到平台产业，其核心在于数字化、平台化、垄断化。企业集中投资于数字化转型，并且新增投资以成长型产业为中心进行；在竞争激烈的产业中，企业着重于"增强效率"。已处在变革中的商业模式平台化速度加快，已经拥有平台的企业会对其现有的平台进行扩张或巩固。随着数字化和平台化的发展，下一个新常态时代的后起之秀就越难以追赶上领先者的步伐。这就意味着处于垄断地位的企业影响力增强，进而实现垄断化。

无形资产更为举足轻重

在下一个新常态的时代以数字化为基础的众多非接触产业将茁壮成长，它们在股票市场中占据的比重也会随之水涨船高。然而非接触产业的核心资产大部分都是肉眼不可见的数字技术，属于无形资产。因此站在投资者的角度来看，无形资产评价在价值评估中就显得至关重要。当然，投资者要警惕无形资产价值的会计风险以及被高估的可能性。

1970—2010年，美国股市上占据总市值前几位的企业是通用电气、埃克森美孚、花旗银行、沃尔玛等传统企业和金融机构。2010

年以后以 FANGs 为代表的平台企业强势反超,坐上了总市值前几位的宝座。它们都是无形资产价值很高的企业。

20 世纪 90 年代,以互联网为中心的信息技术产业腾飞之后,智能手机和社交网络服务等各种新技术和新型商业模式的兴起带动了无形资产价值的攀升。直到 20 世纪 80 年代,各企业的无形资产和有形资产比例还不足一倍,而 90 年代以后无形资产的比重急速上升,1995 年达到有形资产的 2.1 倍,2005 年升至 4 倍,2018 年已经升至 5.3 倍。

2008 年全球金融危机以后,从经济结构和各企业的投资模式中也不难看到无形资产比重上升的现象。美国固定投资中的建筑物和设备投资,以及知识产权投资比重显示,建筑物投资比重呈急剧下滑走势,设备投资基本持平,而知识产权投资比重则大幅提升。值得一提的是,2015—2016 年以来,知识产权投资比重再度飙升,这是数字经济飞跃等促使知识产权投资的重要性凸显的写照。

龙头股就是现在市场上的龙头股

2020 年 5 月末,美国和欧洲各国的经济活动重新拉开帷幕,包含多数非接触经济相关企业在内的高估值企业和低估值企业之间的差异达到了科技泡沫时期以来的最高值,恰好此时非接触经济概念股价格也出现了回调,那么非接触经济相关企业的股价上涨会就此结束吗?

首先,此次股价调整应当归结于 2020 年初以来股价涨势过于迅猛带来的估值压力。如果我们对现今龙头股诞生的根本原因进行分析,就会发现单纯以新冠疫情带来的间接利益并不足以解释非接触经济概念股的价格上涨,更本质的原因另有所在。

非接触经济相关企业大多数属于破坏性创新企业。克莱顿·克里斯坦森教授在《创新者的窘境》一书中详细阐明了破坏性创新企业对传统强者构成威胁的过程。

破坏性创新企业最初进军市场时主攻低端市场，传统企业不以为意，因为它们料定不会威胁到自己的市场地位。然而随着时间的推移，破坏性创新企业逐渐具备区别于传统企业的"数字化""价格优势""便利性"等市场竞争力。传统企业虽然将精力放在利润高的高端市场，可最后却不得不面对破坏性创新企业蚕食高端市场的窘境。这个概念经常被用来说明亚马逊的成功。

创新型企业以有别于传统企业的数字化、价格竞争力以及便利性这些秘密武器来开拓市场，改写行业版图，企业价值也随之改变。所有的变化都不是一朝一夕的，而是经过漫长的时间才形成的。但是，市场见证新兴强者登场的那一瞬间，股价就会发生剧变。

下一个新常态时代里，新冠疫情成为缩短产业版图变化周期和新兴强者登场时间的"契机"。那些早已属于非接触经济范畴的产业绝对不算是新兴产业，而是我们已经熟知的产业，只不过它们在新冠疫情暴发以前更接近低端市场而已。主导非接触经济的破坏性创新企业如今正在拓展高端市场，小到网上购物，大到金融交易、视频会议。如今的龙头股成为下一个新常态时代的龙头股的可能性极高，如图10.1所示。

我们应该关注未来会继续发生变化的行业。根据欧盟委员会资料，比较2009年和2018年的研究开发投入规模可见，投资多聚集于信息与通信技术、医疗健康、汽车等行业，投资机会隐藏在此处的概率颇高。

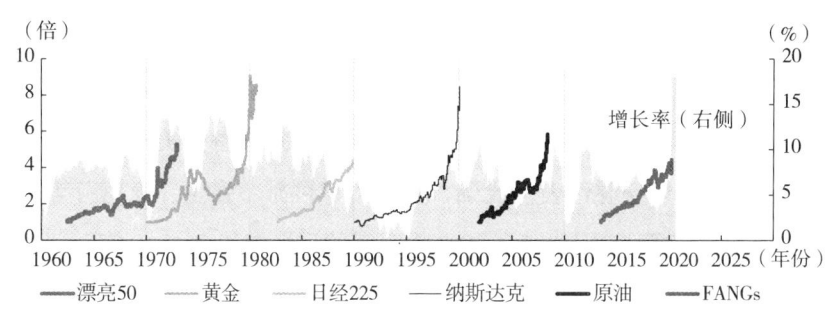

图10.1 自1960年以来贯穿时代的龙头股：除了黄金和日本资产泡沫之外，大部分都是在流动性扩张时期成长起来的

资料来源：彭博社、Macrotrends、CEIC、Meritz证券研究中心。

注：（1）漂亮50为可口可乐、迪士尼、通用、IBM同等权重指数；（2）设美国CPI起始点为1。

集中投资将会持续下去

跑赢市场的板块占比自2013年呈减少趋势，从前10个板块中有3~4个板块跑赢市场，而现在已经被压缩到了1~2个。近七年间，集中投资而非分散投资才是正解。之所以集中投资才是标准答案，是因为在低增长时代，高速成长的企业仅占少数。少数企业基于平台的"垄断力"和"扩张力"实现了高速成长，情况不会轻易发生改变，因为在下一个新常态时代，资本仍将集中流向能够适应时代变化并实现发展的少数企业。

从科技泡沫水平的角度来看，科技泡沫时期出现的龙头股集中度过高现象已出现，但我们不应该将科技泡沫水平这个指标作为绝对基准，现在结构的变化反而比科技泡沫时期更为剧烈，而且美国似乎已经部分超越了一直以来被我们视为基准的"警戒线"。

现如今股市的上涨，依托于微软、苹果、脸书、亚马逊和奈飞等少数平台企业股价的上涨，我们正在进入一个继科技泡沫后初次经历的新领域。集中投资的决策确实会伴随很多担忧，但如果说进入下一个新常态时代导致泡沫形成，就要另当别论了。

实际上，过去美国股市也曾出现龙头股集中度过高的现象。1969—1973年，漂亮50指数极具代表性，它是指备受美国机构投资者追捧的50只行业代表性股票，其中可口可乐、强生、麦当劳等企业被划分为蓝筹股，因此漂亮50在投资者的记忆中代表着大型蓝筹股。考虑到宝丽来等成长股也被纳入其中，可以知道漂亮50并不局限于蓝筹股，还包括成长股和高确定性的内需股，不包括非周期股。以1971年为准，纳入漂亮50的股票平均市盈率高达42倍，比市盈率仅为19倍的标普500高出两倍之多。

没有任何事物是永恒的，漂亮50股票也在从1973年开始持续的熊市中表现惨淡。1973—1974年，标普500指数下跌48%，而漂亮50跌幅达到了62%。杰里米·西格尔的分析指出，在1972年12月创下高点的漂亮50股票的单纯平均估值恢复到标普的平均水平，足足花费了20年的时间。

曾以为永恒不变的漂亮50之所以会遭遇股价下跌，究其原因还是要归结于油价上涨带来的通货膨胀加剧。20世纪70年代开始美国原油需求全面增加，1973年第四次中东战争爆发，油价从3美元疯涨至12美元。此后引发了通胀加剧和利率提高，漂亮50的股票价格开始大幅下跌。

在漂亮50引领的时代，宏观环境与下一个新常态时代颇为类似。当时市场对低油价带来轻度通货膨胀抱有期待，利率被维持在较低的水平。现在油价上涨概率也很低，对通胀的担忧有限，反而到了要担心通货紧缩的地步。一言以蔽之，现今龙头股的上涨趋势会持续到何时，要取决于何时通货膨胀压力加剧以及利率何时可能提高，二者在短期内似乎都不可能出现。

第十章　下一个新常态时代的投资策略

下一个新常态时代的投资策略：自上而下的观点

下一个新常态时代的政府规模将会更庞大，摆脱追求小规模政府的"新自由主义"。新冠疫情使政府管控的必要性凸显。为了谋求新发展，政府主导的投资更为必要。投资的对象应是非传统产业，包括5G、新能源汽车、生物科技等新兴产业。在扶植新兴产业的过程中，国家间容易发生摩擦和纠纷。为了保护本国产业，国家间的对立在所难免，尤其在半导体等产业中，"技术霸权"竞争将会愈演愈烈。

不要和中央银行作对

中央银行不仅发挥着稳定现有物价水平、促进可持续发展的作用，还充当着防御危机以及振兴经济的角色。以美联储为中心的主要国家的中央银行为了防止疫情导致的实体经济危机向金融危机转移，为市场注入了巨大的流动性，同时买入国债和公司债。如此一来，企业和政府的负债被转移至中央银行。

中央银行在下一个新常态时代担任的角色会更加重大，其占据的经济比重之大也将今非昔比。美国经济中美联储资产——即流动性占比激增，预计2020年末占GDP比重将超过50%。新冠疫情后短短3~4个月里，美联储资产增长规模几乎等同于2009—2014年5年间增长的资产规模的总和，这是比以往更迅速的资产扩张——即流动性扩大的结果。

"永远不要和美联储作对。"

这是华尔街的格言，和美联储对抗多半会输。不仅仅是美联储，

323

来自中国人民银行、欧洲中央银行、日本银行的信息都要多关注。经济和资产市场高度依赖于央行，所以必然要对货币政策高度敏感。倘若美联储叫停量化宽松政策，或是缩紧流动性，那么国际金融市场乃至全球经济都会为之一颤，企业债务风险也会再度浮出水面，所以这些央行通常会事先将它们在当前经济形势下的预期明确地告知我们。

今后以美联储等中央银行流动性政策为中心的货币政策，也必将对经济形势以及资产市场产生巨大的影响。美联储宽松的货币政策将会长期持续，因为比起短期的通货膨胀，通货紧缩的压力更大。新冠疫情稳定后供给端会迅速恢复，但是各产业的需求端复原却可能非常迟缓，耗时许久。各国家和地区疫情稳定的时间不同，需求端恢复的时间差会很大。

首先，实体资产的恢复在很长一段时间内会停滞不前，金融资产仍具备充分的优越性。纵观历史，对通胀的担忧开始加深时，实体资产就会比金融资产更受欢迎。在"二战"后的十几年间，以及20世纪七八十年代初这段通胀极其严重的时期，实体资产价格确实出现了上涨。而现在——短则自2008年金融危机以来，长则自80年代中期以来——实体资产相对于金融资产的价格持续疲软，从这一点来看，如果通货膨胀变为现实，实体资产的收益就将得到改善。

然而今非昔比。首先，第二次世界大战之后通胀压力源自战后基础设施重建的需求，而未来的基础设施投资却不再只是土木，而是会集中在信息技术、环保、安全和医疗等领域。因此，各国的财政投入在提升代表实体资产的商品价格方面存在局限性。其次，20世纪七八十年代的通胀源自国际石油危机，而此次是否会引发通货膨胀仍然是一个未知数。

长期来看，可能会出现通胀加剧的压力。即便在这种情况下，美联储也会长期将实际利率维持在较低的水平。当通货紧缩压力得到缓解时，持续的结构性通货膨胀可能会登场，尤其是去全球化浪潮导致的产品和服务价格上涨可能引发通货膨胀，因此通货膨胀本身暗含着结构性上涨的可能性。通货膨胀恢复在初期可能会出现得比较慢，但是一旦方向确定，就会成为投资的高风险因素。

但是，美联储已经声明，即使日后美国核心 PCE（个人消费支出平减指数）物价指数增长率超过 2%，也会实施宽松的货币政策。另外，美联储也可能酌情启动收益率曲线控制。这是比过去十余年都更加强有力的政策，其结果就是即便出现通货膨胀，实际利率很可能继续维持超低水平。

在实际利率水平超低的环境下，股票收益率高于债券。即使通胀压力升高，中央银行也会控制利率，企业一方面可以享有低利率来筹集投资资金，另一方面又把产品和服务价格上涨的部分转嫁给消费者承担。所以，尽管股票的绝对估值在过去十年间随着股票价格持续升高，然而相对于债券收益率，股债利差方面仍然具备较高的估值吸引力。

关注新型基础设施投资

政府与国防、安全、外交一同担当经济调控者的角色，然而新冠疫情使大众消费、企业投资和贸易活动大幅萎缩，政府不得不对经济活动主体的生存负责。美国政府为居民发放救济金，韩国也向国民发放紧急灾难支援金等，还未熄灭的增长引擎只剩下了政府。在下一个新常态时代，全球经济可以依靠由全球央行和政府拉动增长的模式。

这意味着财政支出扩大及政府负债增加。美国政府负债占 GDP 的 72.9%，创下历史最高纪录，今后负债规模将进一步增加。不仅是家庭、企业，甚至政府也背负着沉重的债务，这将对今后的经济造成致命的打击。较高的政府负债水平会制约中央银行的货币政策，低利率环境长期化，高负债和低增长局面仍会持续。20世纪90年代泡沫破灭后，日本经济陷入通货紧缩和巨额负债的压力中，陷入长期萧条状态，越来越多的人担心全球经济会重蹈日本的覆辙。

20世纪90年代，日本经济泡沫破裂后，需求崩溃，经历了漫长的通货紧缩。通货紧缩之所以危险，是因为消费者和企业预期今后价格下降而延迟消费，进而陷入需求萎缩和价格下降的恶性循环。日本政府投入了巨额资金来试图摆脱通货紧缩，但均以失败告终。自20世纪90年代以来，日本在七个主要国家中消费者物价增速最低。日本的这种可能性在发达国家随处可见，全球金融危机爆发后，各国央行为刺激经济而纷纷实行低利率政策，但物价增速却远远低于目标值。随着新冠疫情的扩散，全球需求急剧收缩，再加上国际油价下跌等因素导致物价进一步下跌，美国、欧洲、日本等各国消费者物价指数都出现了负增长。如果通货紧缩长期持续下去，对于未来物价下降的预期将进一步强化。即使像日本一样实行数十年的零利率和量化宽松的政策，也很难摆脱通货紧缩，进而可能陷入经济衰退。新冠疫情暴发后，各国采取经济刺激扶持政策，财政赤字迅速增加是一个令人担忧的问题。20世纪90年代以来，日本税收萎缩，国家财政的大部分资金来源于国债发行，导致政府债务占GDP比重从1990年的67%上升到2019年的235%。

各国为刺激经济而制定的政策呈现出不同的特点。美国和欧盟的经济扶持政策主要是应对失业和企业破产危机的"生计型"政策，没有把重点放在扩大消费和投资上。另外，美国为了维持技术霸权地位，正在进一步加强关税政策。从历史经验来看，美国经济增长动力减弱时，政府通常会施加贸易压力，典型的案例包括停止兑换美元、美日贸易矛盾及地缘政治危机（第一次和第二次石油危机、海湾战争、阿富汗战争）等，而此次的核心在于全球供应链重组的可能性。

相反，韩国和中国则倾向于加强用于应对新的经济生态系统变化的经济刺激政策。韩国计划推进以数字基础设施投资为中心的韩国版"新政"。中国在实施部分消费刺激政策的同时，还在加大推进新型基础设施建设。

中国政府采取了丰富的政策和措施来降低新冠疫情对经济造成的冲击。例如发放抗疫特别国债和地方政府专项债，提高货币政策的传导效率以便使更多的企业获得资金支持，针对中小微企业实施下调增值税税率等一系列减税降费政策，地方政府为刺激消费而发放消费券等。

如果说2008年全球金融危机爆发时中国经济刺激政策的核心是大规模"基础设施"投资，那么此次则是以信息技术为中心的"数字基础设施"投资。中国政府的新型基础设施建设投资已经开始，为构建5G及人工智能等数字基础设施，中长期投资规模达到10万亿元人民币。

全球供应链的重组和半导体产业

进入20世纪后半期，随着信息技术的发展，尤其是互联网的出现，通信手段以革命性的速度得到了发展。同时，随着企业向外扩张，全球供应链进程也开始萌芽。所谓供应链，是通过信息、传统物流和技术性现金流，将产品及服务从原材料形态传达到终端客户的全球网络。《纽约时报》专栏作家托马斯·弗里德曼将这种全球现象形容为"平的世界"。在全球化时代，供应链不断地发展和进化，议价能力正在从传统制造业向流通或消费者转移。对于这种企业环境的变化，苹果、沃尔玛、丰田、三星、Zara等企业在供应链管理方面占据优势并且灵活地进行应对，这些企业的供应链管理效率对企业盈利能力产生了极大的影响。在下一个新常态时代到来以前，我们曾生活在一个全球紧密相连的时代，原料供应、成品制造、产品向全世界消费者流通的整条供应链像一个没有国境的国家或地区一样运转。许多跨国企业在不断追求成本竞争力和效率的过程中，在生产成本低廉的地方建立了生产基地，而且不允许储备多余的库存。

但新冠疫情发生以来，我们第一次经历了供应链大混乱。在新冠疫情不断扩散的情况下，美国政府于2020年4月3日"偷走"了运往德国和法国的3M口罩，因而被谴责为"海盗行径"。3M公司是世界最大的口罩制造企业，这是一家总部位于明尼苏达州的美国公司，第二位是美国公司霍尼韦尔，第三位是日本兴和。以2017年为准，美国企业占据世界口罩市场的29%，但问题在于即使贴着霍尼韦尔的商标，口罩产品大部分都在中国等美国以外的国家生产。以"资金不足"为由，大部分美国企业将口罩等医疗消耗品工厂转移到海外，为节省费用而进行的"生产外包化"使美国付出了惨痛的代价。

因此，新冠疫情不仅大幅削弱了需求和供给，还扰乱了维持需求和供给持续均衡的仓储物流系统功能。运输功能是通过从生产地向消费地的空间移动，仓储可以弥补生产和消费之间的时间差，进而创造价值。而美国经济的这种平衡机制被新冠疫情摧毁了。从美国的情况来看，一方面，由于短期内失业人数激增，为了寻找食物、为了得到食品银行发放的食物而排队的车辆长达几英里；另一方面，乳制品企业却把无法及时处理的原奶丢弃，需要收割的农作物被推倒，畜禽养殖户把健康的牛、猪进行屠宰处理。

美国前国务卿亨利·基辛格在《华尔街日报》发表的文章中提到了全球化倒退现象。

第十章　下一个新常态时代的投资策略

"新冠疫情将永远改变世界秩序。在这个繁荣取决于贸易和人口流动的时代，这场疫情引发了一场时代错误，让这座城市重生。"

正如基辛格所说，新冠疫情暴发后，世界各国关闭边境，限制市民外出活动，贸易保护主义势头增强。全球供应链很可能发生重组，不同于以往的新经济秩序可能会出现。

在下一个新常态时代，全球供应链正常化的可能性受到越来越多的质疑。以2008年全球金融危机为起点，全球贸易已经比从前有所收缩，加之中美贸易摩擦，全球贸易进一步萎缩。新冠疫情将在相当长的一段时间内，作为进一步压缩全球贸易周期水平的压力而存在。

全球贸易规模的萎缩和日益加强的本国优先主义倾向，对全球供应链产生了负面影响。在美国可以感受到本国优先主义的氛围。实际上，以现在的美国经济来看，难以在全球供应链中实现去中国化，但这加强了美国国内欲减少对中国依赖程度的行动。继回岸（Reshoring）后，又出现了近岸外包（Near-shoring）等词，这是值得我们关注的。美国企业对以越南等低人力成本亚洲国家或地理位置较近的墨西哥为中心的近岸外包政策表现出更多的兴趣。

在各个国家追求本国优先政策时，只有具备不受其影响的竞争力和市场支配能力的企业才能生存下来，全球供应链重组过程也只会给某些特定的国家带来利益。这对拥有多家跨国企业的美国等发达国家来说相对有利，而对欧洲国家则相对不利。新冠疫情暴发以来，欧洲的《申根协定》（根据该条约，加入该条约的欧洲国家间人员和物资可以自由流动，并相互协助调查犯罪行为，自1995年以来共有26个国家加入）的约束力下降，欧洲内的凝聚力已经不可同日而语。意大利、西班牙等经历经济危机的南欧国家因新冠疫情受到更大的打击，欧盟内部不均衡现象加剧，国家债务规模庞大，南欧国家实体经济已经陷入瘫痪。经济危机必然会引发政治紧张，欧洲目前正是这种状况。

此外，对新兴国家来说，疫情同样是一种威胁。新兴国家对原材料的出口依赖度仍然很高，如果原材料价格下跌，可能会引发债务危机。

就像资金集中被投入到能在下一个新常态时代生存的企业一样，在全球供应链重组过程中，研究设施、生产设备和投资资金可能会向最适合下一个新常态时代的几个国家集中。"分散"的时代已经过去，"集中"的时代已经到来。

非接触经济相关产业等新兴产业的成长也加快了不同于从前的全球供应链重组。非接触产业的核心是技术和内容，企业竞争力取决于技术和内容的垄断属性。与"重、厚、长、大"的设备行业不同，在非接触经济产业链中，原材料、中间材料、最终成品的概念并不明确。相反，传统化工行业是需要大规模设备投入的资本及技术密集型行业，为了应对全球及各地区的需求，需要持续对全球及各地区的供应网进行管理，低廉的原料运输成本非常重要。从机械设备行业产业的特点来看，石油化工行业通过较少的人力控制系统操作来创造高附加值，但精细化工、橡胶和塑料行业需要大量手工作业，因此需要很多人力。

在新冠疫情以后的下一个新常态时代，以本国为中心的全球技术霸权竞争日趋激烈。技术争霸最激烈的战场是半导体。如果说过去钢铁是"烟囱工业的粮食"，那么半导体就是现在"尖端技术产业的粮食"。美国想要维持技术霸权，关键在于在5G、人工智能、大数据、无人驾驶、物联网等领域供应稳定高性能半导体。一方面，新冠疫情使美国政府对全球半导体供应链的担忧日益加剧，所以开始在本国建设半导体生产设施。另一方面，通过施加压力来阻挠世界最大的晶圆代工企业台积电和中国代表信息技术企业华为之间的合作关系。华为子公司海思半导体在用于智能手机的AP（应用处理器）芯片领域已经成长为世界第五大企业。华为在第四次工业革命方面，尤其是在与未来军事和安全息息相关的5G技术方面遥遥领先。现在美国不得不警惕华为所代表的中国信息技术令人惶恐的发展。

随着美国企业回岸政策的推进，半导体制造企业台积电正式发布了在亚利桑那州建设新工厂的决定，计划建设最新的 5 纳米工艺晶圆代工厂，投资金额达 120 亿美元，2021 年开工，2024 年投产。台积电在美国建设工厂可以看作是美国为了减少对韩国、中国台湾、中国大陆等亚洲地区半导体依赖程度的策略的一部分。

日本也在促进加强半导体产业的竞争力。日本《经济周刊》报道，日本经济产业省正在与英特尔、台积电等知名半导体企业共同进行有关在日本建立生产开发基地的项目。中国也不例外，芯片产业开始崛起，在大力发展半导体产业的同时，扩大新型基础设施建设投资。

晶圆代工行业黑马：中芯国际

以 5G、物联网、高性能计算需求为基础，委托生产半导体的全球晶圆代工企业的股价在 2020 年第二季度呈现上升趋势，而在这些企业中，中芯国际的股价上涨势头尤为突出。

美国对中国信息技术产业的制裁仍在继续。起初仅限于美国企业与华为的直接交易，但后来逐渐通过第三国企业全面和间接地提高制裁力度。美国商务部规定，跨国半导体制造商为向华为供应半导体产品，如果使用美国的制造设备，就必须得到美国当局的许可。

随着美国持续施加压力，晶圆代工企业中排名第五的中芯国际从中受益。2020 年 1 月，中芯国际取代中国台湾的台积电，成为华为子公司海思半导体 14 纳米工艺产品的委托制造商。对台积电依赖程度较高的华为计划逐渐增加中芯国际的订单，这一点给我们很多启示。

晶圆代工厂以芯片设计企业的设计图为基础，为其委托制造半导体。从这一点来看，确保作为客户公司的芯片设计企业也非常重要。自 2015 年以来，中国的芯片设计企业增加了两倍以上，这些企业今后很有可能成为中芯国际的成长动力。在中芯国际各地区的营业收入中，国内占比达到65%（以2019年第四季度为基准），从这一点也可以推测出中芯国际的主要客户是国内的芯片设计企业。

国内半导体需求日益增加，但半导体自主化程度仅为15%（以2018年为基准）。因此，政府将继续为国内半导体企业提供税收优惠、研发及设施扩充等扶持政策。在此过程中，中芯国际和芯片设计企业将随之成长起来。

中芯国际若要追赶晶圆代工龙头企业台积电和三星电子，必须具备EUV（极紫外线）光刻机的光刻制程。制造高性能的人工智能芯片、AP芯片和服务器芯片等产品需要3纳米和5纳米工艺，为了开发更先进的工艺，必须配备荷兰半导体装备制造商阿斯麦生产的EUV光刻机。但由于美国加大了制裁力度，中芯国际难以引进EUV设备。2019年11月，阿斯麦无法按照原计划于年末向中芯国际交付EUV设备，在此过程中，特朗普曾从政府层面对阿斯麦施压。

晶圆代工市场占有率排名第三和第四位的格罗方德半导体和联华电子都以营利性为由放弃了对7纳米工艺的投资，在这种情况下，如果中芯国际能够实现7纳米以下工艺，就有可能跃居行业第三位。2019年，中芯国际的营业利润率也只有2%，今后很可能会像格罗方德半导体和联华电子一样，选择集中进行后段制程。但是考虑到政府的半导体扶持政策，中芯国际不会满足于停留在后来居上的位置。在进入超细微工艺的过程中，美国的牵制将会持续下去，中芯国际的成长之路必然会伴随着阵痛。

能否超越不确定性

伟大的作曲家、钢琴家肖邦，小说家卡夫卡等人因结核病死亡。

第十章　下一个新常态时代的投资策略

结核病曾在19世纪使全世界陷入恐慌，法国成功开发出疫苗之后，结核病才成为人类不必再惧怕的疾病。从新冠病毒的恐惧中拯救世界的终极武器也是疫苗。疫苗是在感染疾病前注入人体内，赋予人体对病原体后天性免疫的药品。大批量生产免疫效果强且没有副作用的疫苗是非常重要的。可以肯定的是，如果没有疫苗，我们必将无法回到新冠疫情之前的世界。

新冠病毒是冠状病毒的变种，遗传物质为RNA（核糖核酸），即RNA病毒。RNA病毒与DNA病毒相比，一般更容易发生变异，所以疫苗开发难度较大。我们至今也未能开发出针对艾滋病病毒的疫苗，就是因为该疾病是RNA病毒导致的。同样，针对致病因素为RNA病毒的丙型肝炎病毒也没有开发出相应的疫苗，冠状病毒系列的中东呼吸综合征和严重急性呼吸综合征也是如此，新冠病毒比其他呼吸道疾病病毒的传播力更强，甚至存在无症状患者，另外，相当一段时间内反复出现的可能性也很高。

疫苗的成功研发是我们回归日常的必经之路。尽管很多人并没有意识到这一点，但疫苗的确可以拯救许多生命。想想没有疫苗的世界是多么可怕，疫苗也因此和粮食、武器一起被称为"三大安全"。美国、中国和欧洲之间的疫苗竞争非常激烈，各国政府投入巨额资金，超越国界的速度之战打响。

截止到2020年5月末，共有十项新冠病苗进入临床试验阶段，而处于临床前研究阶段的则多达114项。全球共有120多项候选疫苗处于研究开发过程中，开发速度之争尤为激烈。专家称，疫苗开发需要12~18个月的时间，最初开发和大批量生产和分配将决定全球霸权竞争的胜负。

美国于5月15日启动名为"曲速计划"（Operation Warp Speed）的疫苗开发项目，这是政府、私营制药企业和军方联合进行的项目。

不同于传统的制药公司分别进行临床试验,曲速计划在政府的主导下,制药公司共同致力于疫苗开发,以最大限度缩短疫苗开发时间为目标,计划于2021年1月为3亿人完成疫苗生产。对于面临2020年11月大选的特朗普来说,疫苗研发可能会成为最终胜负的关键所在。

在这种情况下,法国全球制药公司赛诺菲表示:"如果疫苗开发成功,最先为我们提供资金援助的美国有权优先订购大批量疫苗。"他的言论一出,欧洲陷入一片混乱。随着舆论的谴责声音不断扩大,赛诺菲公司首席执行官韩保罗公开道歉,并承诺公平地向全世界提供疫苗。韩保罗还强调说:"欧洲也应该像美国一样积极地为疫苗研发提供资金。"

中国的疫苗研发也开启了战时速度,各界都积极参与到疫苗的研发工作中来。

媒体报道,疫苗研发领域的龙头企业之一——美国生物科技企业Moderna的新冠疫苗mRNA-1273在第一阶段临床试验中取得了令人兴奋的结果,志愿者体内形成高滴度抗体,目前已进入第二阶段临床试验。最初参与新冠疫苗开发的是生物科技初创企业。全球大型制药公司起初非常慎重地关注局势的发展,这是从经验中得出的结果。开发疫苗需要很长时间和巨额资金,但如果贸然投入到开发工作中,一旦感染疾病消失,企业就会蒙受损失。比如"非典"疫情暴发后,在疫苗投产期间,疾病就已经消失,因此疫苗开发工作也于2015年中断。中东呼吸综合征也是如此,而新冠疫情很有可能持续一段时间。

超越不确定性

新冠疫情以后我们能否从至暗的隧道中驶出来呢?2020年三季度以来,各类活动开始恢复举办,学校的大门打开,各国的封锁措施

第十章　下一个新常态时代的投资策略

得到缓解。随着国境的开放，入境禁止令也逐渐开始解除，工厂复工，足球、高尔夫等职业体育比赛在没有观众的赛场举行。在夏季休假旺季即将到来之际，人们重新开始小心翼翼地计划出境游。商场、酒店在受到冲击之后终于可以伸个懒腰，企业招聘活动也开始恢复，股市重新变得乐观。

但不确定性仍然很高。新冠疫情导致全球经济恶化，而经济复苏的速度和强度取决于新冠疫情的进展，以及各个国家经济活动恢复情况。最令人担忧的是，正如此前流行的西班牙流感一样，新冠疫情如果第二次暴发会再次导致经济停摆，这可能会使 W 形经济发展轨迹成为现实，但与第一次暴发时相比，下滑的程度可能不会太深，主要的经济体已经产生了学习效应，而且与第一次暴发时相比，已经确立了一定的防疫系统和政策应对机制。

崩溃的经济很难在短期内恢复。即使开发出治疗药物和疫苗并顺利控制新冠病毒，在与新冠病毒对抗的过程中竞争力下降的企业破产和结构调整也是不可避免的。《经济学人》将新冠疫情以后的经济称为"90% 经济"，预计随着经济活动的萎缩，经济规模也将随之缩小，新的经济秩序将使去全球化、集中经济力量整合、基于数据的服务不断增加。在经济不景气的情况下，以基于技术力量的具有竞争力的企业或国家为中心，全球经济结构可能会发生变化。

我们不得不与新冠病毒共存下去，所以世界经济的未来依然不确定。对投资者来说，这种不确定性既是危险，也是机会。在接受所谓"下一个新常态"的"缺少 10% 的 90% 经济"这一现实情况下，我们应该用新的投资策略更加积极地寻找新的投资机会。

后　记

投资还在继续

将投资进行到底

世界上有七大奇迹，它是指人类创造的古代建筑奇迹。2007年评选出了新七大奇迹，分别是秘鲁的马丘比丘印加遗址、巴西里约热内卢基督像、墨西哥奇琴伊察玛雅城邦遗址、中国万里长城、印度泰姬陵、约旦古城佩特拉和意大利古罗马斗兽场。

除了七大奇迹，天才物理学家爱因斯坦曾提到第八大奇迹——复利效应。复利效应是指，投资期限越长，由投资本金产生的收益也会产生越多收益，总收益将以几何级数增长。实际上，如果将100万元以10%的单利进行投资，那么30年后总资产就会达到400万元，但如果以10%的复利投资，就会增长到1 750万元。

基于复利效应来计算资产翻倍所需时间的方式就是"72法则"，用72除以年复合收益率就可以知道大概的时间。

即 72/年复合收益率 = 本金翻一番所需的时间。

"72法则"暗示利率水平差异可以带来很大的变化。如图11.1所示，假设复合收益率为9%和8%，本金翻一番所需时间分别为8年（=72/9）和9年（=72/8），相差1年；但如果复合收益率为2%和1%，则翻一番所需时间分别为36年（=72/2）和72年（=72/1），足足相差 36 年。虽然两种情况利率差距都是 1%，但是复合收益率越低，将本金翻一番所需的时间越长，差异甚至会从 1 年增加至 36 年，长到令人无法忍受。低利率情况下，1% 的差异都会导致结果迥异，所以，全球低利率环境如果持续下去，则有必要更加关注资产管理。

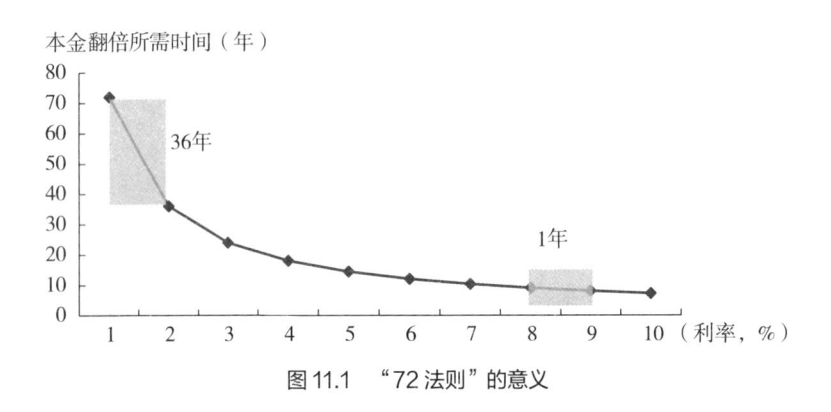

图 11.1 "72 法则"的意义

在《21 世纪资本论》中，皮凯蒂教授指出，资本收入增速高于经济增速，劳动收入增速与经济增速基本同步，也就是说，劳动生产率远远比不上资本生产率。历史教训告诉我们，努力工作并不是全部，在罗伯特·清崎的畅销书《富爸爸穷爸爸》中也有类似的主张。穷爸爸的忠告是"好好学习，找一份好工作"，而富爸爸的忠告则是"好好学习，寻找好的投资对象"。穷爸爸注重收入，而富爸爸注重资产。风险是常有的，但富爸爸认为与其躲避风险，不如学习管理风险的方法。

进行投资时首先要完成初期的资本积累，这是最难做到的。形成一定的资产规模后，如何配置最合适呢？在一些国家，无论过去还是现在，房地产投资都是最好的理财手段。在 2000 年前凝聚犹太人智慧的《塔木德经典故事》一书中提到了其他的资产配置。

"让所有人都把自己的钱分成 3 份。1/3 用于土地，1/3 用于商业投资，1/3 留下备用。"

后　记

　　我对塔木德资产分配的解释是：房地产 1/3，股票 1/3，债券 1/3。就像"不要把鸡蛋放在一个篮子里"这句话一样，不同资产的收益和风险的相互作用对稳定的资产增值十分重要。"向商业投资"这句话可以解释为"向比我有能力的管理者所经营的事业投资"，即投资于股票，当然，必须像巴菲特所忠告的那样，投资于绝大多数投资者能够理解的业务。

　　股票的优点从长期来看，很容易投资富有吸引力的行业，企业通过发行债务，以杠杆式结构投资主营业务，我们没有必要担心每天变化的经营环境，而是会让有能力的管理者或所有者努力工作并分配利润。如果出现问题，马上就可以换成现金，但投资带来损失的可能性总是存在的，风险是管理的对象，而不是回避的对象。

　　只动口不动手的投资实在是太简单了，看看商业模式，遵守投资原则，在别人恐惧的时候进行投资，遵循资产配置原则等，这些话谁都可以说出来，然而实战很困难。所有的投资过程会转化为收益率，所以行为的结果很明确。我轻易说出来的话，在每次业绩低迷的时候就像回旋镖一样重新飞向我，严厉地打击我：

　　"你还是干好你自己的事情吧！"

新的商业模式在萧条中开花

　　全球金融危机爆发前的 2007 年前后，诞生了本书中提到的许多新商业模式。《纽约时报》专栏作家托马斯·弗里德曼在《谢谢你迟到》一书中介绍了 2007 年发生的几个重大事件。

　　一是史蒂夫·乔布斯于 2007 年 6 月推出的苹果手机，将电话、互联网、媒体这三种功能集中于一个苹果手机平台上，把世界变成了今天的模样。二是谷歌于 2007 年推出开放型平台安卓，其成为目前使用最多的移动操作系统。三是 2007 年基于开放源代码的分布式系统基础架构 Hadoop 登场，此后电脑储存量激增，从而使大数据革命成为可能。

2008 年全球金融危机导致传统资本主义崩溃，全球金融危机的冲击带来很多认知上的巨大转变，于是，完善并代替这一模式的共享经济模式开始浮出水面。全球经济不景气导致消费者的消费力减弱，加之失业等原因，城市居住成本提高，人们更关注闲置物品的共享。

2007 年 10 月，当住宅价格达到最高点时，共享住宿企业爱彼迎诞生；在全球金融危机结束的 2009 年，共享汽车企业优步诞生；云计算因金融危机而迅速成长，作为第四次产业革命的核心技术，云计算于 2006 年由亚马逊启动。除了数据流较多的黑色星期五和圣诞节期间，亚马逊开始向其他公司提供剩余的服务器基础设施，在萧条的经济环境中，比起花费巨额费用来建设服务器基础设施，企业开始选择租赁；共享办公空间平台 WeWork 于 2010 年在纽约启动，现在 WeWork 公司不仅适用于个人创业，还适用于世界 500 强企业，不仅可以租赁办公空间，还形成了业务信息共享网络，一度取得成功。现在，共享经济的对象已经超越汽车、房屋和办公室，扩散到人们日常生活的各个领域。

被称为"共享经济终结者"的区块链概念也在 2008 年登场。2008 年，中本聪将一篇名为"比特币，一种点对点的电子现金系统"的论文上传到 metzdowd.com，这是以区块链技术为基础的比特币概念，2009 年 1 月比特币诞生。

就像硬币的两面一样，危机意味着机会。但要有发现新机会的眼睛才能把危机转变为机会，两只眼睛是我们拥有的最好的礼物，一只可以观察现在，另外一只可以洞察未来，祝福所有人都可以好好利用这两只眼睛。

作者致谢

首先我想感谢的就是愿意阅读本书，对本书给予关注的广大读者，你们的关心和喜爱使这本书有了存在的意义，希望更多的读者关注这本书。

作为韩国人，我在中国出版书之前寻求过很多人的帮助。虽然下文中只提到了特别感谢的人，但除此之外，还有很多人对我给予了帮助，因为有他们，这本书才成为可能。希望我的感谢之意能很好地传达给诸位。

首先，向中信出版社相关负责人表示感谢。我不禁想起了接到出版消息的那一天——走一条谁都没有走过的新道路是件令人畏惧的事情，那是一个让我有些害怕却又心动的日子。

其次，向担任这本书翻译工作的王倩表示感谢。我在准备北京大学的课程的同时学习汉语，虽然我很努力，但我中文水平仍存在很多不足（我深知这是我的不足之处，我要向教授我多年中文的张僖仙老师表示感谢）。所以，我不得不用韩文撰写书稿，翻译中文的工作比预想中困难。王倩从策划到出版，对本书的原稿进行了精心的修改和翻译。如果没有她的帮助，这本书是不可能问世的。

我要向北京大学国家发展研究院 E17 全体同学和教授表示感谢。

可能是因为紧张，在北大入学典礼当天，我除了简单的问候几乎什么中文都没有听懂，现在回想起来仍旧觉得很惭愧。感谢同学和教授对我的理解和包容，尤其感谢从我入学那天起就给予我关心的吕晓慧教授、对我的毕业论文予以指导的黄卓教授，是他们让我有机会进入北大学习并且毕业，我也才有机会策划出版中文书，尤其要向在本书出版过程中给予大力支持的E17的王延春同学表示特别感谢。

我也要向为这本书撰写精彩推荐语的联办财经研究院许善达院长和黄益平教授、薛兆丰教授表示感谢。亲自阅读一位陌生的韩国投资人的作品，并向中国读者撰写推荐语并非易事，因为我的不足可能会影响他们的名誉。尽管请求别人推荐需要很多勇气，但接受这种勇气的人也付出了很大的勇气，更何况我是在新冠疫情导致中国乃至全世界一片混乱的时期请求他们撰写推荐语的。再次感谢他们的勇气和精彩的评语。

我还要向韩国未来资产环球投资公司的所有员工和客户表示感谢。正是因为他们的关心和支持，才有了作为"投资经理"的我。尤其要向和我一起度过一个个不眠之夜、一起辛苦工作的环球运营总部的同事表示感谢，向经常关心我、毫不吝惜对我给予帮助的未来资产集团会长朴炫柱先生表示最真挚的感谢。

最后，我想对长久以来默默关注我的一次次挑战并为我加油的、我深爱的家人表示感谢。

谢谢大家！

译者致谢

睦大均先生是韩国首屈一指的投资专家,他负责管理韩国规模最大的基金,并被评为韩国收益率最高的基金经理。这本书第一版在韩国出版时,在并未大规模公开发售的情况下成为畅销书,并深受读者好评,很有幸能为中国读者推荐并翻译此书,相信中国读者也会从这本书中受益良多。同时感谢睦大均先生对我的信任,让我有幸参与该书中文版的出版工作。

睦大均先生作为韩国收益率最高的资管公司全球投资部门的负责人,既是一位备受欢迎的明星基金经理,也是一位在学校备受尊敬的教育工作者。作为前辈,他毫不忽视初出茅庐的后辈的想法,在中文版翻译和出版过程中,对于我提出的意见和建议都进行了耐心的解答和反馈。为了便于中国投资者理解,还在此前版本的基础上增加了大量的投资案例和最新数据。

从策划到出版的过程中,我也学习到了很多。在接触投资的这几年中,常常有几个问题困扰着我,相信很多人也有同样的疑问:何时加仓减仓?如何管理风险?如何建立合理的投资头寸?涨跌的节奏把控,为什么企业基本面良好,经济形势也不差,而我的股票却涨不起来?在翻译和修改的过程中,结合书中的内容我也对自己的投资知识和理论框架等进行了一次又一次思考,并对上述问题有了自己的解答。读书行为本身就是仁者见仁,智者见智,每个人的阅历不同,从书中获得的启发也会不同,相信读者可以通过这本书了解作者的思想,并与之碰撞出智慧的火花,从作者提出的投资方法论中获得投资灵感。

非常感谢中信出版社的帮助,让我有机会把这样一部优秀的作品介绍给中国的投资者。感谢招商证券韩国有限公司的CEO郑信旭和我的直属上司朴修呈对我金融知识和专业素养方面的教育,感谢我的同事和好友为我在异国他乡的生活提供的帮助。最要感谢的是一直以来支持我的家人和挚友,所谓"不积跬步,无以至千里",在这千里长路上是他们的支持让我有了前进的力量。

最后,还要感谢一下坚持到底的自己。外文书籍译本常常因某些内容翻译不够专业而影响译本的质量,给读者造成困惑,影响读者的阅读体验和知识获取,译者亦希望可以避免这种问题,在尽力保证文章内容的专业性的同时追求信达雅。尽管翻译工作量超出预期,还是做到了在有限的时间内最大限度地保证翻译质量,但限于译者自身水平,难免出现翻译不佳之处,还望读者见谅并指正。

睦大均先生用乔布斯在斯坦福大学的毕业典礼上的一句话激励我:生命里的每一个点都会最终连成线。这本书对我来说就是十分有益的一个点,也希望这本书能够成为读者完美生命曲线中那正确位置上的一个点。

注　释

第一章 "创新型企业"与"经济护城河企业"之争

1. 彭博社，2009—2018 年，以相同比重对 FANGs 进行投资所获得的收益率。
2. PhRMA.Improving Prescription Medicine Adherence is Key to Better Health Care [EB/OL]. http://phrma-docs.phrma.org/sites/default/files/pdf/PhRMA_Improving%20Medication%20Adherence_Issue%20Brief.pdf, 2011-01.
3. Peter Oppenheimer, Guillaume Jaisson.Why Technology is not a Bubble [R]. GS Research, 2018.
4. Peter Oppenheimer, Guillaume Jaisson（2018）.
5. David J. Kostin, Ryan Hammond, Ben Snider, Arjun Menon, Cole Hunter. Global Macroscope: Searching for Secular Growth Stocks Around the World [R]. GS Research, 2017.
6. CRISPR Market: Global Industry Analysis, Size, Share, Growth, Trends, and Forecast, 2018-2025 [R]. Kenneth Research, 2019.
7. Anthony Bolton. Investing Against the Tide: Lessons from a Life Running Money [M]. London: Pearson, 2015: 137.

8. Jermy Siegel. Valuing Growth Stocks, Revisiting the Nifty Fifty［EB/OL］. https://www.aaii.com/journal/article/valuing-growth-stocks-revisiting-the-nifty-fifty, 1998-10.

9. Anthony Bolton（2015）.

10. ETF于2012年4月成立后至2019年12月13日收益率比较, 彭博。

第二章　对"创新型企业"的投资

1. Marc Levinson. The Box: How the Shipping Container Made the World Smaller and the World Economy Bigger［M］. New Jersey: Princeton Univ. Press, 2006: 1-20.

2. E. Mazareanu. Low Cost Carrier's Worldwide Seat Capacity Share from 2007 to 2017［EB/OL］. https://www.statista.com/statistics/586677/global-low-cost-carrier-market-capacity-share/, 2019-10-10.

3. Fintech Takes Aim at the Steep Cost of International Money Transfers［EB/OL］. https://www.economist.com/finance-and-economics/2019/04/11/fintech-takes-aim-at-the-steep-cost-of-international-money-transfers.

4. Jeff Kauflin. Here's How TransferWise Has Nearly Quadrupled Revenue in Two Years, Reaching $151 Million［EB/OL］. https://www.forbes.com/sites/jeffkauflin/2018/09/09/heres-how-transferwise-has-nearly-quadrupled-revenue-in-two-years-reaching-151-million/#9dd56342c69d, 2018-09-10.

5. Katie Costello. Gartner Forecasts Worldwide Public Cloud Revenue to Grow 17.5 Percent in 2019［EB/OL］. https://www.gartner.com/en/newsroom/press-releases/2019-04-02-gartner-forecasts-worldwide-

public-cloud-revenue-to-g, 2019-04-02.

6. IEX Loses a Battle but not yet the War [EB/OL]. https://www.economist.com/finance-and-economics/2019/09/28/iex-loses-a-battle-but-not-yet-the-war, 2019-09-28.

7. The Advent of Helicopter-hailing Apps [EB/OL]. https://www.economist.com/business/2019/07/11/the-advent-of-helicopter-hailing-apps, 2019-07-11.

8. 睦大均.企业研发支出对财务基本面和股票收益的影响：基于美国、韩国和中国上市公司的研发[D].北京：北京大学,2018.

9. Lauren Cohen, Karl Diether, Christopher Malloy. Misvaluing Innovation [EB/OL]. https://papers.ssrn.com/sol3/papers.cfm?abstract_id=1785454, 2012-07-14.

10. Fama-French 三因子模型是 1992 年芝加哥大学教授尤金·法玛和达特茅斯学院的肯尼思·弗伦奇教授提出的。

11. National Center for Science and Engineering Statistics.Science and Engineering Indicators 2018 [R]. National Science Foundation, 2018.

12. 田中道昭.亚马逊的大战略[M].北京：人民邮电出版社,2018.

13. 布拉德·斯通.一网打尽：贝佐斯与亚马逊时代[M].北京：中信出版社,2014.

14. Richard N. Foster, Sarah Kaplan.How can Corporations Make Themselves More Like the Market? An Excerpt from the Best-selling Book [EB/OL]. https://www.mckinsey.com/business-functions/strategy-and-corporate-finance/our-insights/creative-destruction. 2019-07-01.

第三章 对"经济护城河企业"的投资

1. The Message from the World's Biggest and Wildest IPO [EB/OL]. https://www.economist.com/leaders/2019/10/31/the-message-from-the-worlds-biggest-and-wildest-ipo, 2019-10-31.

2. Promit Mukherjee, Alexandra Ulmer.Reliance to Sell 20% stake in Oil-to-chemicals Arm to Saudi Aramco [EB/OL]. https://www.reuters.com/article/us-reliance-stakesale-saudiaramco/reliance-to-sell-20-stake-in-oil-to-chemicals-arm-to-saudi-aramco-idUSKCN1V20FG, 2019-08-12.

3. Eliot Brown, Greg Bensinger. Saudi Money Flows into Silicon Valley—and with it Qualms [EB/OL]. https://www.wsj.com/articles/saudi-backlash-threatens-u-s-startups-1539707574, 2018-10-16.

4. Pamela N. Danziger. 3 Ways Millennials and Gen-Z Consumers Are Radically Transforming the Luxury Market [EB/OL]. https://www.forbes.com/sites/pamdanziger/2019/05/29/3-ways-millennials-and-gen-z-consumers-are-radically-transforming-the-luxury-market/#2d0109b4479f, 2019-05-29.

5. Shanhong Liu. Virtual Reality (VR) - Statistics & Facts [EB/OL]. https://www.statista.com/topics/2532/virtual-reality-vr/, 2018-05-14.

6. Zvi Griliches. R & D, Patents, and Productivity [M]. Chicago: University of Chicago Press, 1984: 1-20.

7. Wesley M.Cohen, Richard R. Nelson, John P. Walsh. Protecting Their Intellectual Assets: Appropriability Conditions and Why US Manufacturing Firms Patent (or not) [EB/OL]. https://www.nber.org/papers/w7552, 2000-02.

注 释

第四章 买入还是卖出

1. Shanle Wu, Paul Winter, Ting Gao, Wenjie Lu, Oliver Antrobus, Luke Brown, Josh Holcroft, Pieter Stoltz, David Jessop, Nick Baltas. Quantitative Monographs China Domestic Market—Alpha Opportunity for Quantitative Investor［R］. UBS, 2016.

2. Myoung Cha, Bassel Rifai, Rasha Sarraf. Pharmaceutical Forecasting: Throwing Darts?［J］. Nature Reviews Drug Discovery, 2013（12）: 737-738.

3. Dang Le.Note from Buffet Meeting 2/15/2008［EB/OL］. http://undergroundvalue.blogspot.com/2008/02/notes-from-buffett-meeting-2152008_23.html, 2008-02-23.

第五章 加仓还是减仓

1. Peter Oppenheimer, Sharon Bell, Guillaume Jaisson, Christian Muller-Glissmann, Ian Wright. Correction Detection［R］. GS Research, 2018.

2. Peter Oppenheimer, Alain Kerneis, Sharon Coombs, Carlos Mejia, Joseph Hickey, Carmen Ng, Kirtan Pansari, Marija Savina. Share Despair［R］. GS Research, 2002.

3. Tom Hancock.Momentum – A Contrarian Case for Following the Herd［EB/OL］. https://www.scribd.com/document/32599129/GMO-Momentum-A-Contrarian-Case-for-Following-the-Herd, 2010-03.

4. Lance Roberts. The Myth of the "Passive Indexing" Revolution［EB/OL］. https://realinvestmentadvice.com/the-myth-of-the-passive-indexing-revolution/, 2017-01-23.

第七章　全球创新领域投资者图鉴

1. 肖恩·帕克于 2016 年成立了帕克癌症免疫疗法研究所（Parker Institute for Cancer Immunotherapy），致力于消灭癌症。
2. 1 000 亿美元中，44% 为负债，沙特阿拉伯主权财富基金和阿联酋穆巴达拉发展公司投资愿景基金时，现金出资只占一部分，其余以收购公司债方式进行，在愿景基金管理资金期间，每年收取 7% 的利息。
3. Buttonwood. Beneath the Dull Surface, Europe's Stockmarket is a Place of Extremes［EB/OL］. https://www.economist.com/finance-and-economics/2019/05/18/beneath-the-dull-surface-europes-stockmarket-is-a-place-of-extremes, 2019-05-18.
4. 杰·萨米特. 不颠覆，就会被淘汰［M］. 北京：中信出版社, 2018.

第八章　全球投资霸权转移

1. ETF Assets to Hit $7.6 Trillion by 2020［EB/OL］. https://www.trackinsight.com/news/etf-assets-to-hit-7-6-trillion-by-2020/, 2017-11-22.